Matthias Ennenbach

Achtsame
SELBST
STEUERUNG

Grundlagen und
Praxis der Achtsamkeit

WINDPFERD

1. Auflage 2016
© 2015 Windpferd Verlagsgesellschaft mbH, Oberstdorf
Alle Rechte vorbehalten
Buddhistische Psychotherapie BPT® und Achtsame Selbststeuerung ASST® sind
eingetragene Marken
Umschlaggestaltung: Andrea Barth | Guter Punkt – Agentur für Gestaltung
Covermotiv: © Ekaterina Gerasimov/shutterstock
Zeichnungen im Innenteil: Matthias Ennenbach,
Lektorat: Andreas Klatt
Satz und Layout: Marx Grafik & ArtWork
Gesetzt aus der Adobe Text Pro
Printed in Germany
ISBN 978-3-86410-113-7
www.windpferd.de

Inhalt

Einleitung

Seit geraumer Zeit scheint das Thema Achtsamkeit im Bewusstsein vieler Menschen angekommen zu sein. Und doch hütet dieses Phänomen stets ein paar Geheimnisse. Wir erahnen, worum es geht, aber dennoch verschließt sich das Thema in unserem Alltag immer wieder.

Bestimmt gibt es bei Ihnen bereits einige Ideen, was Achtsamkeit sein könnte. Und wahrscheinlich fragen Sie sich, wenn Sie sich damit beschäftigen, dennoch, wie Sie Ihr Wissen in Ihrem Alltag umsetzen können. Das scheint oft das größte Problem zu sein: die Umsetzung.

Dieses Buch möchte das Phänomen der Achtsamkeit vom Ursprung her verdeutlichen, auf eine neue Weise transparent machen und insbesondere effektive, konkrete, leichte Strategien vermitteln, wie Sie Achtsamkeit sicher umsetzen und nachhaltig in sich festigen können.

Meine Beobachtung als Psychotherapeut und Achtsamkeitstrainer ist, dass Achtsamkeit unser Leben wirklich auf sanfte Weise revolutionieren kann.

Natürlich gibt es mittlerweile viele Achtsamkeitskonzepte und -übungen mit unterschiedlichen Hintergründen, die beim Zugang jeweils bestimmte Schwerpunkte setzen. In diesem Buch beziehe ich mich auf das „Original": eine Achtsamkeitstradition, die seit vielen Jahrhunderten existiert, die weitergegeben und praktiziert wurde. Diese Quelle stammt aus der buddhistischen Lehre, allerdings aus einer Zeit, in der diese Lehren noch keine Religion waren. So sind auch die hier genutzten Quellen konfessionsfrei, sie beinhalten keine religiösen Dogmen und bieten stattdessen einen unerschöpflichen Fundus an konkreten Anregungen zum Verständnis und zur Umsetzung. Das Kapitel 3 dieses Buches wird diese faszinierende Quelle für Sie offenlegen.

Da es sich hier um ein Buch handelt, das Sie dazu einladen möchte, die für Sie passenden Anregungen auch tatsächlich zu übernehmen, möchte ich Ihnen eine praxisorientierte Lesart empfehlen: Achten Sie beim Lesen darauf, wie Sie die für interessant erachteten Informationen selbst ausprobieren können, um sie bei guter Erfahrung bis hin zur alltäglichen Gewohnheit einzuüben. Die zentralen Übungen werde ich so eingängig beschreiben, dass Sie sie schon nach wenigen Wiederholungen meistern. Die große Bedeutung der eigenen Erfahrung, die im Buddhismus immer wieder eine Schlüsselrolle spielt, bildet anhand von Anregungen und kleinen Übungen den roten Faden. So kann sich Ihr Verständnis der Achtsamkeit nach der Lektüre auf vielen verschiedenen Ebenen vertiefen und zugleich konkretisieren.

Falls zwischendurch bei Ihnen Zweifel im Hinblick auf Ihre Fähigkeit aufkommen sollten, ein achtsames Leben in die Tat umzusetzen, hilft es oft, sich das Wissen um unsere vielfältigen Veranlagungen in Erinnerung zu rufen: Jeder Mensch, natürlich auch Sie selbst, verfügt über jede menschliche Veranlagung, auch die zur Achtsamkeit. Dieses Buch möchte diese Veranlagung in Ihnen weiter aktivieren. Es ist also eine direkte Einladung an Sie, Ihr eigenes, vielleicht zum Teil noch schlummerndes Potenzial zu stimulieren und dann auch zu kultivieren. Machen Sie sich selbst ein Bild, indem Sie direkt beginnen, Erfahrungen mit dem zu sammeln, was hier beschrieben wird.

Wir alle sind häufig in der aufnehmenden Position: Wir konsumieren und bleiben passiv. Wenn wir aber zu oft „schlucken", fühlen wir uns irgendwann so schwer, dass wir selbst kaum noch aktiv werden. Allzu häufig erleben wir uns dann als hilflos, als kleine Schräubchen im großen, übermächtigen Getriebe, sodass viele von uns durch diese Gewohnheit das Empfinden für die eigene Wirksamkeit verloren zu haben scheinen. Oder wir mussten auf der persönlichen Ebene erfahren, wie jemand gegen unseren Willen Entscheidungen traf, die unser Leben veränderten. Zudem erleben wir tagtäglich, wie unser Körper scheinbar ein Eigenleben führt. Er funktioniert auch ohne unsere Kontrolle, produziert immer mal wieder Symptome oder wird krank. Unzählige Abläufe in uns scheinen sich selbst zu regulieren. Wer steuert das eigentlich? Wer steuert Ihren Körper? Sie selbst? Können Sie sich entscheiden, jetzt Ihre Cholesterinwerte zu senken? Sind Übungen der Geisteskontrolle in der Lage, auf „automatische" körperliche Abläufe Einfluss zu nehmen? Vielleicht sind Sie der Ansicht, dass Ihr Gehirn vieles steuert. Aber wer steuert Ihr Gehirn? Steuert sich das Gehirn etwa selbst?

Je genauer wir hinschauen, desto erschreckender müssen wir uns eingestehen, dass wir anscheinend (noch) nicht der Kapitän unseres eigenen Fahrzeuges sind. Sicherlich ist es angenehm, dass wir nicht alles in uns bewusst steuern müssen. Aber gleichzeitig erfordert unser stressreiches Leben heute ein besonders achtsames Maß an *Selbststeuerung*, da ansonsten zu schnell Symptome von Fehlregulationen auftreten. Das Überangebot an Reizen nimmt in unserer Gesellschaft immer drastischere Ausmaße an, sodass unsere bewusste Eigensteuerung „zugunsten" von Automatismen und Gewohnheitsmustern in vielen bedeutsamen Lebensbereichen abnimmt. Mit verheerenden Folgen, denn kaum etwas wirkt sich auf unsere Psyche so destruktiv aus wie die Erfahrung von Hilflosigkeit. Und wir erleben eindeutig zu oft und zu intensiv diese Hilflosigkeit.

Dieses Buch wird Ihnen das Phänomen der Achtsamkeit so offenlegen, dass sie im Stande sind, das „Steuer" wieder selbst in die Hand zu nehmen. Wir werden Achtsamkeit aus unterschiedlichen Perspektiven betrachten: So lernen Sie Achtsamkeit, neben einigen anderen Varianten, als eine sehr alltagstaugliche Selbststeuerungstechnik kennen. Ich werde Achtsamkeit aber auch als eine Methode vorstellen, die uns dabei hilft, unser Leben bewusster wahrzunehmen, es zu genießen, uns in Ruhe und Klarheit zu verankern, Zugänge zu noch ungenutzten Ressourcen zu finden, die kognitive Leistungsfähigkeit zu steigern sowie inneren und äußeren Frieden zu erfahren. Zudem ist Achtsamkeit eine Lebensphilosophie, mit der wir uns auch geistig auseinandersetzen können.

Für all diese Varianten ist die Verknüpfung von Achtsamkeit mit Selbststeuerung von zentraler Bedeutung. Denn mit der Achtsamkeit wächst unser Handlungsspielraum. Sie werden sich wundern, auf wie vielen Ebenen Selbststeuerung und Einflussnahme möglich sind! Und Sie werden sich wundern, wie einfach Übungen sein können, mit denen uns diese Steuerung gelingt. Vielleicht fragen Sie sich jetzt gerade, wie genau Selbststeuerung mit Achtsamkeit zusammenhängt. Die Lösung liegt in einem Stufen- oder Schritte-Modell: Anfangs funktioniert Achtsamkeit als eine konkrete Methode zum Erkennen und zur Selbstregulation. Bei geduldiger Anwendung wird sie sich aber zu einer Art Schlüssel entwickeln, der weitere Türen öffnet. Schritt für Schritt. Nur sollten wir nicht mit dem fünften Schritt beginnen.

Im 1. Kapitel werden wir uns der Achtsamkeit in ihren verschiedenen Facetten annähern. Dann erfolgt im 2. Kapitel eine Einordnung dieses Konzeptes in größere Zusammenhänge. Im 3. Kapitel werden wir die ursprünglichen Texte betrachten und ihre Anwendbarkeit darstellen. Dieses Fundament hilft, auf einem soliden Verständnis fußend eine leichte Übungstradition zu verinnerlichen, umzusetzen und dann immer mehr zur vollendeten Anwendung von Achtsamkeit zu kommen. Im 4. Kapitel stelle ich Ihnen eine konkrete Achtsamkeitsmethode vor, die aus den Originaltexten entwickelt wurde: das achtsame Selbststeuerungstraining (ASST).

Während sich verwandte Begriffe wie Mindfulness based Stress Reduction (MBSR) auf eine achtsame Stressreduktion konzentrieren, verfolgt ASST ein deutlich umfassenderes Konzept. Hier wird die Bedeutung der *Selbstkontrolle, Selbstregulation* oder *Selbststeuerung* in den Vordergrund gestellt. Das hat den

Hintergrund, dass wir mit Achtsamkeit eben nicht nur Stress reduzieren (MBSR), also Negatives lindern, sondern auch positive Ressourcen wie u. a. die Selbststeuerung stärken können. Wir möchten Positives in uns gezielt kultivieren. So ist ASST ein Begriff, hinter dem wir einen kleinen Kosmos entdecken können. Sie kann uns zum Schlüssel werden, um in vielen verschiedenen Bereichen achtsamer zu werden:

Achtsame Selbststeuerung ...
... erhöht unsere Aufmerksamkeitsfähigkeit
... erhöht unsere Konzentrations- und Gedächtnisleistung
... stärkt unsere Selbststeuerungskompetenzen
... stabilisiert unsere Gelassenheit und innere Ruhe
... hilft zu wirklicher Präsenz im Hier und Jetzt
... aktiviert unsere Einsichtsfähigkeit
... vertieft unser Verstehen für uns und andere
... unterstützt den inneren Wandel
... bietet eine Strategie zur gezielten Potenzialentwicklung
... ist ein funktionierender Schlüssel für Spiritualität

In den Kapiteln 5 und 6 wird der Rahmen der Achtsamkeit noch einmal geweitet, indem wir viele Verknüpfungen zwischen Achtsamkeit und dem Alltag herstellen.

Sie werden schon nach wenigen Seiten bemerken, dass es sich hier *nicht* um ein philosophisches Werk, eine schöngeistige Abhandlung oder reine Theorie handelt. Es wird keinen dialektischen Diskurs über transzendente Bewusstseinszustände oder andere hochgestochene und abstrakte Themen geben.

Selbst die umfassenderen Themen, insbesondere im Ausklang dieses Buches, die z. B. dazu einladen, zur Künstlerin oder zum Künstler ihres Lebens zu werden, basieren auf sehr konkreten, hier vorgestellten Übungswegen.

Da Lesezeit immer auch Lebenszeit ist, wünsche ich Ihnen eine inspirierende Lektüre, die nachhaltig zu Ihrer Lebensqualität beitragen möge.

Matthias Ennenbach
Berlin 2015

Erste Schritte auf dem achtsamen Pfad

Schulung des Geistes
läuft nicht auf Beherrschung der Dinge heraus,
sondern auf Verstehen.

– AJAHN BRAHM –

Dem Weg eine Richtung geben

Es wurde bereits in der Einleitung kurz erwähnt, dass es sich bei der Achtsamkeit um eine heilsame Veranlagung handelt, also eine Disposition, über die ausnahmslos alle Menschen verfügen. Der Same der Achtsamkeit wurde uns allen mitgegeben. Nun geht es eigentlich „nur" noch darum, dieses Potenzial möglichst genau kennenzulernen und dann zur Entfaltung zu bringen.

Ein guter Gärtner sitzt nicht nur herum und wartet darauf, was in seinem Garten alles so blüht und gedeiht. Er nimmt Einfluss. Aber sein Handeln ist von liebevoller Ruhe geprägt, denn wie heißt es so schön: „Das Gras wächst nicht schneller, auch wenn man daran zieht." Zwar kommt uns dabei zugute, dass die Aktivierung von Veranlagungen einen auf natürliche Weise vorhandenen Wesenskern in uns offenlegt. Dennoch benötigen wir dafür etwas Anleitung, die uns eine zumindest grobe Idee von der Richtung unseres Weges aufzeigt. Das bedeutet, dass wir uns

11

schon zu Beginn etwas klarer darüber werden sollten, was wir unter Achtsamkeit verstehen. Denn ohne eine Zielvision können wir nicht gut starten.

Und dann geht es an die eigenständige Übung. Dieses Üben ist wie eine Zuwendung uns selbst gegenüber. Sie gleicht einer Gratwanderung, bei der wir sowohl ruhig-betrachtend als auch aktiv-lenkend vorgehen.

Schauen Sie sich doch bitte einmal die nachfolgende Abbildung an. Dort sehen Sie zwei Menschen am Strand. Wer von den beiden ist Ihrer Meinung nach achtsam?

Abb. 1

Sicherlich halten auch Sie den Menschen rechts im Bild für achtsamer als den linken. Unsere Vision von Achtsamkeit entspricht also einem (fast) leeren, ruhigen Geist, der vollkommen auf das Hier und Jetzt fokussiert ist.

Prüfen Sie aber einmal kritisch in sich, welche Empfindungen beim Betrachten noch in Ihnen wach werden. Sie könnten sich

z. B. fragen, wer von den beiden Ihnen selbst ähnlicher ist. Können Sie Ihren Geist so entleeren? Werden Sie das jemals zustande bringen? Und falls ja, für wie lange werden Sie so einen Zustand halten können? Vielleicht erleichtert es Sie ein wenig, wenn Sie erfahren, dass tatsächlich beide Personen in dem Bild achtsam sein können. Lassen Sie nun die nächste Abbildung 2 etwas auf sich wirken. Sie sehen den einsamen Grübler am Strand.

Abb. 2

Was bräuchte dieser Grübler, um seine Achtsamkeit wieder wahrzunehmen? Der aktuelle Zustand gleicht einem Trugbild. Sein Körper steht am Strand, sein Geist ist woanders. Von den vielen Eindrücken des Augenblicks bekommt dieser Mensch gegenwärtig nicht viel mit. Sein Geist ist wie eingeschlossen und gefangen, obwohl seine Füße im Sand stehen und sein Gesicht von den Strahlen der untergehenden Sonne erwärmt wird. Der Zustand der Einengung im Grübeln kann durch eine Weitung überwunden werden. Eine Blicköffnung und eine Sinnesöffnung. So kann unser Grübler sich langsam der nachfolgenden Abbildung 3 annähern.

13

Abb. 3

Nun kann unser Grübler realisieren, dass er grübelnd einen Sonnenuntergang wahrnimmt. Beide Bereiche, das innere Grübeln und das äußere Geschehen der Natur finden nun einen Platz. Die Einengung hat angefangen, sich zu lösen. So können auch wir einfach erst einmal nur wahrnehmen, was da ist. Wir müssen nichts in uns wegschieben oder entleeren. Eine bewusste Weitung unseres Blicks kann bereits in die richtige Richtung weisen.

Nun ist das innere und das äußere Erleben etwas bewusster. Aber dieser Prozess kann fortgeführt werden. Wenn der Blick sich aus der Einengung befreit, dann erleben wir uns auch selbst wieder.

Die nachfolgende Abbildung 4 veranschaulicht dies. Wir erfahren, was wir da tun. Die inneren und äußeren Eindrücke sind präsent. Zusätzlich beginnen wir dann vielleicht auch zu erleben, wie die Luft in uns einströmt, wie der Atem freier fließen kann. Wir spüren den Sand unter unseren Füßen.

Abb. 4

Zwischen Mind-Full und Mindful scheint es manchmal fließende Übergänge zu geben. In der Achtsamkeit (Mindfulness) kann das innere Erleben reichhaltig sein. Aber wie wir noch sehen werden, kann das Gegenteil genauso zutreffen. Dann wird Mindfulness zum leeren Mind, den man auch als Big Mind bezeichnet.

Dieser Perspektivwechsel erscheint recht leicht. Aber es gehört einiges dazu, ihn zu bewerkstelligen. Denn die Grübelstrudel haben meist eine magische Wirkung auf uns, sie können uns vollkommen vereinnahmen. Wir sind dann ganz identifiziert. Dieser Vorgang hat viel mit unbewusst ablaufenden Automatismen zu tun. Auf die werden wir später noch genauer eingehen. Aber an dieser Stelle zeichnet sich bereits ab, wie wichtig eine gute achtsame Selbststeuerung ist. Mit so einer Kompetenz werden äußere Reize und innere Ablenkungen nicht mehr so viel Macht über uns haben.

15

Abb. 5

Die tieferen Ebenen der Achtsamkeit führen zu einer inneren Stille und Ruhe. Aber stellen Sie bitte sicher, dass wir hier nicht durch die Hintertür alte Vorstellungen einladen und womöglich Leistungsdruck erzeugen. Den angestrebten Zielen werden wir uns hier in Etappen, Schritt für Schritt, bequem annähern. Dabei werden Sie feststellen, dass auch die Selbststeuerung und Selbstkontrolle nur Etappenziele darstellen, denn mit fortschreitender Übung lassen sich sukzessive immer weitere Möglichkeiten entdecken. Der Übungsverlauf ist ein wenig so wie beim Bergwandern. Zuerst ist da nur der eine Hügel, aber wenn wir einen schönen Weg gefunden haben, auf dem es sich sicher und angenehm wandern lässt, erreichen wir unweigerlich immer größere Höhenlagen. Und mit jedem Höhenmeter wird die Aussicht weiter. Wir bekommen mehr Übersicht und erkennen bald, dass hinter dem Hügel noch viele weitere sind. Doch ohne eine gute Selbststeuerung können wir keinen Hügel erklimmen.

Aus der Erfahrung der eigenen Selbststeuerungsfähigkeiten erwächst das Erkennen der eigenen *Selbstwirksamkeit*. Kaum eine andere Erfahrung ist so heilsam wie die Selbstwirksamkeit. Das bedeutet, dass Sie sich nicht mehr nur als wahrnehmend, aufnehmend, empfangend oder konsumierend erleben, sondern als aktiv, gestaltend, kreativ, bewegend, lenkend, Einfluss nehmend, eigenverantwortlich. Sie sind selbst wirksam geworden!

Sicher, das Sofa ist oft die bequemere Wahl. Und manchmal ist es nicht leicht, den inneren Schweinehund zu besiegen. Ganz zu schweigen von Entscheidungsmühlen, die uns im ewigen Konflikt von *„tu ich's oder lass' ich's"* aufreiben. Aber die langfristigen Auswirkungen einer solchen Lebensweise sind so gravierend, dass uns eigentlich gar keine Alternative bleibt, als für uns selbst aktiv zu werden. Selbstwirksamkeit ist für unser Selbstwertempfinden eine der wichtigsten Quellen. Durch Hilflosigkeit wird es geschwächt, durch Selbstwirksamkeit gestärkt. Deshalb ist Ihre eigene Selbststeuerung so wichtig.

Bestandsaufnahme der Selbststeuerung

Meinen Sie, dass Sie sich selbst bereits gut steuern können? Das mag sicher auf bestimmte Situationen oder für bestimmte Verhaltensweisen zutreffen, aber für uns Menschen ist es doch eher eine Ausnahme, dass wir diesen Einfluss auf unser Leben geltend machen. Prüfen Sie jetzt einmal Ihre Körperhaltung. Wer hat Sie so positioniert? Machen Sie sich die vielen tausend täglich ablaufenden Gewohnheitsmuster bewusst, die jeder Mensch abspult. Ihre vielen Automatismen. Das beginnt, wenn Sie morgens aufwachen, mit Bewegungsautomatismen, um aus dem Bett zu kommen. Setzt sich den Tag über mit unzähligen Kommunikations-, Gewohnheits- und Leistungsautomatismen fort. Und endet abends mit den Zu-Bett-Geh-Automatismen. Sie wundern sich zwar oft, wie schnell der Tag verging, oder gar das Wochenende, der Monat, das Jahr, das Jahrzehnt, die Jugend, aber dennoch bleiben Sie treu bei Ihren automatisierten Gewohnheitsmustern.

Zudem steigert sich in Krisen bei uns nochmals die Neigung, die in uns verankerten unbewussten Gewohnheitsmuster ablaufen zu lassen. Der Verstand trübt sich noch mehr ein und wir schalten unbewusst auf „Autopilot".

Auf diese Weise funktioniert der menschliche Verstand. Wir wiederholen ein paarmal einen Ablauf und schon möchte unser Verstand daraus einen Automatismus bauen.

Diese Automatismen bilden für unseren kleinen „Keimling", die Selbststeuerung, den direkten Gegenspieler. Hier tritt David gegen Goliath an. Leider gewinnt der kleine David, ohne gezielte Übung, nur zu selten.

Der zugrunde liegende, unumgängliche erste Schritt ist also ein „Fitnesstraining" für unsere Selbststeuerungskompetenzen. Diese Qualität liefert dann das Fundament, auf dem sich alle anderen Themen deutlich besser lösen lassen.

Dafür lohnt ein Blick auf die Erkenntnisse über unser Selbststeuerungsorgan, das Gehirn. In den letzten Jahren gab es im Hinblick auf solche Zugänge sehr bedeutsame Entwicklungen. Die technischen Möglichkeiten durch leistungsstärkere Computertomographen konnten nutzbar gemacht werden. Die Neurowissenschaften liefern uns mit ihrer Hilfe wunderbare Einblicke in das menschliche Funktionieren. So können wir die Wirkung der verschiedenen Methoden der Selbststeuerung auf das Gehirn direkt nachprüfen. Viele alte Übungstraditionen (z. B. Meditation) haben sich dabei nachweislich als wirkungsvoll erwiesen.

Heute ist es für uns möglich, einen Roboter auf einen fernen, durch das All schießenden, relativ kleinen Gesteinsbrocken landen und dort für uns arbeiten zu lassen. Die Naturwissenschaft liefert immer wieder faszinierende neue Einblicke und verfeinert zunehmend ihre Methoden. Wieso sollten wir unser naturwissenschaftliches Wissen nicht einmal dafür nutzen, einen Blick in unseren inneren Kosmos zu werfen? Und zwar nicht, um noch mehr Fragen aufzuwerfen, sondern um uns inspirieren zu lassen. Vielleicht stimmen Sie mir zu, wenn ich behaupte, dass wir weniger denkende Kühlschränke, sprachgesteuerte Staubsauger oder vollautomatisierte Kaufhäuser ohne Personal benötigen als Bildungsmöglichkeiten für Jung und Alt, die uns wieder mit unseren menschlichen Qualitäten verbinden. Die uns natürliche Selbststeuerungskompetenzen vermitteln, sodass wir nicht erst krank werden, um dann mit den Behandlungsmöglichkeiten von Schulmedizin und Pharmaindustrie vorlieb nehmen zu müssen.

Konkret könnte sich jeder fragen, welche Errungenschaften für uns wirklich wichtig sind. Wie viel Energie wenden wir auf, um die neuesten Errungenschaften der Naturwissenschaften (Handy, Computer, Auto, etc.) zu ergattern? Und wie viel Energie wenden wir auf, um die Errungenschaften der Geisteswissenschaften (Achtsamkeitsübungen, Geistestraining, Meditation, Gedächtnis- und Konzentrationstraining) für uns nutzbar zu machen? Der neueste Flachbildschirm mit der modernsten Technik, als Produkt der Naturwissenschaft, mag uns beim Schauen Spaß bereiten. Kritisch wird es, wenn uns die Technik so in ihren Bann schlägt, dass darüber die Kultur, die Qualität unseres Zusammenlebens ins Hintertreffen gerät.

Nehmen Sie sich einen Moment Zeit, um folgende Fragen für sich zu beantworten: In welchem Verhältnis stehen Materielles und Geistiges in Ihrem Leben?

In welchem Verhältnis stehen Fernsehschauen und Literatur in Ihrem Leben?

In welchem Verhältnis stehen Shopping und Geistestraining in Ihrem Leben?

In welchem Verhältnis stehen Geisteseintrübungen (Konsum) und Geistesklarheit (Mäßigung) in Ihrem Leben?

Letztlich geht es um den mittleren Weg, die Ausgewogenheit. Das Materielle wird hier so kritisch gesehen, nicht weil es an sich kritisch ist, sondern weil in unserer Kultur sein Stellenwert zu hoch geschraubt wurde. Beides ist in ausgewogener Weise hilfreich für uns.

Das Körperlich-Materielle finden wir in den somatischen Medizindisziplinen, das Geistige finden wir in den psychologischen Disziplinen. In einer ausgewogenen Mischung liegt die größte Hilfestellung für uns: Die Psychosomatik ist sicherlich nachhaltig wirkungsvoller als nur somatische oder nur auf die Psyche abzielende Angebote. Altes, das mit Neuem zusammenfindet, Westliches mit Östlichem – stets lohnt es sich, nach Integrationsmöglichkeiten Ausschau zu halten.

Wenn es gut ist, ist es fruchtbar
Eine Botschaft, die gar nicht oft genug wiederholt werden kann: Wir müssen dabei nichts grundlegend Neues herbeizaubern. Stattdessen sollten wir endlich damit beginnen, die vorhandenen Ressourcen zu nutzen. Das betrifft das verfügbare Wissen unserer und anderer Kulturen – und natürlich auch unsere inneren Qualitäten, die jeder ausnahmslos als Mensch vererbt bekommt. Leider werden sie in der Regel nicht gezielt gefördert. Das Schulfach „Die Kunst des Lebens" oder „Die Kunst der sicheren Selbststeuerung" ist eigentlich vollkommen unverzichtbar. Stattdessen haben wir uns eine Kultur geschaffen, in der wir die wichtigen Lektionen meist auf die harte, weil schmerzhafte Tour erfahren müssen. Um unsere inneren Veranlagungen zur Freude und zum Glücklichsein zu stimulieren, sind viele von uns auf günstige äußere Reize oder gar psychoaktive chemische Substanzen *angewiesen*. Das vermehrte Wissen über uns selbst und die Natur, in der wir leben, sollte zu recht konkreten Anregungen führen, wie wir uns diese Quelle auf natürliche im Alltag erschließen und so eine Unterstützung finden, die wir aus uns selbst schöpfen können.

Denn wenn wir ein System von Bausteinen als perfekt kompatibel erleben und so ein Zusammenwirken auf sehr unterschiedlichen Ebenen verstehen, dann entsteht eine Anziehungskraft, die es uns leicht macht, immer weitere Aspekte unseres Lebens in dieses System zu integrieren. So setzen wir überaus heilsame Dynamiken in Gang.

Fühlen Sie sich von mir zu einer kleinen Gedankenreise eingeladen. Eine Reise, die vielleicht dazu führen wird, dass sich Perspektiven wandeln, Blickrichtungen weiten und Sie viele sehr konkrete Anregungen zur effektiven Selbststeuerung erhalten. Für viele ist der Begriff Lebenskünstler mit der Vorstellung von jemandem verknüpft, der seinen unkonventionellen, ganz eigenen, meist ärmlichen Weg geht. Dabei ist die Lebenskunst eine der wichtigsten Kompetenzen im Leben!

Vielleicht haben Sie relativ klare Ziele für Ihr Leben? Welche wären das? Möchten Sie irgendwie möglichst gut „durchkommen"? Was sind Ihre Ziele im weiteren Leben? Möchten Sie nicht auch auf eine gute Art Lebenskünstler oder Lebenskünstlerin werden?

Sie benötigen erst einmal etwas Zeit, um darüber nachzudenken?

Ja, wahrscheinlich würden die meisten von uns auf so eine Frage eher verhalten reagieren. Die Frage ist schließlich ziemlich allgemein, sie betrifft so große Maßstäbe. Für viele ist schon die Frage danach, was sie heute Abend essen möchten, eine Herausforderung. Wohin die nächste Urlaubsreise gehen soll, ist vielleicht noch schwieriger. Und dann darauf antworten, welches Ziel das eigene Leben haben soll? Woher sollen wir denn wissen, was in zehn Jahren passiert? Und schon sitzen wir wieder als passive Empfänger da und warten darauf, was das Leben uns so zu bieten hat.

Ist das eine bequeme Passivität, weil Sie vom Leben immer verwöhnt wurden? Weil Sie sich selbst nie bemühen mussten? Haben Sie eine Restauranthaltung entwickelt, bei der Sie nur noch das haben möchten, was auf der Speisekarte steht? Oder ist

21

resignative Passivität, weil Sie im Leben meist keine Wahl
? Wieso ist die Frage nach dem Ziel so schwierig?

tellen Sie sich einmal vor, dass ein Zollbeamter an einem
ßen Flughafen einen Passagier bei der Passkontrolle fragt,
wohin denn die Reise gehe und der Reisende würde antworten:
„Tja, so genau weiß ich das auch nicht. Da müsste ich erst einmal
nachdenken ... auf jeden Fall sollte es eine gesunde und glückliche Reise werden. Na ja, wer weiß schon, aus welcher Richtung
unterwegs der Wind weht, vielleicht ändert der Flugkapitän ja
auch einfach den Kurs."

Bei den kleinen Reisen versuchen wir, unser Ziel möglichst
exakt festzulegen. Wir möchten genau das Hotel, das wir ausgesucht und gebucht haben – und wehe, die Reiseleitung versucht,
uns in ein anderes Domizil zu schicken! Aber bei unserer großen
Lebensreise, deren Tragweite und Bedeutung um so vieles größer
ist, da werden wir zu orientierungslosen Passivisten.

Es geht hier um eine möglichst gute Transparenz bezüglich
unseres Weges. Wohin soll die Reise gehen? Auf wen möchten
Sie treffen, wenn Sie in zehn Jahren in den Spiegel schauen? Und
was meinen Sie, wie Sie das erreichen? Es geht schließlich um Sie,
Ihr Leben und die Zeit, die Sie noch haben.

Das, was Sie heute sind, ist zum größten Teil ein Zufallsprodukt, das von vielen meist externen Einflüssen geprägt wurde. Sicherlich existieren innere Lenkungsmuster, aber leider sind auch
die für Sie weitgehend unklar (Genetik) und unbewusst (Psyche).

Es gibt für Sie absolut keine Chance, so zu bleiben, wie Sie
jetzt sind. Ihr Körper wird sich unweigerlich mit der Zeit verändern und Ihre Psyche verändert sich durch die vielen täglichen
Eindrücke ebenso unwillkürlich. Die Veränderung ist unaufhaltsam. Wir verändern uns kontinuierlich, konsumieren aber die
meiste Zeit ziemlich unbewusst alle möglichen Reize, mit denen
uns unsere Kultur bombardiert.

Sicherlich meldet sich in Ihnen eine bestimmte Egostimme, ein Persönlichkeitsanteil, der Ihre Gedanken lenkt. Vielleicht lässt Sie dieser Anteil zweifeln: „Wir können uns doch nicht neu erfinden!" „Wie soll das denn funktionieren?" Damit sind wir bei einer zweiten Herausforderung: Dass wir nämlich zu oft glauben, was wir denken. Der gerade im Vordergrund stehende Persönlichkeitsanteil in uns produziert eine Meinung, an die er selbst natürlich glaubt. Dabei übersehen wir, dass es sich eben allzu oft nur um einen Glauben handelt. Und dass wir in den überzivilisierten Gesellschaften womöglich ebenso blindgehorsam in Strukturen eingebunden sind, die wir im Hinblick auf nicht so zivilisierte Kulturen gerne abschätzig als „göttergläubig" abtun. Dieses Empfinden, ein Rädchen im Getriebe zu sein, „schützt" uns davor, aktiv zu werden für uns selbst. Anscheinend *glauben* wir, dass wir uns selbst nicht ändern können, weil wir auch sonst nichts in unserer Gesellschaft ändern können. Wir wissen zwar, dass wir nicht mehr das Kind sind, das vor Jahrzehnten eingeschult wurde. Aber etwas ist geblieben von der kindlichen Welt, in der die Dinge nun einmal waren, wie sie waren.

Unser Denken und Handeln bekäme eine ganz andere Qualität, wenn wir uns permanent bewusst wären, dass unser gegenwärtiges Tun eine strukturbildende Wirkung hat und dass wir uns mit unseren Gedanken, die eben alles andere als frei sind, und mit unseren Handlungen selbst jeden Tag aufs Neue bilden. So geschieht Bildung. Jede Minute – egal, wo wir sind.

Die Notwendigkeit, diesen Vorgang bewusster, also achtsamer, zu gestalten, erscheint in seiner Bedeutung gar nicht hoch genug angesetzt werden zu können.

Achtsamkeit ist somit absolut kein Luxus, sondern eine Notwendigkeit. Heute gibt es so differenzierte Methoden, sich selbst detailliert kennenzulernen und Einblicke in die eigenen Strukturen und damit auch die Potenziale zu erhalten, dass wir unser

Leben nicht mehr nur von äußeren Anforderungen abhängig machen müssen.

Die Fähigkeit zur Selbststeuerung eröffnet uns vollkommen andere Handlungsspielräume. Sie erzeugt in uns eine Art von Kraftfeld, in dem wir gut bei uns selbst sein können. Indem wir den Fokus in Kombination mit ein paar wirkungsvollen kleinen Selbstregulationsübungen auf uns richten lernen, werden äußere Einflüsse spürbar weniger Macht auf uns ausüben können.

Das Wesen der Achtsamkeit ergründen

Stellen Sie sich einmal vor, dass Sie jemand fragen würde: „Was genau ist denn nun Achtsamkeit?" Und: „Kann Achtsamkeit wirklich dabei helfen, die eigene Selbststeuerung zu verbessern?" Was würden Sie spontan antworten?

Vielleicht müssten Sie zuerst etwas innehalten und nachdenken. Manchmal entsteht in uns der Eindruck, dass wir etwas gut verstanden haben, aber erst, wenn wir danach gefragt werden und es erklären sollen, klärt sich unser Verstehen. Wie könnten Sie nun diesen Achtsamkeitsbegriff möglichst kurz und präzise auf den Punkt bringen? Intuitiv werden Sie vielleicht ahnen, was sich hinter dem Begriff Achtsamkeit verbirgt, aber wie füllen Sie Ihre Definition mit Leben? Wie verhalten Sie sich, wenn Ihnen jemand rät, jetzt besonders achtsam zu sein? „Räum bitte mal achtsam die Geschirrspülmaschine aus." Was bedeutet das? „Seien Sie in Ihrer Partnerschaft achtsamer!" Was verstehen Sie darunter? Viele von uns verbinden mit Achtsamkeit wahrscheinlich eine Reduzierung von Stress und, damit einhergehend, eine besondere Art der Entschleunigung.

Achtsam sein bedeutet also, langsamer zu werden? Oder geht es um eine bewusste Langsamkeit? Wenn wir uns etwas langsamer bewegen, können wir dann jedes einzelne Detail bewusster wahrnehmen und so die Achtsamkeit fördern? Und ist es auch möglich, mit hoher Geschwindigkeit zu agieren und trotzdem achtsam zu bleiben? Müssen Rennfahrer nicht sehr achtsam sein? Vor einem moralischen Hintergrund stellt sich die Frage: Ist Achtsamkeit immer gut? Bewirkt es immer Gutes? Beinhaltet Achtsamkeit immer eine positive Intention dessen, was wir tun, oder könnten wir auch in achtsamer Weise für uns und andere problematische Dinge tun? Auf die Spitze getrieben: Kann es achtsam-kriminelles Verhalten geben? Manche Gewaltverbrechen scheinen sehr sorgsam geplant. Sind sie nun sorgsam oder achtsam? Wo liegt der Unterschied?

Müssen wir, wenn wir achtsam sind, alles, wirklich alles, zur Kenntnis nehmen, was uns umgibt? Wenn nicht – was können wir getrost ignorieren? Und sind wir dann immer noch wirklich achtsam?

Besonders wichtig sind wohl die Fragen nach einem achtsamen Verhalten in Krisenzeiten. Wir möchten uns gerne selbst besser steuern, wir möchten Achtsamkeit wie einen Rettungsring nutzen. Das ist sehr naheliegend, aber für diesen sinnvollen Einsatz benötigen wir zuerst ein klares Bild der Methoden. Und dann ein regelmäßiges Üben in Ruhezeiten, damit wir in schwierigeren Phasen eine Chance haben. Uns müsste also sehr klar sein, wie Achtsamkeit genau zu üben ist, damit wir sie in uns stabilisieren. Aber ist denn Achtsamkeit genauso zu erlernen wie zum Beispiel eine Fremdsprache, Klavierspielen oder der aufrechte Gang? Benötigen wir für das Erlernen so heilsamer Eigenschaften besondere äußere Umstände – oder taugt jede alltägliche Situation, sodass wir Achtsamkeit quasi parallel zum Alltagsgeschäft erlernen können? Anders gefragt: Gibt es grundlegende Unterschiede zwischen klösterlichen und weltlichen Achtsamkeitsübungen?

Manchmal verunsichern solche Fragen ein vorher scheinbar stabiles, intuitives Verständnis. Manche Fragen erzeugen oft noch mehr Fragen. Dieses Buch möchte in Ihnen ein tieferes inneres Verständnis entwickeln, aus dem heraus Sie Ihre ureigene Antwort auf derartige Fragen finden können. Wenn Sie etwas zum Thema Achtsamkeit gelesen haben und sich überlegen, wie Sie Achtsamkeit verstehen und umsetzen können, entstehen häufig Probleme. Denn oft finden wir Erklärungen vor, die mittels verschiedener Beispiele achtsamen Verhaltens und vielfältiger Übungen zur Erkenntnis führen sollen. Ein solcher Zugang lässt wichtige Fragen offen, die darüber entscheiden, ob die Integration in den Alltag letztlich gelingt.

Finden Sie auf den folgenden Seiten heraus, was Achtsamkeit für Sie persönlich bedeutet: Ist es ein Verhalten, eine Haltung, eine Übung, eine Methode, eine Technik, ein Bewusstseinszustand oder eine Kombinationen daraus? Oder doch etwas ganz anderes? Was meinen Sie? Ist es eher realistisch, „immer mal wieder" achtsam zu sein? Oder möglichst oft? Oder können wir generell, also dauerhaft achtsam werden und bleiben? Wie wird die Theorie gelebte Praxis? Wie gelangen wir selbst von den einzelnen Praxisübungen zu einer nachhaltigen Achtsamkeit?

Vielleicht haben Sie schon einmal etwas vom MBSR (Mindfulness Based Stress Reduction) gehört, der achtsamkeitsbasierten Stressreduktion. Dort finden wir Achtsamkeitsübungen wie zum Beispiel die Methode der Meditation und der Körperwahrnehmung (Body-Scan) als zentrale Zugänge zur Achtsamkeit (Mindfulness). Eine weitere, im MBSR oft durchgeführte achtsamkeitsbasierte Übung ist die sogenannte Rosinen-Übung: Zunächst werden Rosinen verteilt. Dann wird daran gerochen, sie werden betrachtet, sie werden gedrückt und belauscht und dann mit Bedacht langsam gekaut und geschmeckt. Diese Neuentdeckung der bewussten Langsamkeit wird Ihnen garantiert neue Eindrücke und Erfahrungen vermitteln. Aber können Sie von solchen Übungen Rückschlüsse auf das Prinzip Achtsamkeit ziehen? Sollen wir nun an alles, wie eben schon vermutet, besonders langsam herangehen und in jeder Situation prüfen, was wir jetzt gerade hören, sehen, riechen, schmecken, denken und fühlen? Wie sollen wir dann noch alle notwendigen Verrichtungen des Alltags bewältigen? Schließlich liefert uns ein kurzer Spaziergang bereits tausende von Eindrücken – und jeder dieser Sinneseindrücke ist mittels Achtsamkeit intensivierbar. Helfen da vielleicht Prioritäten? Und wenn ja: Was gibt es da zu beachten? Kein leichtes Rätsel, das uns dieser auf den ersten Blick so offensichtliche Begriff aufträgt.

Ein entsprechendes Buch oder der Besuch eines Seminares ist inspirierend und erzeugt oft die Motivation, demnächst achtsam oder zumindest achtsamer zu werden. Der scheinbar tolle Seminarleiter schildert es so anschaulich und scheint es mit seiner Ruhe selbst schon „geschafft" zu haben. Eine Weile bleiben wir zuversichtlich. Dann macht sich allmählich ein Anflug von Resignation bemerkbar: Nur wir selbst hinken mal wieder hinterher und werden „es" wohl nie erreichen. Und das, obwohl Achtsamkeit auf einer intuitiven Ebene so eingängig scheint und wir schnell eine gute innere Resonanz dazu finden.

Es ist schon ein recht spannendes menschliches Phänomen, dass wir unser Wissen um heilsame Chancen, selbst ohne klare Hindernisse, einfach nicht umsetzen. Dieser traurige Tatbestand belegt leider wieder die Vermutung, dass wir kaum wirkliche Entscheidungen treffen, sondern einfach nur inneren Mustern folgen. Das geschieht zumindest, wenn wir kein Geistestraining absolvieren konnten, wie es die in diesem Buch vorgestellte achtsame Selbststeuerung ASST ist.

Wir verstehen manchmal einen Sachverhalt, wie die Thematik der Achtsamkeit, aber das Verstehen führt leider meist nicht zu den gewünschten Effekten. Die Tatsache, dass wir eine Thematik wie die Achtsamkeit schnell verstehen, verdanken wir wie bereits ausgeführt dem Umstand, dass wir die innere Veranlagung zur Achtsamkeit mitbringen. Es wird also etwas, das bereits da ist, angeregt. Aber für die gewünschte Nachhaltigkeit ist es wichtig, dass das, was in uns angeregt wurde, den Raum bekommt, sich von einem zunächst kleinen Bereich auszubreiten. Erst durch ein stetig wiederholtes Üben wird das innere Areal regelmäßig aktiviert, erst dadurch kann es sich entfalten. Wie ein Samenkorn, das regelmäßig bewässert und gedüngt wird.

Dieses Buch erhebt den Anspruch, das Prinzip Achtsamkeit so transparent zu machen, dass Sie es nach der Lektüre sowohl in nur einem Satz auf den Punkt bringen als auch zur effektiven Selbststeuerung leicht nutzen können. Dafür gehen wir schrittweise vor. Zuerst ist ein fundiertes Kennenlernen wichtig. Erst danach folgen die Übungsschritte zur Verinnerlichung. Und erst danach steigen unsere Chancen zur Verwirklichung, also von der Theorie in die Praxis zu kommen.

Sie werden Achtsamkeit als eine eigene innere Qualität erfahren, die sich in jeder Situation gut und schnell zur Selbstregulation einsetzen lässt. So bilden sich allmählich innere Strukturen. Um Sie für eine wahrhaftige Kunst des Lebens zu sensibilisieren, werden natürlich keine vorgefertigten Lösungen auf den Tisch gelegt. Schließlich funktioniert Kunst auch nicht auf der Basis von Malen nach Zahlen. Klingt logisch, oder? Ist aber dennoch nur die halbe Wahrheit: Jeder Künstler bedarf einer Schulung, um zu seinem eigenen Ausdruck zu finden. Analog laufen viele heilsame Strategien Schritt für Schritt ab. Es gibt zwar nicht die eine Patentlösung, aber transparente, hilfreiche Einzelschritte, aus denen sich dieser ureigene Weg zusammensetzt.

Wer hat Achtsamkeit erfunden?
Die ersten konkreten Beschreibungen des Phänomens Achtsamkeit gehen weit in die Geschichte der Geisteswissenschaften zurück. Eine zentrale Quelle ist ein 2.500 Jahre alter buddhistischer Text über Achtsamkeit, den ich ausgewählt habe, weil er eine Vielzahl an konkreten Anhaltspunkten für die Umsetzung von Achtsamkeit zu bieten hat. Nur selten finden wir in Beschreibun-

gen klare Verweise auf diesen Urtext. Die buddhistischen Lehren als Quelle zu nennen, scheint viele Menschen abzuschrecken. Vielleicht liegt es daran, dass Buddhismus von vielen Menschen als eine Religion wahrgenommen wird, die vor dem Hintergrund kultureller Prägungen in vielerlei Hinsicht fremd anmutet. Dabei steht geschichtlich zunächst das reine Geistestraining, aus dem die Religion später entstanden ist. Es gab damals keine Buddhisten und auch keinen Buddhismus. Es gab nur eine schnell wachsende Gruppe von Menschen, die nicht mehr passiv Leiden erdulden, sondern die Methoden erfahren wollten, die sie von den immer wiederkehrenden Problemen befreien konnten. Am Anfang des Buddhismus stand also eine zutiefst menschliche Frage: Was können wir tun, damit wir nicht immer wieder leiden müssen?

Diese Frage hat an Aktualität über die Jahre nichts eingebüßt. Alle Menschen aller Zeiten und Kulturen haben sich diese Frage gestellt. Wahrscheinlich ist diese Frage auch das entscheidende Motiv für das Aufblühen der Wissenschaften: Wir möchten die beängstigende Natur in uns und um uns verstehen und dann natürlich kontrollieren lernen. So wurde aus Natur Kultur. Dieses Bemühen um Verstehen und Einflussnahme hat die ursprüngliche buddhistische Lehre mit unseren westlichen Wissenschaften gemein.

Sie werden beim Lesen hoffentlich spüren, dass Achtsamkeit nicht nur eine weitere Fertigkeit ist. Sie erhalten mit ihr einen Schlüssel, mit dem Sie sich selbst Türen öffnen können, die lange für Sie verschlossen waren. Wahrscheinlich öffnen sich auch Türen, von deren Existenz Sie vorher gar nichts geahnt haben. Das ist normal auf einer Reise in nicht vertraute Gebiete.

Aber auch wenn Sie das Gefühl haben, Vertrautes zu lesen, realisieren Sie damit Ihre inneren Veranlagungen, die darauf nur gewartet haben. Ein heilsamer alter Text tritt in Resonanz mit unserer inneren Veranlagung zur Heilung – und es entsteht Vertrautheit. Bleiben Sie an diesem Punkt nicht stehen, denn das

Anregen dieser inneren Strukturen alleine ist zu wenig. Wir müssen immer wieder unseren Anfängergeist aktivieren, damit wir nicht allzu schnell alles in gewohnte innere Bahnen einordnen. Dreh- und Angelpunkt ist bei diesem Thema die Umsetzung. Auch wenn etwas noch so interessant ist, selbst wenn es noch so viele Aha-Erlebnisse geben sollte, so wird daraus keine Nachhaltigkeit entstehen. Die reift nur durch Ihr eigenes Handeln. Alles, was wir wiederholen, führt zur Stärkung einer entsprechenden inneren Struktur.

Die alten Texte und die modernen Neurowissenschaften weisen uns einvernehmlich darauf hin, dass wir uns tatsächlich durch geduldiges wiederholtes Üben fundamental verändern können. Das ist eine enorm hilfreiche Feststellung. Jedes Beharren auf einen eigenen, womöglich festen Charakter oder ebenso feste Gewohnheiten und Neigungen können wir heute getrost als das erkennen, was es ist, nämlich eine faule Ausrede.

Wenn Sie wirklich geduldig ein paar Wochen den Übungen folgen, dann werden Sie mit Sicherheit Veränderungen wahrnehmen. Jedes konsequente Üben führt zwangsläufig zu Änderungen. Es ist also nicht ganz ungefährlich. Sie werden sich womöglich verändern, wenn Sie mitmachen. Vielleicht werden Sie zum Beispiel gelassener, zufriedener, ausgeglichener, konzentrierter *und* entspannter.

2. KAPITEL

Eine Bedienungsanleitung für den Verstand

Die Erreichung der Ganzheit
fordert den Einsatz des Ganzen.

– C. G. Jung –

Ein klarer Geist als Voraussetzung

Achtsamkeit möchte uns eine effektive Hilfe sein, unsere eigene Lebenskunst zu finden. Jeder kann und soll seine eigene Kunst entfalten. Aber damit dieses elementare Ziel wirklich in erreichbare Nähe rücken kann, benötigen wir einen möglichst klaren Kopf. Nur wenn sich die vielen inneren Nebel unserer Begehrlichkeiten, Widerstände oder Verwirrungen lichten, können wir einen besseren Durchblick entwickeln. Dabei ist es interessant zu erkennen, dass sowohl die negativen als auch die positiven Erfahrungen uns auf sehr ähnliche Weise die Sinne vernebeln können. Das Fundament ist deshalb die innere Klärung, sie ist gleichermaßen Voraussetzung für eine Kunst des Lebens. Hier setzt das mittlerweile gut erprobte spezielle Übungsverfahrens des ASST an.

Der Appell „Sei jetzt achtsam!" erzeugt in vielen von uns vermutlich den Impuls zu verlangsamen. Denn leider befinden wir uns nur zu oft in einem Zustand, der weit davon entfernt ist, den Weg unter unseren Füßen mit offeneren Augen, vorsichtiger und wachsamer zu beschreiten. Wir sind schnell ablenkbar, viele Reize ziehen unsere Aufmerksamkeit auf sich. Wir können allem widerstehen, nur eben nicht der Versuchung. Zudem funktioniert unser Verstand so, dass er bereits nach wenigen Wiederholungen aus neuen Verhaltensweisen einen Automatismus zusammensetzt. Ist dieser erst einmal etabliert, müssen wir diese Vorgänge nicht mehr konzentriert durchführen, sie werden dann nur noch abgespult. So befinden wir uns die meiste Zeit des Tages in einem unbewussten Zustand. Es ist ein Leben im Autopilot.

Der Preis ist beträchtlich, denn ohne Achtsamkeit reduziert sich unser Zugang zu uns selbst immer mehr. Mit jedem Lebensjahr werden unsere Automatismen stärker und dominanter. So können wir zunehmend eingeschränkter auf Stressoren reagieren. Das eigene Druckerleben steigert sich immer mehr. Die Auswirkungen von Dauerstress auf unser Nervensystem sind gut erforscht. So werden z.B. Neurostrukturen, die für unsere Introspektionsfähigkeit zuständig sind, bei Dauerstress nachhaltig geschädigt.

Mit dieser inneren Eingrenzung entstehen immer mehr deutlich spürbare Entfremdungsempfindungen. Ohne den Zugang zu uns selbst erhalten wir auch keinen wirklichen Zugang zu anderen. Wir fühlen uns isoliert. Wenn wir uns nicht mehr so gut spüren, entsteht viel Platz für überkritische und überbordende Verstandesreaktionen, Selbstzweifel, Grübelei und den Selbstwert mindernde Gedanken. Wenn wir uns nicht ausreichend wahrnehmen, suchen wir unbewusst nach immer stärkeren Reizen, damit wir uns wieder etwas lebendiger fühlen. Diese Dosierungen wirken zwar kurzfristig stimulierend, schädigen aber immer mehr die inneren Kompetenzen der sensiblen Selbstwahrnehmung. Wir erleben uns dann oft nur noch wie eine Maschine. Positive Selbsterfahrungen, also z.B. in Ruhe die innere Welt der Harmonie zu spüren, sind kaum noch möglich. Verlieren wir diese Fähigkeiten, so verlieren wir natürlich auch den Blick für die positiven Qualitäten in anderen und der uns umgebenden Natur. Wir können die Auswirkungen dieses Verlusts jeden Abend in den Berichten der Tagesschau sehen.

Das, was dort berichtet wird, ist Ausdruck des menschlichen Geistes. Wir senden diese Informationen, damit sie jeder empfangen kann, zu den Satelliten im Erdorbit. Dort werden sie zwar von den Satelliten empfangen und weitergeleitet, aber sie werden natürlich nicht per Laserstrahl direkt auf einen Satelliten geschickt, sondern wir strahlen sie weitflächig einfach ab, sodass die täglichen Zeugnisse unseres Unvermögens frei in das Weltall strahlen. Falls das irgendeine Intelligenz wirklich einmal auffangen sollte, ist das Urteil über uns wohl schnell und sicher gefällt. Was halten wir denn selbst von Nachbarn, die sich ohne Scham auf der Straße Gewalt antun? Die sich und Ihr Zuhause vergiften und dann abends den Geist berieseln lassen ...

Während noch vor wenigen Jahrhunderten die Möglichkeiten großflächiger Zerstörungsmöglichkeiten für uns eingeschränkt waren, verfügen wir heute über die materiellen und auch mentalen Mittel, alles in wenigen Augenblicken zu zerstören. Wir benötigen folglich nicht noch größere und noch günstigere Flachbildschirme, sondern leicht zugängliche Möglichkeiten der Geistesschulung. Das Thema der Geistesschulung ist somit schon lange kein Luxusthema mehr. Es ist vielmehr zu einer Überlebensfrage für unsere Spezies geworden: Können ausreichend viele Menschen die dringend benötigte geistige Veränderung vollziehen, oder bleiben wir in einem eher primitiven Raubtierbewusstsein stecken?

Konsum als stete Verführung

Wenn wir den Zugang zu uns selbst verlieren, dann fehlt uns ein wichtiger Halt im Leben. Und wenn eine Lücke entsteht, dann versuchen wir, sie – ohne viel nachzudenken – möglichst schnell wieder zu schließen. Aber womit? Natürlich liefert uns unsere

Kultur nicht nur den Stress, sondern auch gleich noch ein Gegenmittel. Wir spüren das Bedürfnis zu konsumieren und damit in die Welt der Formen einzutauchen. Formen beziehen sich auf Gegenstände, aber natürlich sind auch gedankliche und begriffliche Formen gemeint.

Die Form ist das Äußere, der Schein, das Sichtbare, Hörbare, Fühlbare und Materielle. Auch gedankliche Formen können fest werden. Formen geben uns Halt und Orientierung, allerdings handelt es sich oft um einen trügerischen Halt. Hier finden wir die Quellen unserer Ego-Identifizierungen. Aber wir können an keinen Formen unbegrenzt anhaften, da sich Formen immer verändern und auch auflösen. Die Auflösung der Form, die unser Körper ist, erleben wir schrittweise mit dem Altwerden, sie vollendet sich mit unserem Tod.

Spiritualität widmet sich im Kern der mentalen Auflösung der Formen durch Transzendenz. Für diesen wichtigen Prozess liefern uns die spirituellen Traditionen verschiedene Techniken, darunter die mittlerweile recht bekannte Meditation. Ein entscheidender Prozess in der Meditation besteht nun darin, dass wir die auftauchenden (gedanklichen, bildhaften, emotionalen, auf Körperempfindungen bezogenen) Formen nicht weiter mental unterstützen. Wir lernen während unserer regelmäßigen geduldigen Meditationsübungen, Abstand zu halten zu den Anbrandungen der Formen-Flut.

Die achtsame Selbststeuerung ASST kann uns helfen, bei den Meditationsübungen zuerst unseren Körper achtsam entspannt zu halten. Das bedeutet: nicht zu gespannt, aber auch nicht gänzlich ohne Spannung. Auftauchende Emotionen werden in einem zweiten Schritt möglichst neutral betrachtet. Ebenso werden alle auftretenden Gedanken in einem dritten Schritt wie lockere Wolkengebilde am Himmel gesehen. Wir lassen sie ziehen.

Die gelassene Umgangs*form* mit den Formen hilft uns auch bei der Differenzierung von Spiritualität und Religion. Eigentlich kann nur die Spiritualität von sich behaupten, dass sie die Formen überwinden möchte und damit einen Zugang zu tieferen Bewusstseinszuständen ermöglicht. Selbst die Religionen sind sehr in den äußeren Formen der Rituale, Gewänder, Zeremonien, Heiligenbilder, Worte, Musik, „Wahrheiten" usw. verhaftet. Wenn wir diese Dynamik vertiefen und nach weiteren Zusammenhängen Ausschau halten, dann offenbaren sich schnell weitere große Bereiche, in denen wir uns den äußeren Formen unterwerfen sollen. So ist natürlich die Mode ein großer Diktator, der viele Menschen in der Welt der Formen gefangen halten möchte. Aber eigentlich ist es unsere gesamte Kultur, die uns zu vermitteln versucht, dass wir hauptsächlich auf Formen zu achten haben. Vielleicht suchen Sie demnächst einmal das, was hinter den Formen verborgen liegt: Was könnte die Kraft sein, die hinter den Formen wirkt? Gibt es für Sie überhaupt etwas jenseits der Formen?

Die Quintessenz
Löse Dich
von unheilsamen Formen,
erlerne
die heilsamen Formen
und erfahre
das Formlose.

Vielleicht sind diese Fragen etwas ungewohnt. Deshalb möchte Ihnen dieses Buch eine Art „Räuberleiter" anbieten. Aber wir werden nicht zu schnell voraneilen. Vorher gilt es noch ein paar Steine aus dem Weg zu räumen.

Zurechtfinden im Ego-Labyrinth

Sie lesen dieses Buch, nehmen diese Informationen, sofern Sie sie für relevant erachten, in sich auf und werden damit unmerklich Ihren Verstand füttern. Schließlich verstehen Sie diesen Text, weil Ihr Verstand versteht. Kann also Ihr Verstand den Weg zur Achtsamkeit bewerkstelligen? Wenn wir über den Verstand sprechen, dann klingt es oft so, als wäre „der" Verstand eine maskuline Einheit, quasi ein fester Kern in unseren Köpfen. Eine womöglich verlässliche Größe, die uns zur Hilfe eilt und uns nachdenken lässt. Allerdings besteht das Betriebssystem unseres Verstandes aus Worten. Und natürlich lieben wir klare Worte, auf die wir uns verlassen können. Wir begreifen etwas, weil ein Wort so treffend sein kann, dass wir fast meinen, das Gemeinte greifen zu können. Wir möchten Dinge berühren. Das Kind in uns möchte Dinge anfassen. Wir gehen durch den Supermarkt und betasten prüfend die Lebensmittel. Wir gehen durch die Modeabteilungen und greifen ebenfalls fühlend nach den potentiellen Objekten unserer Begierde. Wir greifen nach Dingen, damit sie für uns begreif-bar werden. So können wir uns einen Be-Griff bilden, den wir begreifen können.

Weil wir uns gerne in Sicherheit wiegen, gehen wir immer davon aus, einen soliden Begriff vor uns zu haben. Deshalb sprechen wir gerne von *dem* Verstand, *dem* Bewusstsein, *dem* Ego, *der* Persönlichkeit, als wären es feste Objekte. Schließlich sind das die Plattformen, auf denen wir „stehen". Wie sollen wir uns z. B. auf unseren Verstand verlassen, wenn wir erkennen würden, wie labil, unerzogen, ablenkbar, wankelmütig, instabil, veränderbar diese Konstrukte sind. Und dass es sich eigentlich nur um Wörter handelt, die wir vergeben haben. Tatsächlich haben wir es also mit sehr dynamischen Systemen zu tun, die von uns und unserer Umwelt aufgebaut wurden und sich jederzeit verändern können.

Was also ist *der* Verstand?

Wir nehmen ihn meist als innere Stimme wahr, die uns mehr oder weniger gute Ratschläge, Bewertungen, Meinungen oder Lösungen anbietet. Aber was ist das genau, dieses Phänomen der inneren Stimme? Es gibt doch auch die innere Stimme unseres „inneren Schweinehundes" oder des „inneren Pessimisten". Bei genauerer Betrachtung kommen wir zu dem Schluss, dass in uns enorm viele, vielleicht sogar zahllose Stimmen wohnen. Jeder unserer Persönlichkeitsanteile, die zusammen unser Ego ausmachen, hat seine eigene Stimme. Der „Angsthase" in uns sagt uns etwas ganz anderes als z. b. der „innere Kampfhund", der „innere Trauerkloß" oder der „innere Richter".

„Der Verstand" ist also nur eine Worthülse, die wir benutzen, wenn wir eine bestimmte Selektion unserer inneren Ego-Stimmen meinen. Somit ist „der Verstand" eigentlich nur ein Sammelsurium unserer Ego-Anteile. Von dieser Selektion meinen wir, dass sie irgendwie clever oder zumindest hilfreich wäre. Aber es ist eine fatale Eigenheit unseres Verstandes, dass „er" sich nie als solcher zu erkennen geben kann. Wenn wir z. b. unserem „inneren Angsthalsen", dem „inneren Oberlehrer", dem „inneren Richter" lauschen, dann empfinden wir diese Stimmen in der jeweiligen Situation dummerweise als unser Verstand. Schließlich versucht sich die Kraft in uns, die wir Verstand nennen, mit jedem auftretenden Ich-Anteil zu identifizieren. Wenn beispielsweise der „Angsthase" in uns spricht, dann springt uns das Beängstigende der Situation meist doch förmlich ins Gesicht!

Vielleicht gibt es in Ihrer Verstandeskonstellation den „inneren Wissenschaftler", den „inneren Ingenieur", den „inneren Weisen", den „inneren Gelassenen" und hoffentlich viele innere heilsame Anteile, die Sie auf die Bezeichnung „mein Verstand" reduzieren. Sollte sich in diese Selektion aber auch z. b. der „innere Angsthase" eingeschlichen haben oder der „innere Kampfhund", oder einer der zahllosen anderen „Problem"-Anteile, dann wird

Ihr Verstand Sie sehr oft in die Irre führen. Er ist dann wir ein Kompass, in den sich ein Magnet einnisten konnte. Immer, wenn Sie in sich eine Stimme hören, die sich zu Worte meldet, dann ist es von entscheidender Bedeutung, dass Sie erkennen lernen, um welchen Ich-Anteil es sich tatsächlich handelt. „Ach, ich lass den Sport heute mal ausfallen." War das gerade der „innere Berater", der eine Pause als hilfreich erkannt hat, oder der „innere Schweinehund"? „Wir müssen das jetzt aber zusammen klären." War das gerade der „innere Diplomat" oder der „innere Rechthaber"? Wenn Sie lernen, das in jeder Situation für sich prüfen zu können, dann wird Ihnen zukünftig viel Ärger, Frust, Probleme und, ganz allgemein, viel Energieverschwendung erspart bleiben.

Dieser Sachverhalt erklärt vielleicht auch, warum „der" Verstand keine Probleme, sondern immer nur „Problemchen" lösen kann. Die großen Probleme kann er deshalb nicht wirklich durchdringen oder gar lösen, weil „er" selbst die Ursache der Probleme ist. Das mag etwas verwirrend klingen. Zur Erinnerung: Die Verstandesstimmen sind gleichzusetzen mit unseren mehr oder weniger problematischen, weil auch meist unbewussten Ego-Anteilen. Und unsere vielen Ego-Anteile sind immer eine unerschöpfliche Quelle von Problemen. Jeder einzelne meint, als Stimme des Verstandes im Besitz der Wahrheit zu sein. Jeder Ego-Anteil ist mehr oder weniger stark identifiziert mit den begleitenden Empfindungen und der Situation. Jeder Ego-Anteil möchte Recht behalten, möchte sich vor allem so lange selbst erhalten, wie es nur eben geht. Jeder Ego-Anteil möchte sich selbst festigen. Er artikuliert also permanent dazu „passende" Meinungen, Behauptungen, Bewertungen, Anklagen und nötigenfalls auch Gejammer und Abgrenzungsempfindungen. Zudem stellt er immer einen Zugang zur Vergangenheit her. Allerdings nicht zur gesamten, sondern ausschließlich zu einer „passenden" vergangenen Erinnerung. All das dient nicht dem Erkennen, sondern nur dem Überleben des jeweils aktivierten Ego-Anteils. Und jeder aktivierte innere Anteil von uns versucht alles Erdenkliche, um nicht abgeschaltet bzw. ersetzt zu werden. So entstehen die absurdesten Ideen, nur um in uns die Atmosphäre aufrecht zu halten, in der sich der jeweilige Ego-Anteil am wohlsten fühlt. Hinzu kommt, dass das jeweils aktivierte Ego-Fragment immer Feinde benötigt!

So kann es sich abgrenzen und sein eigenes Ego behaupten. Wenn es im eigenen Staat schlecht läuft, dann sucht sich der „schlaue" Politiker Feinde „dort draußen". So kann er im eigenen Land Einigkeit herstellen, von inneren Problemen ablenken und das Bewusstsein der eigenen Staats-Identität festigen. Im Außen finden wir eigentlich immer die Abläufe wieder, die sich auch in uns abspielen. Noch wahrscheinlicher ist, dass wir die äußeren Abläufe initiieren, weil wir sie in uns tragen. Ein sich selbst erkennendes Wesen beginnt keinen Krieg.

Wenn unsere Ego-Anteile meist unbewusst agieren und auch noch unsere Verstandesinstanzen infiltrieren, wie soll uns dann „der" Verstand im Leben eine wirkliche Hilfe sein?

Sie zweifeln? Ist Ihnen Ihr Verstand wertvoll? Fragen Sie sich, was Sie ohne Ihren Verstand schon erreicht hätten? Wären wir ohne Verstand nicht wie die Tiere? Natürlich soll hier nicht der Anschein erweckt werden, wir sollten unseren Verstand einfach abschalten. Aber fragen Sie sich bitte einmal kritisch, wer in Ihnen die Kommandos gibt und welche Qualität diese Kommandos haben. Die vielen Verstandestätigkeiten in Form unablässiger Meinungen, Bewertungen, Kommandos, Impulse, Regeln, Werte und Aufforderungen scheinen keinen Anfang und kein Ende zu haben. Wir selbst merken das meist nicht, weil wir uns permanent ablenken. Bewusster können Sie das Ausmaß der Irrsinnigkeit Ihrer Verstandestätigkeiten erfahren, wenn Sie für 10 Minuten alle äußeren Reize beiseite lassen, sich aufrecht hinsetzen, die Augen schließen und Ihre Aufmerksamkeit auf Ihre inneren Abläufe lenken. Wenn Menschen damit beginnen, erleben viele erst einmal einen Schock, denn statt meditativer Ruhe erfahren sie ein meditatives Chaos. Ein Wirrwarr innerer Stimmen, die unablässig lamentieren. Mit diesem inneren Durcheinander möchten Sie Ihrer inneren Welt und einem Teil der äußeren Welt gewachsen sein?

Wie stark und wie oft müssen Sie sich selbst betäuben und damit eigentlich vergiften, damit Ihr Verstand, zumindest für eine Weile, endlich mal Ruhe gibt? Kommen Sie selbst nur zur Ruhe, wenn Ihr Kumpel, der Verstand, mal für eine Weile betrunken in der Ecke liegt? Und wie lange funktioniert diese Form der Selbstbestrafung und Selbstverletzung?

Es ist ein wenig so, als würde ein kleines, unerzogenes Kind in Ihrer Schaltzentrale sitzen. Und die einzige Strategie unserer an Geistestraining armen Kultur besteht nun darin, dieses Kind in regelmäßigen Abständen zu vergiften. Abends möchten wir unsere Ruhe, also gießen wir Alkohol in dieses Kind hinein. Leider haben wir dann ein betrunkenes Kind in uns. Am nächsten Tag wird uns das zornige Kind eine entsprechende Rückmeldung geben. Leider zeichnen sich fast alle gängigen Selbsthilfestrategien durch große Unbewusstheit aus, sodass wir eine Linderung des Getriebenseins durch den Verstand nur erreichen, indem wir unterhalb des menschlichen Verstandes zurücksinken. Sie sollen hier nicht Ihren Verstand auflösen und auf ein animalisches Niveau heruntersinken, sondern erkennen, wie Sie Ihren Verstand wieder zum Werkzeug werden lassen. Damit eröffnet sich ein Erfahrungsbereich jenseits des Verstandes, der Ihnen sehr besondere Qualitäten zugänglich macht.

Die Hybris unseres Verstandes

Vorerst ist dieser Erfahrungsbereich durch den inneren Wahnsinn unserer unaufhörlichen Verstandestätigkeiten, insbesondere seiner Anhaftungen, Obsessionen, festen Meinungen, ständigen

Bewertungen und Handlungsappelle, verdeckt. Gelegentlich kommen zwar auch Erkenntnisblitze, aber dann folgt sofort schon wieder der nächste Reiz, der uns gefangen nimmt und den nächsten Automatismus in uns initiiert. Diese Vorgänge gilt es mit Selbstbewusstsein zu betrachten. Selbstbewusstsein meint nicht die unerschütterliche innere Stärke, sondern das Bewusstsein, das sich selbst erkennt. Gegenwärtig sein. Nicht werten. Betrachten, nicht manipulieren. Nicht unterhalb des Verstandes sinken, wie in einem Rausch.

In der konkreten Umsetzung wird es sich dabei nicht nur um eine isolierte Fertigkeit handeln. Wenn wir unseren vielfältigen Fähigkeiten nur eine weitere, nämlich Achtsamkeit, hinzufügen möchten, werden wir zu kurz greifen und die sich uns bietenden Möglichkeiten nicht ausschöpfen. Achtsamkeit geht sehr viel weiter. Es geht um „das Ganze". Also nicht um eine einzeln herausgegriffene Fertigkeit, sondern die Ganzheit unseres Funktionierens.

Unser Verständnis des Buddhismus sollte nicht im Sammeln vieler Informationsbrocken bestehen, auf der Suche, Wissen zu erlangen. Anstatt Wissen sammeln zu wollen, solltet ihr euren Geist klären. Wenn euer Geist klar ist, dann habt ihr bereits wahres Wissen.

– Shunryu Suzuki –

Sie werden hier eine Achtsamkeitsmethode kennenlernen, die über die Vermittlung neuer Informationen hinausgeht. Achtsamkeit kann, mit dem rechten Wissen verbunden, zu einem konkreten Vorgehen werden, damit wir unseren Geist in jeder von uns gewünschten Situation klären können.

Es leuchtet ein, dass Wissen und Methode immer Hand in Hand gehen sollten. Ohne Wissen aktiv zu werden, ist ebenso unsinnig, wie viel Wissen anzusammeln, ohne aktiv zu werden. Wissen und Handeln benötigen also eine gute Integration. Logischerweise steht am Beginn einer Reise natürlich das Wissen um das Reiseziel und die möglichen Hindernisse.

Lange haben wir geglaubt, dass wir als Kinder quasi bei Null beginnen: die leere schwarze Tafel.

Abb.6

Diese vollkommen schwarze Abbildung zeigt uns eine alte Idee, die sich als nicht zutreffend herausgestellt hat. Vielleicht kommen wir mit der nachfolgenden Skizze der Realität etwas näher. Die Punkte im schwarzen Feld stehen für unsere Veranlagungen. Sie sind wie Samen in der Erde, die nur darauf warten, dass sie Zuwendung erhalten.

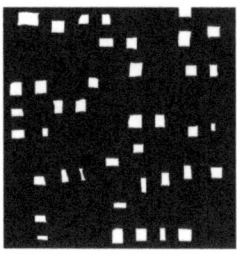

Abb. 7

Immer findet eine Selektion statt. Einzelne Samen werden „gedüngt", andere nicht. Und nach einiger Zeit verbinden sich dann diese Veranlagungen zu ersten Verhaltenskompetenzen.

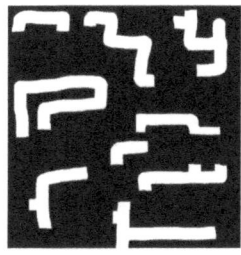

Abb. 8

Aus diesen ersten zusammenhängenden Fähigkeiten wachsen dann in den ersten Lebensjahren immer mehr innere Verbindungen und dadurch auch äußere Kompetenzen. So entstehen unsere Gewohnheitsmuster. Diese Strukturen entwickeln sich sukzessive und stärken sich dann mit den Wiederholungen immer mehr.

Durch viele Wiederholungen graben sich also feste Gewohnheitsmuster in uns. Es sind gewissenmaßen Datenautobahnen in unserem Kopf, oder, einfach dargestellt, feste Trampelpfade. So entsteht dann bis zum Erwachsenenalter ein Wirrwarr aus Gewohnheits-Gängen, vergleichbar mit unseren eigenen Lebenswegen. Wir wandern in eine Richtung, bis wir auf ein Hindernis stoßen, dann suchen wir einen Ausweg, gehen vielleicht ein Stück zurück, womöglich hämmern wir gegen die Wände, verharren in einer Sackgasse oder beginnen irgendwo zu graben, um Hindernisse zu überwinden.

Abb. 9

Schauen Sie sich die nachfolgende Abbildung 10 eines Labyrinthes an. Die erste Frage zu dem Labyrinth ist: Erkennen Sie das Hindernis? Und die zweite Frage ist: Erkennen Sie, wenn Sie die Blockade erkannt haben, auch den möglichen Lösungsweg?

Abb. 10

Der erste Fehler, den Sie wahrscheinlich begangen haben, besteht darin, dass Sie meinen, dass die gestrichelte Blockade in der unteren Mitte des Labyrinthes das Problem sei. Und der zweite Fehler, der Ihnen unterlaufen ist, besteht vermutlich darin, dass Sie einen Lösungsweg *innerhalb* des Labyrinthes gesucht haben. Keine Sorge, dass ist nicht Ihr Fehler, sondern es zeigt einfach, wie wir Menschen in der Regel funktionieren.

Um zu einer freien Sicht auf die Achtsamkeit zu kommen, müssen wir erkennen, dass unser inneres Labyrinth die Ursache für unsere Probleme ist: So wie wir denken, nehmen wir die Welt wahr. Folglich ist nicht die Blockade im Labyrinth, sondern das Labyrinth selbst das Problem!

Mit diesem inneren Labyrinth sind zum Beispiel unsere zahlreichen festen Gewohnheitsmuster gemeint, unsere festen Ansichten und Meinungen ebenso wie die routinierten und daher unbewusst gewordenen Verhaltens- und Denkmuster. Unser Alltag ist geprägt von unseren Automatismen. Das ist nicht der Ausdruck einer Störung, sondern die normale Art und Weise, wie unser Verstand funktioniert. Wir wiederholen ein paar Mal ein Verhalten, das uns positiv erscheint – und schon bald gibt uns unser Verstand etwas zu verstehen wie: Darüber musst Du nun nicht mehr nachdenken, ich steuere das ab jetzt. Ich habe einen Automatismus gebaut, der sich ab jetzt einfach abspulen lässt."

So können Sie zum Beispiel vollkommen unbewusst sogar sehr komplexe Vorgänge wie das Autofahren bewältigen. Denn dafür gibt es nun in Ihrem Gehirn Automatismen. Es sind Wege, die sich autonom vollziehen. Wenn Sie wiederholt irgendwohin gehen, werden Sie schon bald einen festen Weg haben, den Sie immer gehen. Wenn Sie einen Vortrag besuchen oder eine andere Veranstaltung, dann haben Sie dort Ihren Platz. Und wenn Sie nach der Pause zurückkehren, dann schätzen Sie IHREN Platz. Im Erwachsenenalter hat sich in uns ein Labyrinth entwickelt, in dem wir nur noch wenig nachdenken oder achtsam sein müssen. Die Wege liegen fest. Morgens zur Arbeit oder zum Einkaufen, Nahrungsmittel besorgen, Essen zubereiten und konsumieren, die immer gleichen Notwendigkeiten erledigen. Putzautomatismen, Waschautomatismen, Aufräumautomatismen, Kommunikationsautomatismen, abends zur festen Uhrzeit die bestimmten TV-Sendungen. Die letzten Tätigkeiten des Tages laufen dann auch noch in gewohnter Routine ab. Wenn wir so darüber nachdenken, dann spüren wir die Problematik, aber nur zu gerne beharren wir auf dem, was zu uns gehört, was zu uns passt. Wir glauben, die Identifikation, die sich eingeschlichen hat, sei nun ein Ausdruck unserer Persönlichkeit. Und die lassen wir uns von niemanden hinterfragen.

Wenn wir alle routinierten Gewohnheitsmuster eines Tages eliminieren würden, wie viel würde dann noch übrig bleiben an bewusster Handlung und an bewusstem Denken und Fühlen? Das Ergebnis ist wohl ernüchternd.

So gelangen wir zu der Feststellung, dass wir kaum wirkliche Entscheidungen treffen und auch kein bewusstes Leben führen, sondern lediglich festgelegten Mustern folgen.

Probleme sind klebrig

Sie haben sicherlich schon Situationen erleben müssen, in denen Ihr Problem direkt von einem anderen Menschen angesprochen wurde. Das geschieht am häufigsten in Partnerschaften, aber auch sonst in vielen anderen Situationen, in denen Menschen sich enger zusammenfinden. Wenn Sie sich an so eine Situation zurückerinnern, dann wissen Sie vielleicht noch, wie Sie damals empfunden haben. Nur zu oft fühlen wir uns persönlich betroffen oder gar angegriffen.

Wenn Sie tatsächlich empfindlich darauf reagieren, wenn ein Problem angesprochen wird, dann ist das oft ein sicheres Zeichen dafür, dass das Problem bereits ein Teil von Ihnen geworden ist. Mit Ihrer Gegenwehr verteidigen Sie nun nicht mehr nur sich selbst, sondern auch das Problem.

Das ist, obwohl es augenscheinlich recht bedenklich ist, ein ganz „normales" menschliches Phänomen: Unsere dynamischen vielfältigen Ego-Anteile, ihre Untergruppen und die noch „schlafenden", aber wartenden Ego-Veranlagungen, sind stets startbereit, sich mittels Identifikation mit einem neuen Eindruck zu verbinden. Sie haben neulich eine ärgerliche Situation erlebt? Welcher Ihrer inneren Ego-Anteile mag darauf wohl angesprungen sein? Ihr „innerer Kampfhund" oder eher der „innere Angsthase"?

Und hatte diese Empfindung dann noch eine längere Nachwirkzeit? Das Ereignis war schon länger vorbei, aber Sie haben immer noch darüber gegrübelt? Das geht nur aufgrund einer Identifikation. Der äußere Vorgang wurde verinnerlicht, worauf dann ein scheinbar „passender" Ego-Anteil darauf angesprungen ist. So entstehen intensive Empfindungen: Die Aktivierung eines inneren Ego-Anteils führt dazu, dass sich der angesprochene Bereich entfalten kann. Er wächst wie eine Pflanze, die wir fleißig düngen und gießen. Wir alle verfügen zum Beispiel über die innere Veranlagung zur Melancholie. Nun braucht es nur noch einen äußeren Anlass, einen Auslöser, und die innere

Veranlagung beginnt sich zu entfalten. Je größer der Anteil wird, desto eher drängt er sich zukünftig in den Vordergrund. Und das sogar bei Anlässen, die eigentlich gar nicht melancholisch sein müssten. Dann wird ein Sonnenuntergang, ein Regentag, ein Blick in den Spiegel oder ein verzögerter Erfolg zu einem ganz sicheren Anlass für Melancholie. Natürlich gibt es keine melancholischen Ereignisse, sondern nur Ereignisse, die wir nach unserem Muster entsprechend interpretieren und bewerten. Diese individuellen Muster bildeten sich durch die unkontrolliert gewachsenen Veranlagungen. Durch die Identifikation gibt es dann nicht mehr das melancholische Ereignis dort draußen, sondern die Empfindung: ICH BIN melancholisch.

Wir sind uns dann selbst vollkommen sicher. Wir spüren es doch, also können wir uns darauf verlassen. Worauf sollten wir uns sonst verlassen, wenn wir nicht mehr unseren Empfindungen trauen? Und wehe, wenn jemand diese Empfindung kritisch zu hinterfragen versucht. Wir sind dann so identifiziert, dass wir nicht mehr den Unterschied zwischen uns, der Situation und den Reaktionen wahrnehmen. Dann entsteht die Empfindung, dass es unser Selbst ist, das jetzt jemanden zu kritisieren versucht.

Unser größtes Problem ist,
dass wir unsere Gedanken
für wahr halten.

– DALAI LAMA XIV. –

Unsere Erfahrungen sind die mächtigste Quelle unserer Meinungen. Aber beide Bereiche, die Erfahrungen und die Meinungen, sind von zu vielen anderen Faktoren abhängig, als dass wir uns wirklich vollkommen blind auf sie verlassen sollten.

Wir finden hier einerseits ein unerschöpfliches inneres Potenzial, aber gleichzeitig auch eine große Gefahr. Wir tragen in uns ein Organ, das bis ins hohe Alter hinein wie ein trockener Schwamm Eindrücke aufsaugt und sich damit identifizieren möchte. Deshalb ist es so wichtig, welche Veranlagung wir füttern.

Veröden im Charakterpanzer

Kein Lebewesen lernt so langsam wie der Mensch. Viele Lebewesen beenden ihr Leben bereits in einem Alter, in dem wir erst am Anfang unserer Lerngeschichte stehen. Lassen Sie Ihre eigene Lerngeschichte nicht zu früh enden. Wenn Sie in sich Meinungen aufkeimen spüren, die Sie zu Sätzen verleiten wie z. B. *„das passt nicht zu mir"* oder *„das bin ich nicht gewohnt"* oder *„ich habe einen anderen Geschmack"* oder *„das entspricht nicht meinem Charakter"*, dann ist das ein Indiz für das Herabsinken der Lernkurve. Wir geben freiwillig auf und beginnen, uns einzuengen. Der erste Schritt in diese Richtung mag sich noch richtig anfühlen. Wir suchen nur noch Bereiche auf, die wir kennen und die auf unserer „Wellenlänge" liegen. Damit beginnen wir einen inneren und auch äußeren Verödungsprozess, der nicht selten in einer Pseudo-Demenz endet. Dann schalten immer mehr Nervenzellen in unserem Kopf auf Standby und wir werden zunehmend eindimensionaler. Wir folgen nur noch Gewohnheitsmustern, anstatt Entscheidungen zu treffen. Wie eine Laborratte im Labyrinth kennen wir unsere Wege, die zum Futter, zu den Artgenossen und zum Schlafplatz führen.

Nur weil wir die Wege, die zum (scheinbaren) Ziel führen, kennen, erliegen wir dem Trugschluss, dass wir selbstbestimmt leben. Die Wege innerhalb des Labyrinthes sind uns so vertraut geworden, dass wir sie nicht mehr als das erkennen können, was sie eigentlich sind, nämlich gewohnheitsbasierte Eingrenzungen.

Wenn wir uns nicht befreien, dann sind alle für uns zu erreichenden Ziele nur Labyrinth-Ziele. Alle wunderbaren Lebenswege sind nur Wege innerhalb des Labyrinths.

Die ersten Schritte zur Achtsamkeit finden natürlich auch innerhalb dieses Labyrinthes statt. Wir verstehen langsam, wo wir uns befinden. Uns geht „ein Licht auf" und wir sehen die festen Wege, denen wir bislang immer brav gefolgt sind. Klingt doch logisch, oder?

Überprüfen Sie jetzt bitte einmal Ihre Körperposition, Ihre Gestik und Haltung. Wer hat die so arrangiert?

Die Automatismen durchdringen alles in uns und an uns.

Vielleicht beginnen Sie sich zu fragen: „Wie komme ich hier nur heraus?"

Die vielen festen Wege haben sich ein Leben lang eingegraben. „In welche Richtung geht es denn?" „Schaffe ich das überhaupt?" „Was liegt denn außerhalb des Labyrinthes?"

Die Königsdisziplin: Potenzialentfaltung

Das innere Labyrinth macht einen Teil des gesamten menschlichen inneren Potenzials aus. Es repräsentiert den kleinen Ausschnitt des Potenzials, den wir für uns nutzbar gemacht haben. Die ersten Eindrücke im Leben, die elterlichen Lenkungen, die kulturellen Bahnungen, all das führt zu einer spezifischen Aktivierung einer Auswahl innerer Ressourcen. Einige Veranlagungen werden also angesprochen, sodass sie sich entfalten können, während andere nicht aktiviert werden. Bei einigen von uns wurden so innere Wege angelegt, die zur Entfaltung der Veranlagung zum Beispiel für Fußball, Stricken, Fleiß, Faulheit, Geigespielen oder Fahrradfahren geführt haben. Jeder von uns verfügt über ganz eigene Kombinationen von erlernten Mustern, die sich als inneres Labyrinth manifestieren.

Das können sogar sehr schöne Eigenarten sein, aber immer sind sie nur ein Ausschnitt des Möglichen und sie sind von uns nicht frei gewählt. In unserer Kultur gibt es für eine bewusste

Potenzialentfaltung noch keinen Rahmen. Diese Thematik kann in Ihrer Bedeutung gar nicht deutlich genug betont werden: Wir verfügen über so viel Potenzial. Es sind alle menschlichen Veranlagungen in uns vorhanden. Alles, was je ein Mensch vollbracht hat, steckt auch in uns.

Der erste Schritt liegt immer im Erkennen. Gehen Sie nicht zu schnell weiter. Natürlich möchten wir gerne die Wunderpille, die schlagartig unser ganzes inneres Potenzial anknipst. Dieses vorschnelle Hasten führt jedoch zu keinem nachhaltigen Ergebnis.

Zuerst ist es sehr lohnenswert, sich der eigenen Potenziale bewusst zu werden: Welche inneren Veranlagungen sind aufgegangen und welche nicht? Sie sieht es aus mit Ihrem inneren Musiker? Ihrem inneren Kreativen? Ihrem inneren Wissenschaftler? Ihrem inneren Heiler? Ihrem inneren …?

Lassen Sie sich etwas Zeit bei der Bilanz.

Aber streuen Sie sich nicht zu viel Asche auf Ihr Haupt, denn wir alle leben wohl weit unterhalb unserer Möglichkeiten!

Ein weiteres spannendes Gedankenexperiment besteht darin, sich den eigenen inneren Gegenpol vorzustellen. Hier wird nach Persönlichkeitsanteilen gesucht, die den eigenen Gewohnheitseingrenzungen entgegenlaufen.

Sie halten sich für sehr fleißig? Dann experimentieren Sie mit Faulheit. Und natürlich umgekehrt. Nach diesem Muster können Sie nun fortfahren.

Macht Sie das nicht auch neugierig? Kann das nicht enge Horizonte der eigenen Selbstsicht weiten?

Aber bevor wir weiter schauen können, müssen wir noch einmal einen Schritt zurückgehen und selbstkritisch betrachten, wie es um unsere Einsichts- und Erkenntnisfähigkeit bestellt ist. Schließlich benötigen wir für ein solides Weiterentwickeln eine gute Selbsterkenntnisfähigkeit.

Um dafür möglichst gute Voraussetzungen zu schaffen, benötigen wir eine passende Strategie. Eine Strategie, wie wir unsere

Fähigkeiten, unsere innere Veranlagung, unser Potenzial zum Erkennen kultivieren.

Der Verstand als Schneekugel

Wenn wir unsere Potenziale entdecken möchten, dann sollte uns unser Verstand dabei eigentlich behilflich sein. Doch egal welche Thematik, Problematik oder Symptomatik uns belastet, unser Geist, der eigentlich nach Lösungen suchen sollte, reagiert meist sehr eigenwillig. Die nachfolgenden drei Abbildungen möchten das verdeutlichen. Sie zeigen Schneekugeln, die mit Wasser und weißen, kleinen Schwebeteilchen gefüllt sind. Sobald man die Kugel etwas schüttelt, sieht es aus, als würde es dort drinnen schneien. Unsere innere geistige „Schneekugel", also unser Verstand, reagiert recht ähnlich. Die Schwebepartikel sind nie in Ruhe, immer in Bewegung, weil die Schneekugel ständig in Bewegung ist. Unser reger und rastloser Geist gleicht dem Schneegestöber in der Kugel.

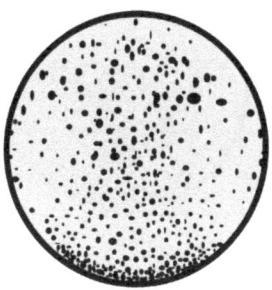

Abb. 11

Und wenn wir dann noch unter Stress geraten oder etwas Schlimmes passiert, dann herrscht völliges „Schneetreiben" und wir sehen die „Hand vor Augen nicht mehr". So reagieren Menschen. Unser Geist lässt sich sehr schnell eintrüben. Das kann sich dann als Schmerz, Angst, Depression, Sucht, Wut oder in vielen anderen Varianten und Kombinationen ausdrücken. Selbst von scheinbar angenehmen Impulsen werden wir umhergetrieben. So viele Reize gibt es, die uns den Blick vollkommen zu trüben vermögen. Das Austreten aus dieser *universellen* Problematik ist eigentlich jedem klar, der schon mal eine Schneekugel in der Hand hatte: Die „Schneekugel" sollte erst einmal zur Ruhe kommen. Nur so haben die Schwebeteilchen eine Chance, sich zu setzen. Nur so kann Klarsicht entstehen. Nur so kann Erkennen funktionieren.

Dieser Aspekt ist sehr wichtig: Aus der Ruhe folgt nicht unbedingt nur Entspannung, sondern auch Klarheit. Die Sicht wird eben klar, wenn die Schwebeteilchen zu Boden sinken. Wir benötigen also konkrete Methoden, die unsere innere Unruhe besänftigen und innere Klarheit erzeugen. Die nächste Abbildung zeigt uns die „innere Schneekugel" unseres Geistes, nachdem wir unsere achtsame Übungspraxis fortgesetzt haben.

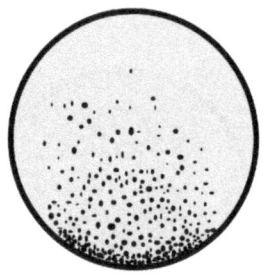

Abb. 12

Die Schwebepartikel beginnen langsam den Sinkflug, wir finden mehr innere Ruhe und Klarheit, sodass sich der Prozess weiter fortsetzen kann, bis wir einem Zustand nahekommen, den wir in der nachfolgen Abbildung sehen.

Ich betone nochmals, dass wir in diesem Zustand *nicht* Liegestuhl-Entspannung erfahren, sondern eine innere Ruhe, die nachweislich zwar auch unsere Gelassenheit und Entspannungs-

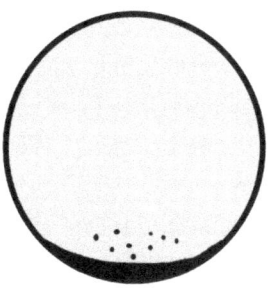

Abb. 13

fähigkeit erhöht, aber zudem signifikant auch unsere Konzentrations- und Gedächtnisleistung steigert.

Das Herabsinkenlassen der inneren „Schwebeteilchen" kann als eine Universalstrategie verstanden werden. Sie ist die Basis (fast) aller günstigen Entwicklungen. Vielleicht sind Sie der Ansicht, dass Klarheit sich zwar gut anhört, aber manchmal auch schmerzlich sein kann. Schließlich werden alle Täuschungen aufgelöst und wir sehen glasklar, was da ist. Und das muss natürlich nicht immer schön sein. Deshalb wird es hier auch als Basis beschrieben und nicht als Endpunkt.

Aber sobald wir uns mit dem unangenehmen Erkennen wieder aufregen, nehmen wir einfach nur wieder die Schwebeteilchen wahr. Und was wir damit zu tun haben, das wissen wir jetzt. Ein fortlaufender Entwicklungsprozess.

Es soll aber auch nicht unerwähnt bleiben, was in der weiteren Entwicklung angelegt sein könnte. Denn wir finden hier einen sehr bedeutsamen Schlüssel zur spirituellen Quelle in uns, die wir im vernebelten Zustand sicher nicht finden. Nur durch diesen Klärungsprozess können wir so still werden und lassen uns so wenig von Emotionen aufwirbeln, dass wir die subtileren Qualitäten dieser Dimension in uns entdecken können. So sinken auch unsere Ängste, unsere Trauer und der Schmerz langsam zu Boden und wir finden die geistige Ruhe für die nötigen Schritte, die bereits auf uns warten.

Das Schneekugelsymbol ist enorm eindrücklich. Es wird uns mit einem Blick sofort verständlich, was gemeint ist. Womöglich taucht sofort die Frage auf: „Wie kann ich denn meine inneren Schwebepartikel zur Ruhe bringen?" Wir erahnen bereits, dass diese Partikel in uns nur allzu gerne verwirbeln. Es liegt in der Natur der Schwebeteilchen, dass sie stetig bereit sind, sich in Bewegung setzen zu lassen. Viele Menschen, die dieses Training durchlaufen, stellen gleich zu Beginn fest, wie viel inneres Chaos und wie wenig innere Disziplin vorhanden ist. Der Verstand gehorcht einfach nicht. Wir möchten zur Ruhe kommen, aber unser Verstand produziert einfach weiter seinen Datenmüll. Wenn wir unsere innere Ruhe dauerhafter bewahren können und Klarsicht erleben, dann erwächst daraus eine enorme Kraft.

In der Ruhe liegt die Kraft. Dieser alte Spruch ist wohl jedem bekannt, aber in welchem Zusammenhang stehen Ruhe und Kraft eigentlich? Wenn wir uns Meditationsmeister vorstellen, die vollkommen in ihrer Ruhe verweilen, dann stellen wir uns in der Regel keine Bodybuilder vor. Handelt es sich also eher um eine geistige Kraft?

Aus buddhistischer Sicht ist das Handeln weniger anspruchsvoll als das Nicht-Handeln. Zu sitzen ist schwieriger als herumzulaufen. Die geistigen Tätigkeiten sind ruhelos. Jeder, der sich selbst in Ruhephasen beobachtet, kann zur Kenntnis nehmen, dass ein steter Strom von Gedanken den Geist belagert. Und viele davon erzeugen starke Handlungsimpulse. Im buddhistischen Geistestraining wird unser Geist auch mit einem aufgeregten Affen, einem galoppierenden Pferd, einem unerzogenen Hund oder einem sturen Ochsen verglichen. Diese Geistesqualitäten gilt es zu erkennen, zu würdigen und dann lenken zu lernen.

Wir sind also wieder bei den Steuerungsmöglichkeiten angekommen. Fast wie ein Dompteur, Affenbändiger, Pferdeflüsterer, Hundetrainer oder Ochsenzähmer müssen wir unseren unerzogenen Geist *liebevoll* erziehen. Wenn vor Publikum manchmal die

Peitsche knallt, so ist das nur Show. Ein Tiertrainer, der für seine Schützlinge keine Liebe aufbringt, kann keine Wirkung entfalten. Um unseren eigenen geistigen Prozessen eine liebevolle, geduldige Zuwendung zukommen zu lassen, benötigen wir Kraft. Es ist also nicht nur die Ruhe, aus der Kraft erwächst. Es ist auch Kraft nötig, um Ruhe entstehen zu lassen.

Beharrlichkeit auf dem Weg

Über eine erstklassige Methode zu verfügen
nützt uns wenig,
solange es uns an der rechten Motivation
und fundiertem Wissen fehlt.

– DALAI LAMA XIV. –

Wie erfolgreich wir bei unserem Unterfangen, Achtsamkeit zu entwickeln, sein werden, ist immer auch eine Frage der Motivation. Wie hoch ist tatsächlich Ihre Motivation, etwas für sich zu verändern? Möchten Sie wirklich eine spürbare und nachhaltige Veränderung für sich erreichen? Es gibt für diese Fragestellung eine kleine Übung, die unsere Motivation konkretisieren kann.

Nehmen Sie jetzt einen tiefen Atemzug und dann halten Sie die Luft an, während Sie weiterlesen. Wir alle stimmen oft recht schnell zu, wenn wir gefragt werden, ob wir nicht eine positive Veränderung wünschen. Möchten Sie 1.000 € geschenkt bekommen? Möchten Sie mehr Gelassenheit? Möchten Sie sich befreien von unheilsamen Geisteszuständen?

Na? Halten Sie immer noch die Luft an? Gut so. Halten Sie noch etwas aus. Sie spüren sicherlich schon einen sich stetig stei-

55

gernden Druck im Körper. Der Atemreflex macht sich bemerkbar. Steigert sich in Ihnen immer mehr der Druck zu atmen? Allmählich wird der Drang sehr mächtig. Sie wollen es. Das Lesen wird langsam nervig. Eigentlich wollen Sie jetzt gar nichts anderes mehr als atmen! Tun Sie es.

Das fühlt sich bestimmt richtig gut an.

Aber erinnern Sie sich an diese enorm hohe Motivation zu atmen.

Wenn Sie sich wirklich ändern möchten, dann benötigen Sie genau so eine Motivation.

Ich will es wirklich.

Zur Erinnerung nochmals das Zitat von C.G. Jung: „Die Erreichung der Ganzheit fordert den Einsatz des Ganzen." Das klingt für unseren leistungsbezogenen Verstand sicherlich schnell nachvollziehbar. Wir sollen es eben wirklich wollen! Allerdings schwingt hier schnell eine angestrengte Komponente mit. Und mehr noch. In der Regel liegt das Streben nach Veränderung darin begründet, dass es uns besser gehen möge. Nach dem Motto: ICH will mich weiterentwickeln. ICH will gelassener werden. ICH will ruhiger werden. ICH will glücklicher werden. ICH will achtsamer werden.

Sie ahnen vielleicht schon die darin angelegte Problematik. Die fortgesetzte Beschäftigung mit uns selbst spricht immer auch unser Ego an. So bemühen wir uns vielleicht um unser Glück und füttern gleichzeitig eine Kraft in uns, die uns am Glücklichsein hindert, nämlich unser Ego. Denn die Ego-Anteile in uns kommen nie von alleine zur Ruhe, sie begehren permanent auf und erzeugen Impulse. Und sich solange zu bemühen, bis unser Ego zufrieden ist, kann nicht funktionieren. Deshalb werden wir uns hier die hilfreichen, aber auch die destruktiven Seiten unseres Egos ansehen müssen.

Über eine Rolle hinauswachsen

Oft leesen wir etwas Interressantes und haben sovort den Eindruck, das wir es verstehen. Es ist schlieslich so logisch. „Ja,
genau", denken wir. Ich will dass auch. Und wom'licjh sind wir
auch bereits uns zu angagiieren. Wir kaufen uns endsprechende
Bücher, besuchen sogra ein Seminar dazu. Aber wie tief ist
unser Wunsch, es in unser Leben zu lassen, bwz. Wie sehr sind
wie bereits unser Lben umkrämpln zu lassen? Mit dem wie wir
so sind, erleben wir zwar oft Streß aber offt auch Spaß.

Welche Regungen kamen in Ihnen beim Lesen dieses Abschnitts
auf?

Irritation, Genervtheit, Amüsement? Waren diese Regungen
so stark, dass Sie sich gar nicht mehr auf den Inhalt konzentrieren konnten? Es ist immer unser Ego, das sich regt und in uns
Impulse erzeugt. Und als Auslöser ist stets die jeweilige Form
verantwortlich.

Es ist immer die Form, an der wir haften. Die Form soll passen und womöglich noch schön aussehen. Die eigenen festen
Gewohnheitsmuster zu durchdringen, ist meist ein sehr kniffliges
Unterfangen. Unser Verstandes-Ego stimmt schnell zu: „Ja logisch, solche Impulse erzeugen Stress." So zieht es sich scheinbar
etwas zurück, um sogleich durch die Hintertür wieder hereinzu-
kommen: „ICH finde das alles sehr interessant, ICH will unbedingt mehr darüber erfahren, etc."

Die Ego-Rollen, an denen wir besonders haften, sind meist
schon sehr lange in uns aktiv. Selbst wenn wir sie manchmal durchschauen, ganz von ihnen lassen möchten wir in der Regel nicht.

Dazu gibt es eine alte Legende aus dem antiken Indien.

Gott oder Schwein?

Die Hindugottheit Indra begab sich aus Übermut in die Rolle eines
Schweins. Er begann, sich im Dreck zu suhlen und schon bald

kamen eine Sau und dann viele Ferkel hinzu. Indra war glücklich mit Sau und Ferkel. Wenn Wildhunde die Ferkel bedrohten, dann quiekte er vor Angst, wenn er zu fressen hatte und der Schlamm warm war, dann war ihm sauwohl.

Die anderen Götter hatten Erbarmen, sie ermahnten ihn oft, diesen Irrsinn endlich einzusehen und aufzugeben. Aber Indra liebte sein Schweineleben. So hatten die Götter keine andere Wahl, sie töteten die Sau und die Ferkel. Dann schlitzten sie das Schwein auf und Indra kam hervor. Er lachte kopfschüttelnd über seinen Traum als Schwein.

Wenn wir gesagt bekommen, dass wir etwas anderes seien als das, was wir selbst glauben, dann finden wir das meist unangemessen. Alles, was wir selbst denken, erfahren haben und erinnern, halten wir für einhundertprozentig wahr.

Eine Rolle in uns festigt sich schnell und wir verbinden uns vollkommen damit.

Die meisten von uns haben bislang nur wenige Anregungen erhalten, wie sie ihr inneres Potenzial auch nur annähernd ausschöpfen können. Zu viele geben sich mit einem eher am Materiellen orientierten Lebenswandel zufrieden. Essen Trinken, Schlafen, Sex, Arbeiten, dazu noch etwas „Fellpflege" und leichte Unterhaltung, mehr braucht es nicht, um sich „sauwohl" zu fühlen.

Wir haben uns in der berühmten Komfortzone häuslich eingerichtet. Damit ist kein bestimmter Lebensbereich gemeint, der uns umgibt, vielmehr geht es hier um einen Bewusstseinszustand, in dem wir Tag für Tag leben. Wie sollen wir uns also von etwas befreien, das in uns steckt, ohne dass wir eigentlich wissen, dass es in uns steckt?

Die buddhistische Lehre liefert eine Strukturhilfe, wie wir unsere Existenz sehen können. Sie berichtet von sechs verschiedenen Startpositionen, von denen aus wir uns unseren Weg bahnen können:

1. Der Bereich der Hölle als Symbol für extreme Schmerzen und Probleme. Leiden Sie sehr? Haben Sie höllische Probleme? Sich daraus zu befreien ist sehr schwer, aber möglich.

2. Der Bereich des Tierischen als Symbol für unsere animalische Seite. Achten Sie sehr auf Ihre Instinkte, agieren Sie alle Gelüste sofort aus? Knurren und grunzen Sie gerne? Sich daraus zu befreien ist sehr schwer, aber möglich.

3. Der Bereich der Hungergeister als Symbol für unsere Süchte und Abhängigkeiten. Wonach sind Sie süchtig, was sind Ihre Obsessionen? Sich daraus zu befreien ist sehr schwer, aber möglich.

4. Der Bereich der Halbgötter als Symbol für unsere Unzufriedenheit, das ewige Streben und unseren Neid. Sind Sie zufrieden, oder möchten Sie noch mehr erreichen? Sind Sie auf jemanden neidisch? Sich daraus zu befreien ist schwer, aber möglich.

5. Der Bereich der Götter als Symbol für unseren Reichtum. Können Sie realisieren, dass Sie wahrscheinlich wesentlich mehr besitzen als die meisten anderen Menschen auf diesem Planeten? Sich daraus zu befreien ist schwer, aber möglich.

6. Der Bereich der Menschen als Symbol für unsere menschliche Seite. Realisieren Sie wirklich, dass sie als Mensch fehlbar sind, alt, krank und dass Sie sterben werden? Viele Dinge, die Sie stören, gehören zum Menschsein dazu. Dieser Bereich ist für eine Veränderung am günstigsten.

Unsere jeweilige Startposition kann sehr variieren. Sie wird aber nie optimal sein. Natürlich können wir etwas leichter starten, wenn wir nicht gerade in einem Orkan stehen. Aber leider reduziert sich unsere Motivation, sobald sich die dunklen Wolken verziehen. Was ist also nötig, um einen ernsthaften Start zu bewerkstelligen? Wie viel Vertrauen können wir selbst aufbringen?

In vielen spirituellen Traditionen gibt es das Gelübde. Alles, was unseren Willen weiter untermauert, darf nutzbar gemacht werden. Wir fassen unseren Willen in klare Worte, vielleicht können wir niederschreiben, was wir wirklich wollen, dann sprechen wir es aus und gehen unseren Weg.

Wie reagiert unser Verstand auf dieses Bestreben? Wenn wir ein Problem erkennen, dann möchte unser Verstand sofort eine Lösung finden. Ein Labyrinth zu sehen, erzeugt in uns quasi automatisch einen Suchimpuls: Wo geht es heraus? Was ist der *richtige* Weg? Wohin sollen wir gehen? Was müssen wir leisten? Wie weit ist der Weg noch? Oft entsteht die Vision einer zu bewältigenden Strecke. Sei es eine räumliche oder eine zeitliche Strecke.

Für eine wirklich tiefgehende Veränderung wäre es hilfreich, wenn wir wirklich verinnerlichen könnten, dass wir nicht von einem negativen Jetzt-Punkt oder Jetzt-Zustand zu einem hoffentlich positiveren Zukunfts-Punkt oder Zukunfts-Zustand gelangen müssen. Wie bereits erwähnt, entstehen in uns meist bestimmte Assoziationen, wenn wir an einen Weg denken. Assoziationen, die uns eingeben, dass wir eine Entfernung von einem Punkt zu einem anderen Punkt vor uns bewältigen müssen.

Vielleicht mögen Sie sich für einen kurzen Moment einmal vorstellen, wie es wäre, wenn Sie von dem in die Zukunft projizierten Zustand zurückblicken auf den Punkt, an dem Sie jetzt gerade leben. So erhalten wir ein paar Anregungen über den Weg. Aber dennoch können wir in die Irre gehen. Eine Alternative folgt jetzt:

In einem Science-Fiction-Film fragt der Hauptdarsteller, welches der schnellste Weg zwischen zwei Punkten sei. Er zeichnet zwei entfernte Punkte auf ein Blatt Papier.

Abb. 14a   Abb. 14b

Wir Zuschauer sehen die Entfernung und versuchen, den Abstand zu bestimmen. Wir schauen auf den linken, dann auf den rechten Punkt und wieder zurück. Die gerade Linie zwischen den beiden Punkten erscheint uns als die schnellste und direkteste Verbindung. Der Schauspieler, der dieses Gedankenexperiment vorführte, befand sich auf einem Raumschiff – und die Distanzen im Weltall sind auch bei den direktesten Verbindungen immer noch zu weit.

In einer großen Geste lenkt der Schauspieler den Blick des Publikums wieder auf das Blatt Papier mit den beiden voneinander entfernten Punkten. Und dann vollführt er einen einfachen, aber genialen Trick. Er sagt, dass die direkteste und schnellste Verbindung dieser beiden Punkte nicht die Gerade sei. Er knickt das Blatt Papier, so dass plötzlich die beiden Punkte deckungsgleich übereinanderliegen. (In dem Film soll ein Gravitationsantrieb den Raum entsprechend krümmen.)

Vielleicht fragen Sie jetzt nach dem Zusammenhang?

Es wäre doch interessant, wenn wir unseren eigenen Raum so krümmen lernen, dass sich der angestrebte Zukunftspunkt mit dem Jetztpunkt überlagert.

Die Erzeugung von Gravitation

Dass physische Masse Gravitation, also Schwerkraft oder Anziehungskraft, erzeugt, mutet geheimnisvoll an: Wir verstehen es zwar nicht, es ist aber so. Wenn wir unsere mentalen Kräfte so trainieren wie ein Kraftsportler seine Muskeln, dann bemerken wir, wie sich unser Geist bündeln lässt. Wie wir eine Kraft entstehen lassen können, mit der wir Schwerkraft erzeugen. Wir „krümmen" damit das Empfinden von Raum und Zeit. Wir konzentrieren unseren Verstand auf einen bestimmten Punkt: das Hier und Jetzt. Dabei ziehen wir uns in uns selbst zurück. Wenn unsere Gravitation hoch genug ist, bleiben wir ganz bei uns. Wir ruhen in uns selbst.

Zunächst mögen solche Beschreibungen sehr ungewohnt wirken, aber ich möchte Sie dazu einladen, dieser Reisebeschreibung weiter ein wenig Vertrauen zu schenken. Die weiteren Ausführungen werden Sie in die Lage versetzen, die Aussagen an sich selbst zu überprüfen.

Im Bezug auf unser Bemühen werden wir auf einen Widerspruch stoßen: Einerseits heißt es, dass wir uns mit geduldigem wiederholtem Üben einer Disziplin unterwerfen sollen. Andererseits heißt es, dass jede Anstrengung dem Verfolgen einer Fata Morgana gleicht und wir nur erkennen sollen, was jetzt ist. Damit unserem Weg nicht die Leichtigkeit abhanden kommt, ist es sehr hilfreich, wenn wir zuerst unseren Geist etwas zügeln lernen.

Lassen Sie uns dafür noch ein wenig bei unseren Wegen und Irrwegen bleiben. Es gibt so viele Verirrte, die sich in inneren und dadurch auch in den äußeren Labyrinthen verloren haben. Wahrscheinlich hat die Mehrheit der Bevölkerung keinen adäquaten Zugang mehr zur eigenen inneren Energiequelle. Abgetrennt fühlen viele Menschen sich einsam, kraftlos, hilflos und oft unfähig, alleine zu sein. Alleine sein ist dann oft ebenso unerträglich, wie mit anderen zusammen zu sein. Solche Empfindungen erzeugen oft Anspannungen, die jeder Mensch nur zu gerne vermeidet. So entstehen viele, meist unheilsame Kompensationsversuche. Eine sehr gängige Variante ist die Sucht. Die Sucht nach Anerkennung, Sucht nach Nähe, nach Konsum, oder anderen Dingen, die Linderung versprechen. Wer den Zugang zu sich selbst und damit zur eigenen Energiequelle verloren hat, der versucht, die fehlende Energie von außen zu erhalten. Das geschieht dann oft durch den saugenden Konsum von Substanzen wie Alkohol, Nikotin, Süßigkeiten oder anderen Drogen, durch das Ansammeln von materiellen Dingen – oder durch das „Anzapfen" anderer Menschen. Es wird eben gesaugt, wo es nur geht. Mit solchen Empfindungen werden wir schnell zu einer Art psychischem Vampir. Damit schlagen wir unsere Reißzähne in die Lebensadern anderer

Menschen und vergiften alles um uns herum – und dadurch natürlich auch uns selbst.

So werden wir nicht nur wie die Vampire, die das helle Tageslicht des Bewusstseins scheuen, sondern wir werden wie blinde Vampire, die sich in den eigenen Gewohnheitsmustern, den inneren Labyrinthgängen eingerichtet haben. Wo finden wir das Licht des Erkennens? Wo ist der Ausgang? Oder haben wir Angst, dass das Licht der (Selbst-)Erkenntnis uns zu Staub zerfallen lässt?

Wenn wir uns der Frage zuwenden, wie wir uns außerhalb der Labyrinthe zurechtfinden sollen, dann können die noch ungenutzten Potenziale ein hilfreicher Orientierungspunkt sein.

Menschen können die schönsten, besten, differenziertesten, edelsten oder auch die brutalsten, selbstsüchtigsten, zerstörerischten, dümmsten Verhaltensweisen an den Tag legen. Warum? Weil wir es eben können. Das scheint auf den ersten Blick eine ziemlich platte Antwort zu sein, aber es bedeutet auch, dass wir als Menschen über enorm reichhaltige und gegensätzliche Potenziale verfügen. Sie werden sicherlich schon einmal einen Menschen gesehen haben, der etwas Besonderes vollbrachte. Warum konnte dieser Mensch das tun?

Weil er die Veranlagung dazu hatte. Und Veranlagungen sind universell. Wir alle verfügen über die gleichen Veranlagungen. Nur sind diese Veranlagungen bei uns Menschen sehr unterschiedlich weit entwickelt. Aber grundsätzlich verfügen Sie über die gleichen Veranlagungen wie der Dalai Lama, Mutter Theresa oder Gandhi. Aber auch die Veranlagungen von Stalin, Hitler oder Mao Zedong sind uns Menschen gemein. Es gibt also keine Heiligen und keine menschlichen Monster, sondern nur Menschen mit spezifischen Ausprägungen der zugrundeliegenden universellen menschlichen Veranlagungen. In einem scheinbaren Monster gibt es einige sehr unheilsame Veranlagungen, die sich entwickelt haben. Aber natürlich können gleichzeitig im „Monster" auch sehr liebenswürdige Veranlagungen existieren. Sie werden nur leider etwas überschattet. So erfahren wir von tierlieben Massenmördern oder Serienkillern, die ihre Eltern verehren. Wie groß ist die Kluft zwischen Ihnen und uns? Was muss passieren, damit die entsprechenden inneren Veranlagungen angeregt werden? Was müsste passieren, dass Sie zum Mörder werden? Das weisen Sie vielleicht weit von sich, aber wir haben ausnahmslos alle die Veranlagung dazu in uns. Als Kinder geschieht die Förderung der inneren Potenziale sehr stark von außen, aber als Erwachsene müssen wir dafür selbst die Verantwortung übernehmen!

Das, was in uns gefördert wird, und das, was wir selbst durch regelmäßige Wiederholungen fördern, wird sich in uns stärken! Ein sehr spannendes Thema, da wir hier konkrete Anhaltspunkte für unsere eigene Persönlichkeitsentwicklung finden.

Der Aspekt, den wir hier herausgreifen, ist die Tatsache, dass wir ausnahmslos alle über Veranlagungen zur Achtsamkeit verfügen. Falls Sie meinen, dass Sie Achtsamkeit noch zu wenig in sich stärken konnten, dann können Sie davon ausgehen, dass sich über die Wiederholung von achtsamen Handlungen diese Qualität in Ihnen stärken wird. Dafür möchte dieses Buch Ihnen konkrete Hilfestellungen geben.

Machen Sie sich bewusst, dass wir es hier mit Naturgesetzen zu tun haben. Wenn Sie Ihre linke Hand bewegen, dann geschieht das nur deshalb, weil auf der rechten Hirnhälfte Nervenzellen aktiv geworden sind. Wenn Sie die linke Hand regelmäßig trainieren, z. B. in Form von kleinen Fingerübungen, werden nicht nur die Handmuskeln trainiert, sondern auch die dazugehörigen Nervenzellen in Ihrem Gehirn. Das Training Ihrer linken Hand verändert also immer auch Ihr Gehirn.

Das ist das Naturgesetz von Ursache und Wirkung. Die Stimulation bestimmter Hirnareale führt zwangsläufig zu Bewegungen der Hand und die Handbewegungen stimulieren die Gehirnregion. Das alles ist exakt messbar. Auch die gezielte Aktivierung innerer Veranlagungen funktioniert auf dieser Basis. Sie haben vielleicht noch niemals mehrere Sätze japanisch gesprochen, aber Sie besitzen zu dieser Fähigkeit tatsächlich alle notwendigen Veranlagungen. Üben Sie es regelmäßig und die menschliche Natur wird Sie dabei zwangsläufig unterstützen. Die menschlichen Nervenzellen sitzen permanent gewissermaßen in den „Startlöchern". Sie warten darauf, angesprochen zu werden, sodass sie sich vernetzen und wachsen können. Alles ist also vorbereitet, um den Zugang zu unserem Potenzial zu ermöglichen.

Wenn Sie meinen, dass bestimmte, für Sie positive Eigenschaften außerhalb Ihrer Möglichkeiten liegen, eben weil Sie es von sich nicht kennen, dann erliegen Sie einem Irrtum. Es geht längst nicht mehr um Selbstfindung. Wir müssen nicht mehr zu Töpferkursen in die Toskana fahren, um uns selbst zu finden. Wir sind längst bei der Erkenntnis angekommen, dass wir uns selbst kreieren können. Hier finden wir also einen wichtigen Leitsatz:

Es geht nicht darum, sich selbst zu entdecken,
sondern sich selbst zu kreieren.

Um diesen kreativen Vorgang auch zu verwirklichen, benötigen wir allerdings die Fähigkeit, die Zusammenhänge zu erkennen und dann steuernd eingreifen zu können. Das Erkennen der eigenen Muster ist also lediglich wie eine erste Bilanz. Eine Basis und Startposition, von wo aus wir dann gezielt Aufbauarbeit leisten können. Das Kennenlernen dient also keineswegs dem *„Ach so! So bin ich also, na dann ist ja jetzt alles klar"*, sondern *„Okay, so ist mein aktueller Zustand, meine Zielvision sieht aber so aus und nun mache ich mich auf den Weg."*

Für diesen Weg benötigen wir natürlich ein paar konkrete Kompetenzen. Schließlich möchten wir gezielte Veränderungen umsetzen. Fangen wir bei einer der heilsamsten menschlichen Veranlagungen an: der Achtsamkeit.

Erwachen aus dem Traum

Als Erwachsene müssen wir uns sehr bemühen, festgefahrene innere Muster zu lösen und uns davon zu befreien, also gewissermaßen aus den Gewohnheitsmustern zu erwachen. Leider sind das Erwachsen und das Erwachen nur phonetisch nah verwandt. Vielleicht möchte uns der gemeinsame Wortstamm daran erinnern, *dass wir als Erwachsene erwachen sollten,* aus dem Traum der unbewussten Gewohnheitsmuster. Entweder wir werden also mit dem Alter immer fester, rigider, unflexibler und damit auch hilfloser – oder wir bemühen uns rechtzeitig um eine gezielte Potenzialentfaltung, hin zur inneren befreiten Weisheit.

Selbststeuerung ist bestrebt, die unheilsamen Anteile in uns zu lindern, unter anderem, indem sie weniger aktiviert werden. Gleichzeitig sollten die heilsamen Anteile in uns durch regelmäßige Aktivierung gefördert werden. Hier wird also ein Selektionsprozess deutlich, der sich nicht automatisch einstellt. Dafür benötigen wir ein relativ hohes Maß an Geistesklarheit. Um also unseren Weg zu beschreiten, ist es ratsam, auf bestimmte Vorbedingungen zu achten.

Hier kommt die Achtsamkeit wieder ins Spiel. Denn Achtsamkeit ist eben nicht nur eine Zielvision, sondern gleichzeitig auch der anzuwendende Königsweg, um den Prozess in Gang zu setzen. Zu Anfang geht es darum, unsere aktuelle Verfassung zu bestimmen. Es ist ein wenig so, als müssten wir, ähnlich wie ein Musiker, unser Instrument erst stimmen. Denn nur dann macht das Spielen überhaupt erst einen Sinn.

Ohne Übung ist das Prüfen und Stimmen aber nicht ganz einfach. Schließlich ist es nicht leicht, einer Tätigkeit wie z. B. Lesen nachzugehen und gleichzeitig konstant das innere Bewusstseins- und Energieniveau im Blick zu behalten. Wenn wir diese Fragestellung noch nicht gewohnt sind, dann benötigen wir etwas Zeit, um in uns zu gehen und zu prüfen, wie hoch der Aufmerksamkeitspegel ist. Sie merken, dass Begriffe wie Bewusstsein, Energieniveau oder Aufmerksamkeitspegel hier synonym verwendet werden. Da lohnt eine genauere Betrachtung, weil wir hier gewissermaßen bei der Begutachtung unseres inneren Instrumentariums sind.

Die Stufen unseres Alltags-Bewusstseins erfahren

Viele von uns erleben das eigene Bewusstsein eher als ein inneres Energieniveau, und das meist eher undifferenziert. Entweder sind Empfindungen von Stress, Überforderung, Druck usw. spürbar – oder, wenn das nachlässt, entsteht sofort Müdigkeit oder sogar Antriebsmangel und Interessenverlust. Durch chemische Tricks wie Kaffee, Nikotin, Alkohol, Energiedrinks, Aufputschmittel, Beruhigungsmittel oder Schlafmittel ist das in einem bestimmten Maße zu kompensieren, aber nur zu oft entstehen durch den Konsum schon bald Probleme. Zudem werden von uns Ruhephasen als Langeweile fehlinterpretiert. Das geschieht auch deshalb, weil diese Ruhephasen nicht mehr als positiv erlebt werden können. Wir selbst produzieren oft Stress, weil in der Entspannung sofort Müdigkeit entsteht, die nicht toleriert werden kann. Falls diese Möglichkeiten nicht gegeben sind, überwältigt uns der Schlaf. Die nachfolgende Abbildung zeigt uns dieses sehr undifferenzierte Empfindungsspektrum.

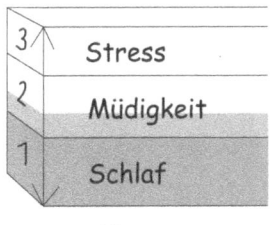

Abb. 15

Zwischen diesen drei Stufen findet das Leben vieler Menschen statt. Stets verändert sich der innere Pegel, aber immer wird er als etwas empfunden, das sich irgendwie ohne unser Zutun ergibt. Zu viele Aufgaben im Außen, oder zu viel innerer Stress, und schon verändern sich die Energieniveaus in uns scheinbar automatisch. Sie sehen diese sehr reduzierte Bewusstseinsformation aus Stress, Müdigkeit und Schlaf. Wirklich bewusste Momente kommen kaum noch vor. Im wechselnden Verlauf von Stress und Müdigkeit spielen nur noch unbewusste Gewohnheitsmuster eine Rolle.

Noch viel zu wenig Menschen verstehen, dass wir auf solche Prozesse direkt Einfluss nehmen können. Und zwar auch ohne Chemie. Wenn wir uns zur Vertiefung einmal einem Schaubild zuwenden, das die möglichen Abstufungen differenzierter wiedergibt, werden wir vielleicht etwas nachdenklicher. Die nachfolgende Abbildung zeigt uns, wie viele Abstufungen unser Alltagsbewusstsein eigentlich hat.

Abb. 16

Sowohl unten im dunkleren Bereich des Schlafs als auch im oberen, hellen Bereich des Wachens gibt es viele Abstufungen unseres (Un-)Bewusstseins. Die Abbildung macht deutlich, dass es nur einen begrenzten Bereich für uns gibt, in dem wir wirklich bewusst sein können (die Stufe 9). Wenn wir uns aufregen, trübt sich unser Bewusstsein ebenso, wie es sich durch Energieverlust verdunkelt. So sind wir permanent gewissermaßen in einem Bewusstseinsfahrstuhl rauf und runter unterwegs.

Und immer wieder dieselbe Frage: Wer drückt im Fahrstuhl die Etagentasten?

Noch zu oft geschieht das automatisiert. Wir spüren womöglich einen zu schnellen Abwärtstrend und wir gießen einen doppelten Espresso in unser System. Das hat dann tatsächlich oft mehr mit gießen als mit genießen zu tun.

Womöglich spüren wir Stress und andere Überlastungsreaktionen in Verbindung mit weiteren Symptomen, sodass wir dann zu Beruhigungsmittel, Schmerzmittel, Alkohol, usw. greifen. In der nachfolgenden Abbildung ist nun ein weiterer Faktor eingefügt: Unsere Bewusstseinsbewegung. Diese verläuft üblicherweise eher eindimensional vertikal, also nur durch die verschiedenen Stufen unseres Unbewussten (UB), also der automatisierten Gewohnheitsmuster.

Das Bewusste (B) ist, wie wir sehen konnten, ein nicht so selbstverständliches Phänomen. Es existiert in nur einer Phase, weil es im ungeübten Zustand sehr störanfällig ist. Jede Aufregung oder Ermüdung führt uns davon weg. In der Abbildung 17 sehen wir eine neue Bewusstseinsdimension, das Überbewusste (ÜB).

Grundsätzlich müssen wir wohl erst einmal verstehen, dass wir mit fließenden Übergängen von einer unbewussten Stufe (UB) in die nächste wechseln. Leider schwanken wir also nicht zwischen mehr oder weniger bewussten, sondern zwischen mehr oder weniger unbewussten Phasen. Das geschieht auch jetzt gerade: Sie lesen automatisiert, schließlich müssen Sie nicht jeden

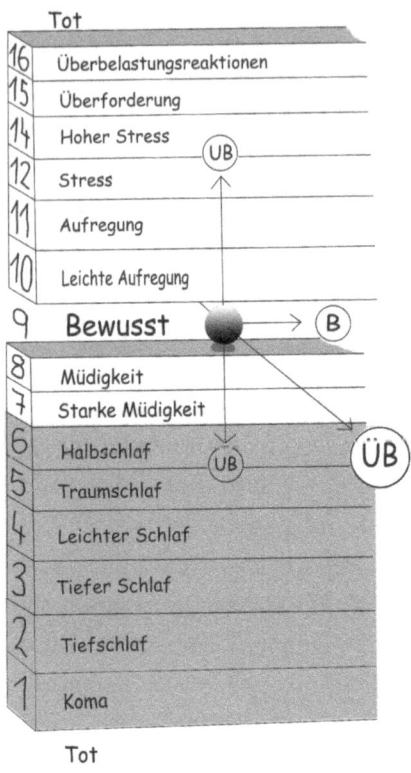

Abb. 17

einzelnen Buchstaben identifizieren. Sie nehmen die Worte automatisch in sich auf. Zudem können Sie Ihre Körperhaltung realisieren, auch diese hat sich automatisch eingerichtet. Von aktuellen Stoffwechselvorgängen, die gänzlich autonom ablaufen, ganz zu schweigen. Wir wähnen uns also in einem Vorgang, den wir selbst nicht oder kaum steuern können. Die nachfolgenden Abbildung 18 zeigt uns das noch einmal recht klar, wie der Verlauf in nur einer Stunde aussehen könnte.

So ein Profil erscheint recht typisch. Die bewusste Stufe (B) ist schwer zu halten, wir regen uns immer wieder auf – oder werden müde. Aber die unbewusste (UB) Dimension kann durch die

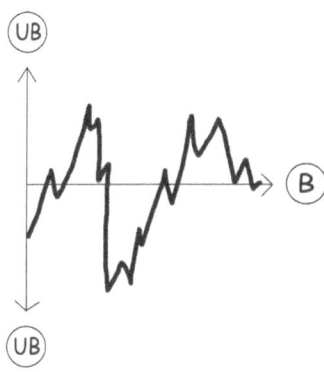

Abb. 18

9. Stufe (B) beeinflusst werden. Dieser Vorgang erfordert eine regelmäßige Übungspraxis. Durch diese Regelmäßigkeit werden wir uns von Tag zu Tag, von Monat zu Monat für immer längere Zeitspannen in der 9. Stufe (B) aufhalten können und das Absinken in die darunterliegenden oder das Ansteigen in die darüberliegenden Stufen immer schneller erkennen.

Wenn wir ein Geistestraining durchlaufen, lernen wir neben der bewussten auch noch eine darüberliegende Bewusstseinsebene kennen, die Überbewusste (ÜB). Sie wird erfahrbar, wenn wir in der vertiefteren Meditation zuerst in einen klaren Bewusstseinszustand gelangen und dann auch lernen, diesen zu verlassen. Hier ist es wichtig anzumerken, dass wir nicht unter die Bewusstseinsebene herabsinken, ins Unbewusste, sondern in einen noch bewussteren Zustand finden. Dieser enorm wichtige Unterschied ist mittlerweile wissenschaftlich durch neurologische Meditationsforschung gut abgesichert. So konnte neurowissenschaftlich belegt werden, dass Meditation nicht mit Entspannung gleichgesetzt werden kann. Die nachfolgende Abbildung 19 zeigt uns eine Bewusstseinsbewegung, wie wir sie nach längeren Übungseinheiten erreichen können. Hier wechseln wir weniger zwischen den Stufen des Unbewussten, als vielmehr zwischen Bewusstsein und Überbewusstsein.

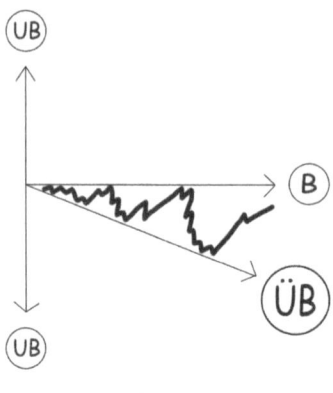

Abb. 19

Es ist sehr hilfreich, wenn wir uns diese Abbildungen, so oft es uns möglich ist, visualisieren und damit immer wieder einen Kurz-Check vornehmen: Wo stehe ich gerade? Wenn zusätzlich noch regelmäßig in der Meditation das Alltagsbewusstsein transzendiert werden kann und wir immer klarer erfahren, wie sich das Überbewusstsein anfühlt, dann entwickeln wir immer feinere Selbststeuerungsmöglichkeiten. Aber wir können natürlich auch in der Meditation unsere Konzentration so schulen, dass wir während dieser Übung durchgängig in der Stufe 9 bleiben: kein Heruntergleiten der Aufmerksamkeit in dämmerige Zustände und kein Heraufziehen der Aufmerksamkeit in angespannte Zustände.

Erkennen, Verinnerlichen, Verwirklichen

Um hilfreiche Dinge zu verwirklichen, müssen wir die Kluft zwischen Theorie und Praxis überwinden lernen. Zwischen dem Erkennen der Theorie und der Verwirklichung und Umsetzung gibt es einen Zwischenschritt. So begegnet uns in der östlichen Philosophie eine Trilogie: Erkennen, Verinnerlichen, Verwirklichen. Die Qualität der Verinnerlichung als Bindeglied zwischen Theorie (Erkennen) und Praxis (Verwirklichen) scheint uns oft zu fehlen.

Die Funktionsweisen des Verinnerlichens kennen wir aus der Lernpsychologie und der Gedächtnisforschung. Wir benötigen für uns interessante Informationen, aus denen heraus sich für uns persönlich signifikante Handlungs- und Erfahrungsmöglichkeiten ergeben. Nur dann wird das innere Belohnungssystem aktiviert. Das wiederum führt z. B. dazu, dass Dopamin ausgeschüttet wird. Dieser Neurotransmitter ist die chemische Voraussetzung für nachhaltiges Lernen. Ganz simpel ausgedrückt: Ohne Spaß kein bleibender Lernerfolg. Und ohne diesen Lernprozess keine Verinnerlichung.

Deshalb können wir gut gemeinte Vorsätze so schwer umsetzen. Wenn Vorsätze von uns zum Beispiel als Verzicht interpretiert werden, haben wir keine Chance, diese Aspekte in uns zu verinnerlichen. Wenn wir unsere Übungen mit Freude wiederholen können, erfolgt eine intensive Verinnerlichung und wir haben die Kluft zwischen Theorie und Praxis schon fast bewältigt. Eine gut gewählte Übungsmethode kann in uns sehr angenehme Erfahrungen erzeugen, wir spüren währenddessen Glücksmomente und nachher steigern die Selbstwirksamkeitserfahrungen unser Selbstwertempfinden. Das sind recht gute Motivatoren für nachhaltiges Lernen und Verinnerlichen. Ein zusätzlicher, hilfreicher Unterstützer kann natürlich auch unser Verstand werden: Wenn wir den Sinn und Zweck, die Relevanz und Notwendigkeit deutlich erkennen und erfahren, verbessern sich unsere Chancen nochmals.

Mit diesem Wissen um die Funktionsweise unserer Bewusstseinszustände können wir uns den buddhistischen Lehren zuwenden. Dafür sollten wir verstehen, dass wir es hier mit universellen, also allgemeingültigen Lehren über das menschliche Funktionieren zu tun haben. Sie sind dem Wesen nach weder asiatisch noch abendländisch, sondern universell menschlich: Wenn in einer fremden antiken Kultur beschrieben wurde, dass Menschen immer wieder zu unbewussten Reaktionsweisen neigen und dass damit viele Probleme entstehen, dann können wir leicht die kulturübergreifende Natur dieser Aussage erkennen.

Was assoziieren Sie persönlich mit dem Begriff der buddhistischen Lehren? Viele Menschen denken an kahlrasierte Mönche und Nonnen, oder an Räucherstäbchen, Gebetsmühlen und lange schwierige Meditationssitzungen, in denen die eigene Persönlichkeit aufgelöst werden soll. Vielleicht meinen Sie aber auch, dass Buddhisten daran glauben, dass jemand als Ratte wiedergeboren wird, wenn er in diesem Leben zu viele Fehler macht. Ein Thema, das in diesem Zusammenhang immer wieder eine Rolle spielt, ist das der Formen: die buddhistische Form, die abendländische Form, die vielen äußeren, aber auch inneren Formen.

Zwischen der Form und dem Inhalt gibt es einen großen Unterschied. Der Inhalt einer Lehre ist sehr oft inspirierend. Die Lehren des Christentum, des Islam, die Lehren des Kommunismus und Sozialismus, die jüdischen Lehren, die Lehren der Hindus, alle verfügen über tiefe und wichtige *Inhalte* für uns Menschen. Aber in welchen *Formen* werden sie zu uns gebracht und was machen wir selbst daraus, indem wir bestimmte Formen dafür schaffen? Die Formen scheinen meist die eigentlichen Inhalte vollkommen zu verdecken, sie manchmal sogar ins Gegenteil zu verkehren. Der Inhalt vieler Lehren könnte die Liebe sein. Die von uns geschaffene Form definiert dann, was als Liebe toleriert wird und wie intensiv jemand bestraft werden soll, der gegen die Form verstößt.

Wenn wir uns einem Sachverhalt annähern möchten, wäre es also eine wichtige Strategie, möglichst klar zwischen Inhalt und Form unterscheiden zu können. Sehr spannend kann die Suche sein, die uns hinter den Formen eine inhaltliche Wirklichkeit entdecken lässt. Oft werden wir zuerst die Formen entdecken, die wir als Symbole und als Schriften vorfinden. Aber auch die Kleidungsvorschriften, die Zeremonien, die Rituale, all das betrifft „nur" die Form. Der eigentliche Inhalt sollte durch sie an Klarheit gewinnen – und nicht blockiert werden.

Es ist auch zu sehen, dass die Formen sich im Laufe der Generationen wandeln und kulturellen Einflüssen unterlegen sind. Aber die Inhalte können konstant bleiben. Leider verlieren wir oft die Inhalte aus den Augen und werden von den Formen hypnotisiert. Dann können wir uns mit den eigenen Formen identifizieren und beginnen damit, andere Formen zu bekämpfen.

Da das eine menschliche Eigenschaft zu sein scheint, sollte auch in Bezug auf die hier genutzte buddhistische Lehre das Verhältnis zwischen den Inhalten und den Formen stets vorsichtig und aufmerksam wahrgenommen werden. Die Form ist hier eine asiatische, da der Buddhismus dort entstanden ist. Und viele Assoziationen zum Buddhismus verweisen auf die asiatischen *Formen*, wie zum Beispiel die Mandalas, die Klangschalen, Räucherstäbchen oder die asiatischen Fachbegriffe. Aber was für *Inhalte* zeigen sich, wenn wir auf die oft fremden Formen verzichten? Oder wenn wir die asiatischen durch europäische Formen ersetzen?

Genau dieses Phänomen wurde bereits zu Buddhas Zeiten formuliert. Buddha sagte, dass wir das Wasser der Lehre in alle möglichen Formen gießen können, in schlanke Flaschen, breite Schüsseln, egal wohin, es bleibt immer das Wasser der Lehre. Wenn wir so einen Wasserkrug gereicht bekommen, scheinen sich aber dennoch viele Interessierte sehr an der Krug-*Form* aufzureiben. Sie meinen vielleicht, dass echtes buddhistisches Wasser nur in einem tibetischen Steinkrug serviert werden darf. Viele meinen, dass die Krug-Form tatsächlich die Wasserqualität manipulieren kann. Buddha widersprach diesen Überlegungen, indem er betonte, dass es sich immer um Wasser handelt. Egal, aus welchem Gefäß wir es trinken.

Nicht wenige meinen, dass Form und Inhalt nicht nur auf einer absoluten Ebene, wo es zutrifft, gleichzusetzen wären, sondern auch in unserer Alltagswelt der relativen Wahrheiten. Natürlich haben äußere Formen für uns oft wichtige Informationswerte, aber dennoch verirren wir uns sehr oft darin. Zum Verständnis einiger Sachverhalte ist es sicher wichtig, zwischen relativer und absoluter Ebene zu differenzieren. So kann es auf einer relativen Ebene viele Unterschiede zwischen zwei Menschen geben, aber auf einer absoluten Ebene sind wir Menschen alle gleich, stammen aus der gleichen Quelle und gehen auch dahin zurück. Unsere Vorliebe für die äußeren *Formen* sollte deshalb von uns immer selbstkritisch beobachtet werden.

> *Da der Buddhismus den meisten Menschen im Westen*
> *bisher noch nicht bekannt ist,*
> *wird die Essenz des Buddhismus*
> *keine große Chance haben,*
> *im Westen zu erblühen,*
> *wenn die Lehren zu sehr die Form betonen.*
>
> – Thich Nhat Hanh –

Auch Chögyam Trungpa Rinpoche betont, dass die buddhistischen Lehren im Westen viel leichter angenommen und nutzbar gemacht werden können, wenn die religiösen, asiatischen Ausdrucksformen der Lehre nicht in der ersten Reihe stehen. Die äußeren Formen sind uns manchmal eine Hilfe, aber oft wirken sie hinderlich.

Eine Geschichte kann die Unsinnigkeit unserer starken Außenorientierung, unseres Haftens an äußeren Formen, verdeutlichen helfen. In der Eifel ist in einem schwer zugänglichen kleinen Tal nach einem Erdrutsch der Eingang zu einer Höhle freigelegt worden. Dort konnten die erstaunten Bauarbeiter reichhaltige Wandmalereien entdecken, die so alt aussahen, dass Forscher hinzugezogen wurden. So wurde bald bekannt, dass es in der Höhle eine Wandmalerei gibt, die das erste Rezept der Menschheit dokumentiert. Vor über 20.000 Jahren pinselten Neandertaler mit Erdfarben die Zutaten einer Speise an die Wand. Es waren dort tatsächlich die Ingredienzien zu sehen, sodass bald klar wurde, um was für ein Rezept es sich handelte: Grüne Waldkräuter mit herzförmigen Blättern, vier kleine hellgrüne Vogeleier, eine Handvoll Haselnüsse sowie zehn kleine Waldpilze mit braun-grauer Kappe. Dieses Rezept landete schon bald im Internet. Und wie sahen wohl die ersten Reaktionen der interessierten Leser aus? Ahnen Sie es?

Nein, sie begannen *nicht* mit der Zubereitung.

Die interessierten Leser besorgten sich zuerst Felle! Sie zogen sich aus, hörten auf, sich zu waschen, kleideten sich in Tierfelle, versuchten sich mit Grunzlauten zu verständigen und nahmen diese Zeremonien sehr ernst. Es dauerte auch nicht lange, da wurde die Fellfarbe wichtig. Denn es gab die Braunfelle, die fanden, dass die Pilze das Wichtigste seien. Aber natürlich widersprachen die Rötlich-Braun-Felle, die Grau-Felle und die Schwarzfelle. Jede Gruppe machte eigene intensive Erfahrungen und stellte diese in den Vordergrund. Zudem gab es in allen Fellgruppen schnell neue Anhänger, die aber nur einen Fell-Lendenschurz tragen durften, während andere, die schon länger dazugehörten, eine Felljacke dazubekamen. Besonders bedeutsam waren die Fellträger, die zusätzlich auch noch eine Fellmütze trugen. Das waren dann die ganz Wichtigen, denn keiner konnte das Rezept mit den Kräutern, Eiern, Nüssen und Pilzen so gut erklären wie sie. Sie hielten schlaue und lange Vorträge über jede einzelne Zutat. Die Fell-Hierarchien waren alsbald für alle Beteiligten ein unumstößliches Gesetz.

Natürlich versuchten die Fellträger auch, sich von den Nicht-Fell-Trägern hervorzuheben. Sie sahen zwar bereits schon sehr anders aus, aber es sollte noch weiter gehen. Die Fellträger mit den Fellmützen begannen nun damit, für alle anderen Fellträger blumige Neandertaler-Namen auszusuchen. Die vielen verschiedenen Fellfarben blieben zwar zerstritten, aber sie waren sich zumindest in dem Punkt einig, dass das Rezept nur richtig zubereitet und die Speise nur richtig gegessen werden kann, wenn man dies ungewaschen und in Felle gekleidet tut.

Mimikry verwandelt noch keinen Frosch
in ein grünes Blatt.

– D. T. Suzuki –

Sich an eine äußere Form anzupassen, wirkt oft weniger bedrohlich. Das Individuum fällt nicht mehr auf, es verschwindet gewissermaßen. Das ist sicherlich einer der Gründe, warum viele Menschen einheitliche Gewänder bevorzugen. Die Bedeutung der äußeren Formen wirkt aber nur im unbewussten Zustand. Sobald wir unser Bewusstsein darauf richten, erkennen wir, dass die Ebene der Formen immer einen Oberflächen-Charakter aufweist.

Ebenso wie das Rezept an der Höhlenwand sind uns heute viele alte Überlieferungen zugänglich. Diese liegen uns mittlerweile sogar zum größten Teil in der eigenen Muttersprache vor. Wir könnten uns also selbst einen Zugang verschaffen und uns mit dem Inhalt vertraut machen. Aber immer noch sind die „Felle", die „Fellfarben" und insbesondere auch die „Fellhierarchien" wichtig.

Es heißt, dass wir ohne einen „Fellmützenträger" gar nicht in der Lage wären, das Gericht selbst zu probieren. Und die Wirkung von dem Essen würden wir selbst auch nicht begreifen, wenn sie uns nicht ein hoher „Fellträger" erklärt. Der Fokus klebt so immer an der äußeren Form. Schauen wir doch lieber, was bei der Zubereitung des Rezeptes herauskommt, wenn wir es selbst ausprobieren. Dafür benötigen wir keine Felle.

Das im folgenden Kapitel vorgestellte Rezept stammt aus den alten buddhistischen Überlieferungen. Es möchte uns das Gericht der Achtsamkeit kosten lassen. Wir benötigen also eigene Erfahrungen mit dem Gericht, wir müssen hineinbeißen und es selbst schmecken. Welchen Stellenwert könnte dabei ein Kleidungswechsel haben? Wir werden hier an Uniformen erinnert: Soldatenuniformen, aber natürlich auch Berufsuniformen. Der Mensch soll nicht mehr erkennbar sein, nur seine Funktion. Aber die Auseinandersetzung mit der buddhistischen Lehre ist doch insbesondere eine Auseinandersetzung mit uns selbst, als fühlende Wesen. Und natürlich lesen wir auch von universellen menschlichen Funktionsweisen, aber diese sollten für das überaus kostbare, individuelle Leben hilfreich sein.

Der Vorschlag lautet: Bitte hören Sie nicht damit auf, sich zu waschen, behalten Sie Ihre Kleidung an, vertrauen Sie Ihrem eigenen Geschmack und Ihrer eigenen Urteilsfähigkeit. Lesen Sie und prüfen Sie bitte selbst. Genau das betonte Buddha selbst in seinen letzten Lebensmomenten, in denen er keinen Nachfolger bestimmte, sondern auf die Lehre verwies, die jeder selbst probieren sollte. Anscheinend wollte Buddha keinen Fellmützenträger, keinen buddhistischen Papst. Sei er auch noch so liebenswürdig wie der Dalai Lama. Buddha meinte: Beschäftige dich mit den Aussagen und Anregungen, prüfe Sie selbst.

Rezepte besitzen eine universelle Natur, sie funktionieren überall und das unabhängig davon, wie der Koch gekleidet ist. Es erscheint eine eigenartige menschliche Neigung zu geben, dass wir lieber die Kleidung des Kochs kontrollieren, als selbst zu prüfen, wie etwas schmeckt. Nur wenn der Koch die entsprechenden „Fell-Abzeichen" trägt, trauen wir uns zu probieren. Und nur wenn wir dem „Fell" des Kochs trauen können, glauben wir an den Geschmack des Gerichtes. Auch ein Nicht-Fell-Träger könnte etwas Identisches zubereiten, aber dem könnten wir einfach nicht vertrauen. Hier wird deutlich, wer es letztlich ist, dem wir nicht trauen: uns selbst! Anscheinend trauen wir uns nicht einmal mehr zu, selbst herauszufinden, wie uns ein Gericht schmeckt und wie es uns bekommt.

Natürlich lässt sich einschränken, dass wir vielen Irrungen unterliegen und dazu neigen, nur das anzunehmen, was wir mögen und was in unser Gewohnheitsmuster passt. Daher steht außer Frage, dass Lehrer sinnvoll sind. Aber wenn wir die Fell-Dynamik im Hinterkopf behalten, können wir zumindest wachsam bleiben und dabei uns selbst kritisch im Blick behalten.

Jede spirituelle Tradition hinterlässt Rezepte, ob mündlich, schriftlich oder in Liedern, Gesängen, Bildern und Symbolen. Alle diesbezüglichen Konflikte beziehen sich auf die „richtige" Fellfarbe, sie sind also formgebunden und daher materieller Natur. Vom Wesen des Spirituell-Religiösen sind diese Auseinandersetzungen weit entfernt.

Wir sollten uns anhand einiger Fragen über die verschiedenen Ebenen dieser Abläufe bewusst werden.

Ist das ganze „Rezept" nachvollziehbar?

Verwirren manche, z. B. begriffliche Formen?

Welche Wirkung haben die Inhalte?

Was passiert, wenn wir die Formen weglassen?

Wie sinnvoll sind die Formen eines „Gerichtes"?

Sind einige der Formen nicht auch hilfreich?

Welche Formen eines „Rezeptes" sind besonders interessant für uns?

Welche Formen beginnen schon, an uns zu kleben?

Dieses Buch möchte uns ein buddhistisches Rezept so nahebringen, dass Sie es sich selbst sehr leicht zubereiten und somit testen können. Auf fremde, exotische „Felle" wird verzichtet. Wir werden zwar realisieren, dass auch wir in Formen stecken, aber wir werden uns nicht auf asiatische Felle konzentrieren, sondern auf die Universalität des Achtsamkeitsrezeptes. Wir werden erfahren, dass Achtsamkeit in den ursprünglichen Texten nicht als ein starres Objekt beschrieben wurde, sondern ein aktives Handeln hin zur Einsicht darstellt.

Das ist auch ein Grund, warum wir Achtsamkeit in diesem Buch in einen Bezug zum Handeln setzen. Wir möchten Achtsamkeit als eine Methode erfahren, mit deren Hilfe wir die Belastungen und den Stress unseres Lebens lenken, kontrollieren und auch bewältigen können.

3. KAPITEL

Reise an den Ursprung der Achtsamkeit

Alter Kirschbaum.

Junge Blüten.

– AUS DEM ZEN –

Die historische Lehrrede zur Achtsamkeit

Uns stehen heute viele spirituelle Lehren und Praktiken zur Verfügung, aber woher stammen diese eigentlich? Wie sind sie entstanden? Diese Fragen möchten auf den Respekt verweisen, den wir für diese Quellen aufbringen sollten. Schließlich versetzen sie uns heute in eine Lage, in der wir das Rad nicht nochmals neu erfinden müssen. Es gibt ein also ein bestehendes „Rezept" zur Herstellung von Achtsamkeit, das über einen schier unfassbar langen Zeitrahmen von 2.500 Jahren überdauern konnte. Das Studium der ursprünglichen Lehrrede für Achtsamkeit gleicht dem Aufblättern eines kleinen Mikrokosmos: So viele verschiedene Ebenen des Zugangs eröffnen sich dem Leser, zahlreiche Übungsimpulse werden angeregt.

Im Jahre 1887 veröffentlichte Rhys Davids ein Buch über den Buddhismus, in dem er erstmals den Sanskritbegriff *sati* als mindfulness, also Achtsamkeit übersetzte. In vielen anderen buddhistischen Werken, die in Asien existieren, wird *sati* aber eher als

Erinnerungsfähigkeit übersetzt. Diese Übersetzung basiert auf einem Buddha-Zitat zur Achtsamkeit, das einer mit Samyutta-nikaya betitelten Textsammlung entstammt., Darin verknüpft Buddha Achtsamkeit mit Introspektion und Erinnerung, womit natürlich keine Mnemotechnik gemeint ist, sondern die Fähigkeit, sich an die wichtigen Aspekte des Lebens zu erinnern bzw. sich zu besinnen. Wir müssen uns also gewissermaßen an Qualitäten wie *Achtsamkeit* erinnern, die wir in uns tragen. Und sei es erst einmal als noch nicht voll ausgebildete Veranlagung.

Das Satipatthana Sutra, das später als *die* Achtsamkeitslehr-rede bekannt wurde, existiert in mehreren Versionen. In die deut-sche Sprache wurden die buddhistischen Lehrreden schon vor etwa 100 Jahren übersetzt. Eugen Neumann (1896) schrieb eine Übersetzung, die für lange Jahrzehnte unseren Zugang zu diesem Wissen darstellte. In dieser sehr bekannten Übersetzung finden wir den Begriff Achtsamkeit noch gar nicht, stattdessen betont Neumann den Aspekt der *Einsicht*. Interessanterweise lautet der Titel von Neumanns Übersetzung des Satipatthana Sutras *Die Pfeiler der Einsicht*. Einsicht also, nicht Achtsamkeit. Die große Verbindung zwischen Einsicht und Achtsamkeit wird uns noch oft begegnen und ist von großer Bedeutung.

Der indische Sanskritbegriff, der nach verschiedenen Über-setzungsanläufen letztlich mit Achtsamkeit übersetzt wurde, lautet also *sati*. Ein verwandter Begriff, *sarati,* meint *erinnern*. Die Ähnlichkeit der Wortstämme vermittelt uns, dass wir uns an die in uns wohnende Qualität der Achtsamkeit „nur" erinnern müssen. Es ist nichts Neues, es ist, wie bereits beschrieben, eine alte menschliche Fähigkeit. Aus buddhistischer Sicht verfügen wir dafür über Samen im Speicherbewusstsein. Neurowissen-schaftler würden sie, wie schon erwähnt, als eine Veranlagung oder Disposition bezeichnen.

Der Titel der Lehrrede lautet aber nicht Sati Sutra, sondern Satipatthana Sutra. Die auf *sati* folgenden Silben *patthana* bedeuten *etwas zu sich holen*. Damit ist Satipatthana kein reines Substantiv wie Achtsamkeit, sondern es verweist auf eine Aktivität. Achtsamkeit ist also eine innere Qualität, die wir wieder näher zu uns, in unser Bewusstsein holen können. Sutra ist der indische Begriff für Lehrrede. Das Satipatthana Sutra soll uns also beschreiben, wie wir Achtsamkeit zu uns holen.

Das deutsche Wort Einsicht legt uns nahe, wie Einsicht auf der *einen* Sicht basiert. Es ist also keine Zweisicht gemeint, sondern Ein-Sicht. Nicht in die Zweisicht aufgesplittert zu sein, meint, über *eine* klare und *ein*deutige Sicht zu verfügen. Das lässt die Achtsamkeit wieder in die Nähe der Weisheit rücken.

Achtsamkeit ist zugleich Weisheit.

– SHUNRYU SUZUKI –

Das Phänomen der Achtsamkeit rückt also schon durch die Nähe zur Einsicht in Bereiche vor, die mit Sehen und Verstehen verknüpft sind. Es geht unter diesem Blickwinkel also nicht so sehr um ein verändertes, z. B. verlangsamtes Verhalten, sondern darum zu sehen, was ist. Wenden wir uns nun der 2.500 Jahre alten Lehrrede zu. Dabei sollten wir beachten, dass es nur wenige Dokumente auf diesem Planeten gibt, die so alt sind und zudem noch zugänglich sind.

Durch die die gesamte Lehrrede zieht sich eine Struktur, die einem Lied gleicht. Sie ist geprägt von regelmäßigen Wiederholungen, die an Refrains erinnern. Schließlich stammt der Text aus einer Zeit, in der die Zuhörer Papier und Bleistift nicht zur Hand hatten, meist waren sie des Schreibens auch gar nicht mächtig. Das Gehörte musste so einprägsam gestaltet sein, dass es sich erinnern ließ.

Zudem weist das Achtsamkeitslied nur vier Themenbereiche auf. Das entspricht recht gut der Philosophie vom leichten Weg.

Wirkung benötigt nicht immer Kompliziertheit. Einfache, klare Strukturen sind oft enorm wirkungsvoll, da wir hier leicht den Überblick behalten und die Inhalte leichter erinnern können. Natürlich lassen sich diese vier Bereiche sehr verfeinern, sodass sie wieder recht komplex werden können. Aber diese Ebenen lassen sich dann Schritt für Schritt vollziehen und müssen nicht sofort vollkommen verwirklicht werden. So finden wir also erst einmal eine Struktur vor, die uns nicht abschreckt.

Die vier zentralen Aspekte der Achtsamkeit, über die uns die Lehrrede über Achtsamkeit Auskunft gibt, sind:
1) Einsicht in *körperliche* Abläufe
2) Einsicht in *emotionale* Abläufe
3) Einsicht in *gedankliche* Abläufe
4) Einsicht in hilfreiche Lehren

Diese Einteilung beginnt mit einer grobstofflichen, körperlichen Ebene und wird dann über die emotionale und die gedankliche Ebene immer feinstofflicher. Unter dem vierten Aspekt sind schließlich hilfreiche Lehren und Wissensinhalte zusammengefasst, mit denen wir uns mit fortschreitender Praxis beschäftigen können. Um also Achtsamkeit zu realisieren, ist es ratsam, diese vier Bereiche zu kultivieren.

I. Stufe der Achtsamkeit:
Einsicht in körperliche Abläufe

Die buddhistische Lehre und Praxis ist als *Geistes*training bekannt. Interessanterweise beginnt die Achtsamkeits-Lehrrede aber auf der *körperlichen* Ebene. Dieser Aspekt wird oft übersehen, da unser Hauptaugenmerk sehr auf den geistigen Themen liegt. Unser Körper scheint so schwer kontrollierbar zu sein, zudem führt er meist ein Eigenleben, er zeigt uns stetig unsere Bedürftigkeiten, er erzeugt Schmerzen und Probleme, sodass er auf dem spirituellen Weg recht schnell als etwas Störendes angesehen werden kann. So gerne würden wir lange und ruhig im Meditationssitz verweilen können, aber hier zeigt uns unser Körper immer wieder Grenzen auf.

Dass Buddha die *körperliche* Achtsamkeit als Ausgangspunkt nimmt, könnte also bedeuten, dass wir in den unterschiedlichsten Situationen, auch in unseren Krisen, auf der körperlichen Ebene ansetzen, wenn wir achtsam sein möchten. Ein weiteres Indiz für die elementare Bedeutung der Körperebene ist der Raum, den Buddha diesem Bereich in der Lehrrede widmet – fast 50 Prozent.

Wenn Sie in einer anstrengenden Situation sind, dann versuchen Sie also nicht, die Situation zu ändern. Versuchen Sie auch nicht, Ihre Emotionen und Gedanken zu manipulieren: *Betrachten Sie, wie Ihr Körper reagiert. Verweilen Sie betrachtend auf der körperlichen Ebene.*

Überlesen Sie diesen Bereich nicht einfach nur als eine Art Vorstufe. Den Fokus auf unseren Körper zu lenken, kann sich durchaus als eine sehr anspruchsvolle Variante erweisen: Versuchen Sie doch einmal für ein paar Minuten, sich *nur* auf Ihren Körper zu konzentrieren. Das bedeutet, dass *nur* der Körper im Bewusstsein bleibt, alle Emotionen und Gedanken sind nicht mehr im Bewusstsein – eine recht anspruchsvolle Übungsmöglichkeit. Wir werden also im ersten Achtsamkeitsschritt *nicht* unseren grüblerischen Gedanken (3. Ebene) folgen, obwohl unser Verstand diese nur zu gerne vertiefen würde. Wir haften auch nicht an unseren Emotionen (2. Ebene), sondern lenken den Fokus auf unseren Körper (1. Ebene).

Einerseits leben wir in einer sehr körperorientierten Kultur: Viele von uns geben für Kleidung, Kosmetik etc. mehr aus als für geistige Bedürfnisse. Andererseits fällt es uns schwer, über viele Minuten hinweg ausschließlich nur den Körper in unserem Bewusstsein halten. Nur zu schnell schleichen sich irgendwelche sinnigen oder doch eher unsinnigen Gedanken ein. Umso hilfreicher ist die Anleitung für eine gezielte, analytische und konzentrierte Betrachtung unseres Körpers. Um diese Konzentrationsleistung zu vollbringen, empfiehlt uns die Lehrrede, auf die Atmung zu achten.

Inzwischen können wir auch wissenschaftlich belegen, dass eine bewusste Bauchatmung das Ruhezentrum, den Parasympathikus, in unserem vegetativen Nervensystem stimuliert. Auf diese einfache Weise werden wir in die Lage versetzt, sehr effektiv und schnell unseren Organismus zur Ruhe zu bringen. Eine dynamischere Brustatmung stimuliert eher das Aktivitätszentrum, den Sympathikus. Viele spirituelle Traditionen verfügen über ausgefeilte Atemübungen. Der bewusste Atem kann in uns sehr effektiv Wirkungen hervorrufen und ist als Methode zur Selbstregulation bestens geeignet.

Wir haben mit der Aufmerksamkeitslenkung auf unsere Atmung also gleich mehrere heilsame Prozesse eingeleitet: Einerseits wandert unser Bewusstsein weg von der Grübelzone Kopf und andererseits wird mit einer gezielten Atmung sehr unterstützend ein nervliches Ruhe- oder Aktivitätszentrum stimuliert. Je nachdem, wie wir unser Energieniveau einschätzen und wie wir gegenregulieren möchten.

Durch regelmäßige Wiederholungen erzeugen wir damit schnell spürbare Trainingseffekte, denn über neuroplastische Prozesse werden das Ruhe- und das Aktivitätszentrum zum Wachsen angeregt. Mit jeder neuen Wiederholung festigt sich der Prozess und führt zu nachhaltigen Ergebnissen.

Jetzt haben wir erst einen Schritt getan und verfügen bereist schon über viele Anregungen. Refrains sorgen in der Achtsamkeitslehrrede dafür, dass solche Informationen nicht untergehen.

Die Überschrift zu diesen Refrains lautet immer *Einsicht*. Wir lenken also unser Bewusstsein weiter entlang der körperlichen Ebene, aber das geschieht nicht mit der Motivation zu manipulieren. Es geht um Einsicht. Wir sollen betrachten und erkennen.

Zuerst empfiehlt uns die Lehrrede, dass wir unseren Körper mit klarem Blick *äußerlich* und dann auch *innerlich* betrachten. Der Einsichtsabsatz ist nur etwa eine drittel Seite lang, dennoch finden wir die Begriffe *verweilen* und *betrachten* insgesamt etwa 15 mal. Dies gleicht einer Suggestion: Verweile und betrachte. Verweile und betrachte. Verweile und betrachte. Es wird dazu noch betont, dass wir beim Verweilen und Betrachten unabhängig bleiben, also nicht an den Dingen, die wir verweilend betrachten, anhaften sollen. Die weiteren, immer gleichen Anleitungen (Einsichtsmethoden) laden uns ein, die *Ursprungs-* und *Auflösungsfaktoren* zu realisieren. Damit öffnen wir den Rahmen unserer noch eingeengten Sichtweise und nehmen bewusst zur Kenntnis, wie viele Faktoren nötig waren, um unseren Körper zu bilden. Und auch, welche Faktoren am Werke sind, die unseren Körper wieder vergehen lassen werden. Ohne es direkt zu benennen, findet sich hier wieder ein Verweis auf das fundamentale Wesensmerkmal der Leerheit. Es gibt keinen unabhängigen festen Kern, nichts, das überdauern wird. Das Wesensmerkmal der Diskontinuität, also den steten Wandel, finden wir hier auch. Alles ist in Bewegung. Auf dieser Basis lenken wir dann wieder unser Bewusstsein mit Achtsamkeit auf den Körper. Dieser Abschnitt endet mit der Erinnerung, nicht an den körperlichen Aspekten anzuhaften. Ernstnehmen, verstehen, ohne Bewertungen verweilend betrachten und erkennen. Aber an all dem nicht anhaften.

Das ist also die mitgelieferte Einsichtsmethode, mit deren Hilfe wir alle weiteren Informationen behandeln sollen:

- Wir betrachten anfangs das jeweilige Phänomen von innen und von außen.

- Danach betrachten wir die Ursprungs- und Auflösungsfaktoren des Phänomens.
- Unsere Haltung ist verweilend und betrachtend.
- Generell achten wir darauf, dass uns das Phänomen nicht zu nahe kommt.

Das ist relativ übersichtlich und erscheint auch logisch. Mit diesem Handwerkszeug können und sollen wir nun alle weiteren Achtsamkeitsabschnitte bewältigen. Es gibt also konkrete Themen und konkrete Instruktionen, was wir damit anfangen sollen. Nach unseren Bemühungen um Einsicht leitet die Lehrrede gewissermaßen eine Wahrnehmungsübung auf der Körperebene an.

Die vier Körperstellungen
Auch hier ist die Einfachheit wieder bestechend.

Gehen: Wenn wir gehen, dann realisieren wir, dass wir gehen.

Stehen: Wenn wir stehen, dann realisieren wir, dass wir stehen.

Sitzen: Wenn wir sitzen, dann realisieren wir, dass wir sitzen.

Liegen: Wenn wir liegen, dann realisieren wir, dass wir liegen.

Gleich danach wird in der Lehrrede wieder die Einsichtsmethode angeführt, unser Refrain.

- Wir betrachten anfangs das jeweilige Phänomen von innen und von außen.
- Danach betrachten wir die Ursprungs- und Auflösungsfaktoren des Phänomens.
- Unsere Haltung ist verweilend und betrachtend.
- Generell achten wir darauf, dass uns das Phänomen nicht zu nahe kommt.

Finden Sie das nicht auch sehr einfach?

Sie lesen diese Zeilen über die achtsame Wahrnehmung von Körperpositionen, aber wieder lade ich Sie zu einem Praxistest ein. Sind Sie sich wirklich bewusst über Ihre Körperposition jetzt, in diesem Moment? Darüber, wie Ihre Füße positioniert sind, wie die Beine sich anfühlen, der Rücken, die Arme, der Kopf? Wir erhalten eine konkrete Übung, die so einfach anmutet: uns auf die Atmung konzentrieren. Aber schon bei den ersten Schritten bemerken wir die schlichte Schönheit und Tragweite einer solchen Übung.

Es scheint also ohne Selbstwahrnehmung keine Achtsamkeit zu geben. Wir sollen uns in der Achtsamkeits-Meditation nicht wegdenken, sondern, im Gegenteil, das Training damit beginnen, uns selbst besser spüren zu lernen. Es ist empfehlenswert, die Übung der Körperwahrnehmung so oft umzusetzen, wie es Ihnen nur möglich ist.

Ein damit sehr eng verwobener Punkt betrifft die bereits angesprochenen vielfältigen internalisierten Automatismen: Gewohnheitsmuster, die wir abspulen, was uns aus dem Bereich der Achtsamkeit entfernt.

Es könnte der Eindruck entstehen, als würden wir einen Körper bewohnen, den wir eigentlich gar nicht verstehen und der sein Eigenleben führt. Aber es gibt interessanterweise etwas, das wir als eine Art von Kommunikation zwischen uns und unserem Körper ansehen könnten: Der Körper reagiert auf gedankliche Veränderungen und der Geist reagiert auf körperliche Signale. Unser Körper sendet uns zwar diese Botschaften, aber wir haben in der Regel etwas Wichtigeres zu tun. Bis uns dann unser Körper Schmerzsignale sendet, weil wir die Körperhaltungen nicht achtsam steuern und uns zum Beispiel überfordern.

Neben Persönlichkeitsanteilen wie dem „inneren Angsthasen", dem „inneren Kampfhund", dem „inneren Grübler" oder dem „inneren Weisen" scheint es in uns auch einen Persönlichkeitsanteil zu geben, der sich auf unseren Körper bezieht. Dieser Anteil versucht nun regelmäßig, mit uns zu kommunizieren: „Achtung, ich benötige eine Pause." Oder: „Achtung, das ist zu schwer." Nur zu oft wird dieser Anteil aber von stärkeren Anteilen wie z. B. dem „inneren Antreiber" oder dem „inneren Perfektionisten" ignoriert.

Auf dieser Ebene ist Achtsamkeit, wie Sie bemerken, kein mystisches Geschehen, sondern ein konkretes, bewusstes Einwurzeln im Hier und Jetzt, also in dem, was jetzt ist. In der Lehrrede können wir dazu Folgendes lesen:

> Wenn wir gehen, dann realisieren wir, dass wir gehen.
> Wenn wir schauen, dann realisieren wir, dass wir schauen.
> Wenn wir uns bewegen, dann realisieren wir, dass wir uns bewegen.
> Wenn wir Kleider tragen, dann realisieren wir, dass wir Kleider tragen.
> Wenn wir essen, dann realisieren wir, dass wir essen.
> Wenn wir trinken, dann realisieren wir, dass wir trinken.
> Wenn wir kauen, dann realisieren wir, dass wir kauen.
> Wenn wir schmecken, dann realisieren wir, dass wir schmecken.
> Wenn wir uns entleeren, dann realisieren wir, dass wir uns entleeren.
> Wenn wir gehen, dann realisieren wir, dass wir gehen.
> Wenn wir stehen, dann realisieren wir, dass wir stehen.
> Wenn wir sitzen, dann realisieren wir, dass wir sitzen.
> Wenn wir einschlafen, dann realisieren wir, dass wir einschlafen.
> Wenn wir aufwachen, dann realisieren wir, dass wir aufwachen.
> Wenn wir reden, dann realisieren wir, dass wir reden.
> Wenn wir schweigen, dann realisieren wir, dass wir schweigen.

Gleich danach wird in der Lehrrede wieder die Einsichtsmethode eingefügt, unser Refrain, mit dem wir die Informationen bearbeiten.

· Wir betrachten anfangs das jeweilige Phänomen von innen und von außen.
· Danach betrachten wir die Ursprungs- und Auflösungsfaktoren des Phänomens.
· Unsere Haltung ist verweilend und betrachtend.
· Generell achten wir darauf, dass uns das Phänomen nicht zu nahe kommt.

Diese Anregungen sind immer Anregungen zum Selbstexperiment. Probieren Sie es selbst. Die übergeordnete Instruktion könnte lauten: *Realisiere voll und ganz im Hier und Jetzt, was Du tust.* Es ist ein wenig wie mit den Körperpositionen, aber hier werden jetzt wesentlich mehr Aspekte einbezogen. Es findet also eine Steigerung statt.

Nichts scheint simpler zu sein, als sich dessen bewusst zu sein, was wir tun. Sie lesen gerade und sicherlich haben Sie während der ganzen Zeit auch realisiert, dass Sie lesen. Oder? Es ist ein wenig wie ein Dissoziationserleben. Unser eigenes Agieren wird zusätzlich nochmals von einer „höheren" Warte aus betrachtet. Als wäre immer ein innerer Beobachter dabei. Dieser innere Beobachter benötigt eigentlich nur eine regelmäßige Aktivierung, um sich zu stabilisieren und so konsequenter präsent zu sein.

Alles, was wir wiederholen, wird sich stärken.

Diese Vorgehensweise hat sogar einen sehr einfachen Nebeneffekt: Wir müssen nämlich zu Anfang kaum etwas ändern. Es ist vollkommen ausreichend, wenn wir erst einmal realisieren, was da ist.

Wenn Sie essen und gleichzeitig der Fernseher läuft, dann nehmen Sie zuerst zur Kenntnis, dass Sie essen und gleichzeitig fernsehen. Ein Phänomen, das wir als ein modernes Stress- und Multitaskingproblem ansehen, das aber anscheinend bereits in der

Antike bekannt war. Anfangs reicht es erst einmal zu bemerken, was jetzt da ist. Diese Bewusstwerdung führt oft fast automatisch bereits zu kleinen Veränderungen. Natürlich können Sie dann essen und den Fernseher ausschalten, wahrnehmen, was Sie essen und wie es schmeckt, wie es sich anfühlt, wie es duftet.

Wir finden hier bereits eine weitere konkrete Achtsamkeitsübung: Wir könnten ab sofort für eine Zeitlang einen *inneren (wohlwollenden) Kommentator* oder *inneren (wohlwollenden) Beobachter* aktivieren: Jetzt lese ich diese Zeilen ... Jetzt stehe/sitze ich hier ... Jetzt schweige ich ... Jetzt sehe ich ... Jetzt höre ich ... Jetzt rieche ich ... Jetzt spüre ich ... Jetzt denke ich ...

Diese Gewahrwerdung kann natürlich schon zu den ersten achtsamen Erfahrungen führen. Bei diesem Vorgehen wird es kaum möglich sein, mit einer bestimmten Situation voll identifiziert zu bleiben. Der innere Kommentator oder Beobachter zieht aus dem Identifikationsvorgang etwas Energie ab und sorgt so für einen ersten kleinen hilfreichen inneren Abstand. Wenn wir also Bewusstheit in einen Vorgang hineinbringen, mindert sich dadurch bereits unsere Anhaftung an das Geschehen, und zwar bevor wir überhaupt dazu gekommen sind, etwas an dem Vorgang zu verändern.

Die Anregungen sind erst einmal lediglich betrachtend gemeint. Wir nehmen es zur Kenntnis, wir betrachten uns selbst. Aber wenn wir realisieren, dass wir jetzt z. B. hier sitzen oder stehen, dann spüren wir natürlich diese Qualität und erfahren, ob es so, wie es ist, auch passend für uns ist. So kann es natürlich schon zu den ersten Korrekturen kommen. Um diesen Weg auf eine heilsame Weise bewältigen zu können, benötigen wir ein möglichst sicheres Maß an innerer Klarheit. Und hier sind wir wieder im Achtsamkeitstraining zurück.

Für die erste Stufe der Achtsamkeit sollten wir uns ausreichend Zeit nehmen. Es ist völlig sinnlos, schnell die ganze Lehrrede als Bauanleitung durchzuarbeiten. Jeder einzelne Aspekt kann für uns, wie ein Einzelteil aus einem Hologramm, das ganze Bild beinhalten. Alleine dieser Abschnitt über körperliche Abläufe kann unsere Achtsamkeit kultivieren. Wenn wir ihn wirklich beherzigen, vertiefen und praktizieren, dann benötigen wir vielleicht gar nicht viel mehr.

Im nächsten Abschnitt spricht die Lehrrede von der Realisierung der *Nicht-Schönheit unseres Körpers.* Die Thematik könnte besonders für Menschen geeignet sein, die sich sehr viele Gedanken um ihre körperliche Erscheinung machen und sich sehr darüber identifizieren, wie ihr Körper auf andere wirkt. Nur zu oft stammt diese Motivation aus einer empfundenen Schwäche. Menschen, die sich selbst schwer annehmen können, sollten diesen Abschnitt nicht vertiefen. Um einen selbstkritischen Punkt zu bearbeiten, benötigen wir zuerst genügend Selbstsicherheit.

Körperliche Nicht-Schönheit

Ist Ihnen schon mal aufgefallen, dass Menschen nur aus einer mittleren Entfernung gut aussehen? Bei zu großer Entfernung bekommen wir etwas Insektenhaftes. Wenn wir eine Menschenansammlung aus der Ferne sehen, dann wirkt sie mitunter wie ein Ameisenhaufen. Und wenn wir sehr nah herangehen, uns also mit einer Lupe annähern, dann tauchen Details auf, die bestenfalls interessant sein dürften, aber wohl nicht mehr als unbedingt schön zu bezeichnen sind.

Dieser kritische Aspekt wird nun in der Lehrrede schonungslos herausgearbeitet. In dem Abschnitt werden Menschen mit Hautsäcken verglichen, die angefüllt sind mit allen möglichen Innereien, Knochen und Flüssigkeiten. So entsteht ein ziemlich unappetitlicher Eindruck von unserer Körperlichkeit.

Es ist wohl ein buddhistisches Bestreben, unseren Körper nicht zu verherrlichen und ihn nicht als Tempel unseres Bewusstseins zu idealisieren. Zudem reduziert diese sehr analytische, klare und wohl auch etwas überzogene Sichtweise unsere Identifikationsneigungen mit unserem Körper. Wir selbst *sind* kein Hautsack mit Füllung, das was wir sind, geht wohl weit darüber hinaus. Aber dennoch ist der gefüllte Hautsack da. Heute wissen wir, dass es ein hauptsächlich mit Wasser gefüllter Hautsack ist. 70 % unseres Körpers besteht aus Wasser. Der Mensch, den Sie lieben, besteht zu 70 % aus Wasser.

Gleich nachdem unser Körper mit einem Hautsack verglichen wurde, wird in der Lehrrede wieder die Einsichtsmethode eingefügt, unser Refrain, mit dem wir die Informationen bearbeiten.

- Wir betrachten anfangs das jeweilige Phänomen von innen und von außen.
- Danach betrachten wir die Ursprungs- und Auflösungsfaktoren des Phänomens.
- Unsere Haltung ist verweilend und betrachtend.
- Generell achten wir darauf, dass uns das Phänomen nicht zu nahe kommt.

Solche kritischen Passagen wie der Vergleich unseres Körpers mit einem Hautsack wurden oft als Appell missverstanden, unseren Körper zu missachten. Der Körper sei schmutzig, bedürftig und der Ursprung vieler sündhafter Impulse. Die große Bedeutung und Wichtigkeit unseres Körpers steht heute außer Frage, aber die passende Relativierung ist wohl immer noch ein großes Problem. Viele Menschen schwanken immer wieder zwischen Körperkult und Vernachlässigung. Entweder bezahlen wir die Kosmetik-, Mode- und Fitnessindustrie, oder wir bezahlen die Fastfood-, Nikotin- und Alkoholindustrie. Unsere Kultur konzentriert sich mittlerweile sehr auf Konsum- und Modesucht, Fitness-, Schönheits- und Jugendwahn und erzeugt so Magersucht, Fettsucht oder psychosomatische Symptome.

In dieser Thematik wurzelt eigentlich die buddhistische Lehre. Während sie sich für den Mittleren Weg ausspricht, konzentrieren sich bis heute viele ältere Traditionen im alten Indien ganz auf geistige Prozesse und führen entweder zur massiven Vernachlässigung körperlicher Bedürfnisse oder die Askese wurde als köperfeindliche Methode auf die Spitze getrieben. Die Askese wurde schon immer als Mittel der Reinigung eingesetzt. Meist war sie allerdings zeitlich begrenz auf eine Fastenzeit. Wer schon einmal seine Ernährung drastisch reduziert oder gefastet hat, der konnte vielleicht auch die positiven Seiten dieser Methode wahrnehmen. Wir müssen einfach weniger Zeit aufwenden, um Nahrung zu besorgen, zuzubereiten, zu konsumieren und zu verdauen. Auch der Toilettengang ist reduzierter. Schon bald stellt sich unser Körper darauf ein, wir verlieren Gewicht und der Hunger lässt auch nach. Für viele von uns ist das sehr interessant.

Diese Thematik konfrontiert uns mit unserer großen Bedürftigkeit. Unser Körper zeigt uns unsere Bedürftigkeit, aber er kann anscheinend bei Nahrungsmangel unseren Geist so beeinflussen, dass unser Bedürfnis nach Nahrung sehr zurückgeht. Diese Ressource kann sich schnell in ihr furchtbares Gegenteil verwandeln, wenn wir diese Abläufe nicht sehr kritisch im Auge behalten.

Natürlich übersehen wir dabei auch schnell, dass wir psychologisch noch bedürftiger sind, denn die Bedürfnisse unseres Körpers sind so augenscheinlich und unser Körper verlangt so unmissverständlich. Da können unsere psychologischen Bedürfnisse nach Kontakt, Sicherheit und Liebe schon mal untergehen. Ganz zu schweigen von unseren spirituellen Bedürfnissen, die für viele von uns noch schwerer wahrzunehmen sind.

Wenn wir uns der spirituellen Seite zuwenden oder auch unsere psychologischen Seiten konsolidieren möchten, dann entsteht schnell die Idee, dass uns unser Körper immer wieder in eine Richtung lenkt, in die wir eigentlich gar nicht möchten. Sie beschäftigen sich vielleicht mit Achtsamkeit oder gar Erleuchtung und Befreiung und dann sagt ihnen Ihr Körper, dass es jetzt nichts Wichtigeres gibt, als möglichst schnell zur Toilette zu eilen. Sie sitzen dann auf dem Klo, verrichten Ihre Notdurft. Das ist alles sehr unappetitlich. Natürlich scheint es da sehr verführerisch, wenn sich der Gedanke in uns bildet, diese Seite am besten zu eliminieren.

Wie ideal wäre die Vorstellung in Frieden verweilen zu können, ohne Hunger und Durst spüren und natürlich auch ohne eine Notdurft verrichten zu müssen. Ein Bild von Reinheit taucht auf. Gleichzeitig müssen wir mit dieser Idee von Reinheit unsere gegenwärtige Beschmutzung einräumen. Die buddhistische Lehre zeigt uns hier den Mittleren Weg. Die reine Askese führt uns körperlich nur anfangs in die Energie, schon bald werden wir kraftlos und nähern uns dem Tod. Andererseits müssen wir uns auch nicht zu sehr dem Schmutz der Völlerei überlassen. Der Weg in der Mitte ist der einzige, der uns von unseren Extremen befreit.

Auf dieser Ebene scheint es ratsam, wenn wir klare Ideen über Grenzen haben, also Kategorisierungen ernstnehmen. Andererseits basieren diese Fähigkeiten auf unseren Bewertungsmustern, die wiederum eine Quelle für viele Probleme darstellen.

Es gibt also keine klaren allgemeingültigen Dogmen. Wir selbst sind angesprochen, immer wieder aufs Neue Entscheidungen zu treffen und diese permanent zu justieren. Der rechte Umgang mit unserer Körperlichkeit in all ihren Facetten der Ernährung, Bewegung, Sexualität, Verdauung, Krankheit, Alterung und dem Aussehen ist so vielfältig für uns und eine unerschöpfliche Quelle an Übungsmöglichkeiten.

Die Endlichkeit des Körpers

Nun folgt in der Lehrrede ein weiterer körperlicher Aspekt. Dieser wirkt auf den ersten Blick etwas antiquiert, weil er die Körpersubstanzen einer alten Kategorisierung entsprechend einteilt. Wenn Sie sich dennoch einmal darauf einlassen, können wir gemeinsam die Auswirkungen dieses Zugangs erkunden.

Vier Elemente unseres Körpers führt die Lehrrede mit entsprechenden Zuordnungen an:

Erde:	Das feste Körperfleisch, das Gewebe, die Knochen und auch die Mineralien.
Luft:	Der Atem, der Gasaustausch, die Gasentwicklung.
Feuer:	Die Körperwärme
Wasser:	Die verschiedenen Körperflüssigkeiten

Sie fragen sich, was das soll? Was haben die Mineralien in unserem Körper mit Achtsamkeit zu tun? Nun, genau für solche Fragen existiert die sich fortlaufend wiederholende Einsichtsmethodik:

· Wir betrachten anfangs das jeweilige Phänomen von innen und von außen.
· Danach betrachten wir die Ursprungs- und Auflösungsfaktoren des Phänomens.
· Unsere Haltung ist verweilend und betrachtend.
· Generell achten wir darauf, dass uns das Phänomen nicht zu nahe kommt.

So ist es doch recht bedeutsam, sich darüber bewusst zu werden, wie diese Elemente in uns wirken, wie sie in der Natur entstehen oder vor langer Zeit entstanden sind oder wie wir sie von außen, zum Beispiel durch unsere Nahrung, erhalten. Können Sie erahnen, was alles geschehen musste, damit sich z.B. Kohlenstoff bilden konnte, der einer der Grundsubstanzen unseres festen Organismus (Erde) ist? Ebenso spannend ist die Produktion von Sauerstoff (Luft) in der Natur. Sowohl erdgeschichtlich als auch z.B. im Wechselspiel mit den Bäumen und Meeresalgen. Dass unser Körper Wärme (Feuer) produzieren kann und diese differenziert dosiert, um z.B. durch Fieberhitze Viren in uns abzutöten, ist genauso faszinierend wie die Frage, wo die Flüssigkeiten (Wasser), aus dem unser Körper hauptsächlich besteht, vorher waren. Über wie viele Millionen Jahre das Wasser unterwegs war, bis es zu uns kam. Auf diese Weise wird deutlich, dass ein anfangs eher unscheinbares Thema wie das der Elemente bei genauerer Betrachtung zu einer sehr umfassenden Sichtweise führt.

Jeder einzelne Aspekt wirkt enorm beeindruckend und wenn wir uns etwas mehr damit beschäftigen und diese vielen Zusammenhänge realisieren, dann können wir bereits auf einer rationalen Ebene unsere untrennbare *Verbundenheit* mit der uns umgebenen Natur nachvollziehen.

Ein tieferes Einlassen auf diese Sachverhalte kann uns erkennen lassen, dass wir uns aus Bausteinen der Natur zusammensetzen, aber eben nur für eine Zeitlang. Dass wir uns stetig um neue „Ersatzbausteine" bemühen müssen und dass irgendwann die Elemente in uns auch wieder auseinanderfallen. Als eine Konsequenz daraus und auch als eine Art von Höhepunkt der Ent-Idealisierung unseres Körpers beschreibt die Lehrrede nun ziemlich genau den Zerfallsprozess unseres Körpers nach unserem Tod in 9 Schritten.

1. Aussage: *Eine Leiche zerfällt.* Es folgt wieder die Einsichtsmethode.
2. Aussage: *Raben fressen das Fleisch.* Es folgt wieder die Einsichtsmethode.
3. Aussage: *Skelett mit Fleisch und Sehnen wird sichtbar.* Es folgt wieder die Einsichtsmethode.
4. Aussage: *Skelett mit Sehnen und Blut wird sichtbar.* Es folgt wieder die Einsichtsmethode.
5. Aussage: *Skelett mit Sehnen wird sichtbar.* Es folgt wieder die Einsichtsmethode.
6. Aussage: *Nur noch Knochen sind sichtbar.* Es folgt wieder die Einsichtsmethode.
7. Aussage: *Verbleichte Knochen sind sichtbar.* Es folgt wieder die Einsichtsmethode.
8. Aussage: *Aufgehäufte Knochen sind sichtbar.* Es folgt wieder die Einsichtsmethode.
9. Aussage: *Zerbröselte Knochen werden zu Staub, nichts bleibt.* Es folgt wieder die Einsichtsmethode.

Die Intensität, mit der immer wieder die Einsichtsmethode eingefügt wird, hat einen enorm einprägsamen Charakter.

- · Wir betrachten anfangs das jeweilige Phänomen von innen
  und von außen.
- · Danach betrachten wir die Ursprungs- und Auflösungsfaktoren des Phänomens.
- · Unsere Haltung ist verweilend und betrachtend.
- · Generell achten wir darauf, dass uns das Phänomen nicht
  zu nahe kommt.

Mit dieser Methode nähern wir uns dem Thema des körperlichen
Verfalls. Dieser natürliche Vorgang ist in unserer westlichen Kultur
weitgehend unsichtbar. Nur die wenigsten von uns haben einer
Leichenverbrennung zugeschaut oder konnten exakt beobachten,
wie eine eingegrabene Leiche im Sarg verfällt. Derartige Bilder
liefert uns am ehesten noch das Fernsehen. Früher wurden Ver-
storbene zuhause aufgebahrt, sodass die Angehörigen Abschied
nehmen konnten.

Wahrscheinlich sträubt sich bereits in Ihnen ein spürbarer
Widerwillen gegen dieses Thema und vielleicht hoffen Sie, dass
der Leichenzerfall nicht weiter bildlich dargestellt wird. Es wirkt
auf uns unappetitlich, wir möchten das nicht wirklich alles wissen.
Alle diesbezüglichen Abläufe haben wir an Fachpersonal dele-
giert. Sterben und Vergehen hat in der westlichen Kultur keinen
wirklichen Platz. Lediglich das saubere Endprodukt, den schönen
Friedhof, die saubere Urne, können wir besuchen.

Ein durchschnittlicher Fernsehkonsument schaut sich pro
Jahr sicherlich hunderte von Toten an, aber wenn das Thema
noch konkreter wird, die Prozesse des Verfalls augenscheinlicher
werden und wir realisieren, dass auch unser Körper diesen Weg
gehen wird, dann spüren wir in uns Abneigung und den Wunsch,
am liebsten das Thema zu wechseln.

Aber zur Erinnerung: Es geht immer noch um Achtsamkeit. Und scheinbar ist es lohnenswert, Achtsamkeit mit dem Verstehen unseres körperlichen Verfalls zu kombinieren. Der Zusammenhang wird deutlicher, wenn wir erfahren würden, dass morgen unser Leben endet. Dann könnte eine Dynamik entstehen, die uns achtsamer für die letzten Augenblicke unseres Lebens macht.

Dieses Gedankenspiel ist ebenso alt wie wirkungsvoll: Es geht darum, jeden Augenblick in seiner Kostbarkeit zu entdecken. Solche Übungen können wir schlecht aufrechterhalten: Weil wir unseren Verfall und unser Ende ausblenden, verlieren wir auch die Wahrnehmung der Kostbarkeit des Augenblicks. Wenn es kein Ende gibt, dann hat eben die Gegenwart auch keinen bestimmten Stellenwert.

Vielleicht besuchen Sie bald einmal einen Friedhof. Und dann betrachten Sie nicht nur die Blumen und den Bewuchs der Gräber, sondern Sie setzen sich und lesen die Grabsteine. Hier ruht Ruth Müller, geb. 1962, gest. 2002. Es trauern die Eltern, der Ehemann und die Kinder.

Sie erkennen, dass Ruth nur 40 Jahre alt geworden ist und schon viele Jahre dort liegt. Versuchen Sie sich dann, Ruth mit einer Familie vorzustellen und wie sie Abschied nehmen musste. Vielleicht spüren Sie dann die unendliche Kostbarkeit des Lebens und können das eigene Leben würdigen. Wenn Sie mental stark genug sind, dann stellen Sie sich auch vor, wie Ruth jetzt aussieht, was von Ihr übrig geblieben sein könnte. Es wird nicht mehr sehr lange dauern, dann werden auch Sie Ruth folgen.

Bemerken Sie den Widerstand in sich. Das Thema ist nicht sehr attraktiv. Blenden Sie es nicht aus. Es hilft dabei, die Realität klarer wahrzunehmen und den Wert des Augenblicks zu verdeutlichen. Nicht ohne Grund wird in der buddhistischen Tradition regelmäßig auf einem Friedhof meditiert.

Körperwahrnehmung als Tor zur Achtsamkeit

Die Lehrrede zur Achtsamkeit beginnt mit einem sehr ausführlichen ersten Teil, der fünfzig Prozent des ganzen Textes einnimmt und sich nur auf unsere Körperlichkeit bezieht. Interessanterweise verläuft dieser erste Abschnitt über körperliche Achtsamkeit wie eine auf- und dann absteigende Kurve: Zuerst sollen wir alle körperlichen Aspekte bewusst realisieren, also erkennen, wie wir gehen, stehen, sitzen oder liegen. Dabei kann uns die Atmung sehr helfen. Auch alles andere, was wir mit unserem Körper tun, sollen wir achtsam wahrnehmen.

Damit wir diesen wichtigen Vorgang aber nicht zu tief übernehmen, indem wir uns zum Beispiel mit unserer äußerlichen Erscheinung zu sehr identifizieren, rät uns der Text, unseren Körper schonungslos direkt anzuschauen. Jedes mehr oder weniger hässliche Detail. Und schlussendlich müssen wir den unausweichlichen Weg realisieren, den unser Körper nehmen wird: das Sterben und Vergehen.

Immer wenn Sie sich nun fragen, wie Sie in einer Situation reagieren sollen, beachten Sie generell zuerst Ihre Körpersignale. Nehmen Sie alles zur Kenntnis, was Sie in Ihrem Körper wahrnehmen. Verweilend, ohne Hast. Nur beobachten. Nicht bewerten. Wahrscheinlich werden Sie spüren, dass alleine schon die Bewusstwerdung zu Veränderungen führt. Oft reduzieren sich dadurch schon die übermäßigen Körperspannungen.

Sie werden dann die verschiedenen Auswirkungen zu spüren bekommen, die das auch auf Ihre Emotionen und Gedanken hat. Wenn Ihr Körper ruhig wird, dann ist es unmöglich, dass Emotionen und Gedanken weiterhin angespannt sind.

Alleine schon die Körperwahrnehmung führt also oft zur Linderung von Körperspannungen. Es ist schon sehr spannend, dass alleine die Wahrnehmung die Spannung lindert. Ein entscheidender Punkt ist wohl der Prozess der Bewusstwerdung. Wir nehmen die Spannungen aus dem Bereich des Unbewussten. Und die verminderte Körperspannung lindert dann die emotionale und gedankliche Spannung.

Das basiert auf der untrennbaren Verknüpfung zwischen Körper und Geist, die eigentlich weniger eine Verknüpfung zweier Bereiche ist als vielmehr eine Einheit, die sich aus mehreren Perspektiven betrachten lässt. Diese Strategie der Körperpriorität ist so einfach und einprägsam, dass wir sie mit nur ein wenig Übung auch in Krisen abrufen können. Allerdings können wir sie in Krisen nur dann abrufen, wenn wie sie vorher auch wirklich regelmäßig einüben konnten. Wir werden dieses Vorgehen auf der ersten Stufe der Achtsamkeit, also der Körperebene, noch vertiefen.

In der Lehrrede folgt nun die zweite Stufe der Achtsamkeit, sie basiert auf unseren Einsichten bezüglich der *emotionalen* Abläufe in uns.

II. Stufe der Achtsamkeit: Einsicht in emotionale Abläufe

Vielleicht meinen Sie, dass sich Emotionalität und Achtsamkeit ausschließen? Können wir in einem emotionalen Zustand wirklich achtsam sein oder bleiben? Zunächst einmal müssen wir uns eingestehen, dass wir Menschen gar nicht ohne Emotionen funktionieren können. Unser gesamtes Denken ist von unseren Emotionen durchtränkt. Schon die Hirnanatomie zeigt uns, wie untrennbar Kognitives und Emotionales miteinander verwoben sind. Denken ist also ohne Fühlen nicht möglich. Deshalb wird auch die Achtsamkeit nicht ohne Emotionen auskommen.

Dennoch meinen viele, dass wir in einem achtsamen Zustand irgendwie cool sein sollten. Gelassenheit wird dann um jeden Preis aufrecht zu erhalten versucht. Oder können Sie sich einen schreienden Achtsamkeitslehrer vorstellen? Für viele andere Kulturen wirkt die deutsche Kultur depressiv. Wir gelten als emotional träge. Anscheinend gibt es bei uns eine größere Diskrepanz zwischen innerem Erleben und äußerem Ausdruck. Schauen wir einmal, was die Lehrrede dazu sagt.

Die Lehrrede über unsere Emotionen

Beim Lesen dieses Abschnittes fällt ein Aspekt ganz besonders ins Auge: die enorme Kürze dieser Textpassage. Eigentlich haben wir Menschen doch erheblich mit unseren Emotionen zu kämpfen. Hier werden sie auf einer halben Seite abgehandelt. Aber oft ist eben nicht die Quantität entscheidend. Eine erste und vielleicht erleichternde Botschaft lautet: Wir müssen uns *nicht* von unseren Gefühlen trennen, um Achtsamkeit zu erfahren. Die Lehrrede rät uns, alle Emotionen, die jetzt da sind, oder die Abwesenheit von Emotionen einfach betrachtend wahrzunehmen. Es gibt in der Lehrrede keine Tabu-Emotionen. Alle Emotionen werden gleichermaßen betrachtet.

Wieder können wir unseren inneren Beobachter aktivieren, der uns zwar nur das kommentieren kann, was wir sowieso bereits wissen, der aber allein durch seine Aktivierung unseren Identifikationsneigungen den Wind aus den Segeln nimmt. Wenn wir zum Beispiel ärgerlich sind, dann ist ein Persönlichkeitsanteil wie der innere Kampfhund aktiviert. Dieser ist mit unseren ärgerlichen Erinnerungen mehr oder weniger bewusst verbunden. Und beide Bereiche sind wiederum mit dem inneren Motor, dem vegetativen Nervensystem, verknüpft. Wenn diese drei Abteilungen miteinander verbunden sind, dann steht für diese Verbindung eine gewisse Energiemenge zur Verfügung. Schaltet sich nun eine vierte Abteilung hinzu, indem sich neben dem inneren Kampfhund nun auch der innere Beobachter aktiviert, dann reduziert sich automatisch die Energiemenge, die den dreien noch zur Verfügung steht. Die Lehrrede nutzt für diesen Prozess andere Begriffe. Gemeint ist, dass wir unsere Emotionen nicht abspalten, sondern achtsam

beobachten. Wenn wir auf diese Weise etwas mehr emotionale Distanz entwickeln, können wir auch feststellen, ob unsere anfangs gespürte Wut vielleicht jetzt nur noch leichter Groll ist. Emotionen lassen sich so besser differenzieren und lindern.

Im Anschluss daran folgt nun in der Lehrrede wieder der Refrain, die Einsichtsmethode:

· Betrachte, wie Deine Emotionen in dir wirken.
· Betrachte, wie Deine Emotionen sich äußerlich auswirken.
· Betrachte ebenfalls die Ursprungs- und Auflösungsfaktoren der Emotionen.
· Lege Achtsamkeit auf Deine Emotionen, nimm sie betrachtend wahr. Aber versuche unbedingt, nicht an ihnen anzuhaften.

Konkret können wir einen Pfad der Einsicht verfolgen, der anhand einiger Beispiele so aussehen könnte:

• Ich *bin* ängstlich → ich *fühle* jetzt Angst → da ist jetzt Angst → da ist jetzt Spannung
• Ich *bin* wütend → ich *fühle* jetzt Wut → da ist jetzt Wut → da ist jetzt Spannung
• Ich *bin* traurig → ich *fühle* jetzt Trauer → da ist jetzt Trauer → da ist jetzt Spannung
• Ich *bin* unsicher → ich *fühle* jetzt Unsicherheit → da ist jetzt Unsicherheit → da ist jetzt Spannung
• Ich *bin* lustig → ich *fühle* jetzt Spaß → da ist jetzt Spaß → da ist jetzt Spannung
• Ich *bin* gelassen → ich *fühle* jetzt Gelassenheit → da ist jetzt Gelassenheit → da ist jetzt angenehme Spannung
• Ich *bin* gütig → ich *fühle* jetzt Güte → da ist jetzt Güte → da ist jetzt angenehme Spannung

Das trifft natürlich auch auf viele andere Aspekte unseres Empfindens und unseres Seins zu.

Ich *bin* nicht fleißig, ich *arbeite* jetzt mit Fleiß.

Ich *bin* nicht pünktlich, ich *verhalte* mich jetzt pünktlich.

Vielleicht regt sich bei der einen oder anderen Beschreibung ein wenig Widerstand. „Ich möchte aber gerne gelassen *sein*." Natürlich ist es auch ein wichtiges Etappenziel, heilsame Eigenschaften in uns zu festigen. Aber wenn wir gelassen *sind,* dann *müssen* wir auch stets gelassen sein. Und wenn wir wirklich meinen, gelassen zu *sein,* dann festigt sich daraus wieder ein Persönlichkeitsanteil, mit dem wir uns natürlich nur zu gerne identifizieren möchten. Wir *sind* gelassen. Und andere merken es auch. „Ach ja, wie schön, Du bist ein gelassener Mensch." Es heißt: Adel verpflichtet. Sich adelig zu verhalten mag okay sein, aber wenn wir uns damit identifizieren, dann sind wir verpflichtet, also in der Pflicht, diese Seite in uns immer wieder zu aktivieren, ob wir wollen oder nicht. Verhalten Sie sich, wie Sie es wünschen, aber werden Sie nicht zu Ihrem Verhalten.

Selbst wenn wir uns zum scheinbar Besseren ändern, uns dann aber damit identifizieren, haben wir eigentlich nur unsere Identifikationsmuster gewechselt, wir bleiben aber immer noch in einem Muster gefangen. Deshalb erinnert uns die Lehrrede immer wieder „gebetsmühlenartig" daran zu verweilen und zu betrachten, aber nicht anzuhaften.

Es könnte wichtig sein, dass wir uns immer wieder aufs Neue fragen, was unser Ziel ist: Möchten wir unbedingt gelassen werden, oder möchten wir Achtsamkeit kultivieren, um dann mit mehr Einsichten mehr Freiheiten zu erreichen? Hier geht es in erster Linie nicht um die Vermeidung von Festlegungen, sondern um die Befreiung von Identifikationen und festen, unbewussten Verhaltensmustern. Das eine Joch abzuwerfen, nur um sofort wieder ein neues aufzunehmen, erscheint bei näherer Betrachtung doch ziemlich absurd.

Emotionen müssen nicht unterdrückt oder tabuisiert werden. Emotionen sind okay, aber wir sollten uns ihnen nicht unterwerfen. Das Thema Emotionen wird in der fünfzehnseitigen Lehrrede auf nur einer halben Seite abgehandelt. Emotionen sind also eigentlich keine große Sache! Sie sind da, werden beobachtet, aber wir identifizieren uns nicht mit ihnen.

Die Methode ist immer dieselbe: *verweilend und betrachtend ohne Anhaftung, innen und außen, Ursprung und Auflösung.*

Beim Weiterlesen der Lehrrede kann es durchaus ratsam sein, nicht alles sofort durchzulesen. Es lohnt zu verweilen. Sich etwas Zeit zu nehmen. Zum Beispiel nur auf der ersten körperlichen oder der zweiten emotionalen Stufe zu verweilen.

Und nachdem wir hier angelangt sind, können wir auch die ersten beiden Stufen zusammen betrachten.

Körper und Emotionen, Gradmesser unseres Befindens

In diesem Abschnitt können wir prüfen, welche Körpersignale spürbar sind und wo in unserem Körper sich die jeweiligen Emotionen manifestieren. Vielleicht können Sie sich einmal kurz auf eine ärgerliche Erfahrung zurückbesinnen. Erinnern Sie sich daran?

Die erste Stufe der Achtsamkeit fragt: Wo im Körper spüren Sie Symptome?

Vielleicht spüren Sie den Ärger im Bauch, oder am Herzen, vielleicht aber auch im Genick?

Die zweite Stufe der Achtsamkeit: Welche Emotionen manifestieren sich? Ist es wirklich Ärger oder sogar Zorn? Oder doch nur Groll? Und wo im Körper spüren Sie Ihre Emotionen?

Wenn Sie diesen Vorgang durchführen, haben Sie bereits in sich differenziert, was vorher wahrscheinlich eher konfus wirkte. Wenn wir nun in einem weiteren Schritt die Körperspannungen lindern, z. B. durch entsprechende Haltungskorrekturen und Atemübungen, folgt ein sehr spannender nächster Schritt, nämlich herauszufinden, welchen Einfluss diese Vorgehensweise auf

Ihr Emotionsempfinden hat: Was wird aus Ihren Emotionen, wenn Sie zuerst Ihren Körper beruhigen? Wahrscheinlich ahnen Sie es bereits. Aber nichts ist so eindrucksvoll wie die eigene konkrete sinnliche Erfahrung.

Nach der ersten körperlichen und der zweiten emotionalen Stufe folgt nun als dritte Achtsamkeitsstufe die *geistige* Ebene.

III. Stufe der Achtsamkeit: Einsicht in gedankliche Abläufe

Auf den ersten Blick gleicht dieser Abschnitt dem, was zuvor über Emotionen gesagt wurde. Wieder nur eine halbe Seite, die uns eine achtsame Umgangsweise mit unserem Geist nahelegen möchte. Aber lassen wir uns von der Quantität nicht täuschen: Viele mathematische Formeln oder Computer-Algorithmen sind sehr kurz und beinhalten doch einen ganzen Kosmos an Informationen, die sich daraus entblättern lassen.

Wer nach westlicher Tradition eine trennscharfe Differenzierung zwischen der zweiten (emotionalen) und dieser dritten (geistigen) Stufe erwartet, wird feststellen, dass es im buddhistischen System keine solche rigide Unterscheidung zwischen emotionalen und geistigen Prozessen gibt.

Die emotionalen und geistigen Zustände werden in der buddhistischen Literatur meist als Geisteszustände beschrieben. Ein Geisteszustand wird ganzheitlich verstanden und beinhaltet folglich nicht nur Gedanken, sondern auch Emotionen. Bei genauerer Analyse werden Sie wahrscheinlich zustimmen, dass es keine Emotionen gibt, die nicht von irgendwelchen Gedanken begleitet werden. Zudem gibt es auch keine Gedanken, die nicht auch emotionale Seiten berühren. Emotionen und Gedanken als spürbare Geisteszustände werden natürlich auch immer von körperlichen Signalen begleitet.

Die Lehrrede rät uns in Bezug auf die geistigen Aspekte der Achtsamkeit wieder zu einer verweilenden und betrachtenden Wahrnehmung. Wir werden in der Lehrrede aufgefordert:

Betrachte deinen Geist, wenn *Begierde* in ihm auftaucht.

Betrachte deinen Geist, wenn *Hass* in ihm auftaucht.

Betrachte deinen Geist, wenn *Verblendung* in ihm auftaucht.

Diese drei Qualitäten, Begierde, Hass und Verblendung, sind Produkte unseres Egos. Die buddhistische Lehre beschreibt drei Ursachen für menschliches Leiden: Anhaftung, Widerstand und Unwissenheit. Diese Quellen gehen aus unseren Egoempfindungen hervor. Die Begierde entspricht der Anhaftung, der Hass dem Widerstand und die Verblendung der Unwissenheit.

So vermittelt uns die Lehrrede also, dass die geistige Achtsamkeit in einem direkten Zusammenhang mit unseren Egoregungen steht. Je unreflektierter wir unsere Egoimpulse ausagieren, desto weniger Achtsamkeit entsteht.

Dieser kleine Abschnitt erscheint so unscheinbar und nimmt in der Lehrrede einen so bescheidenen kleinen Platz ein, dass er schnell zu überlesen ist. „Ja klar", denken wir, „logisch, mal wieder unser Ego". Wenn wir uns aber intensiver mit diesem kleinen, aber sehr zentralen Aspekt beschäftigen, dann tauchen wichtige Fragen auf, wie z. B.: „Sollen wir unsere Egoregungen also unterdrücken?" „Können wir nur achtsam werden, wenn wir unser Ego überwinden?"

Wenn wir uns den Abschnitt in der Lehrrede anschauen, dann können wir entdecken, dass unsere *unbewussten* Egoregungen gemeint sind, nur diese behindern die Achtsamkeit. Die Lehrrede stellt uns hier auch als Anfänger nicht vor unlösbare Aufgaben. Sie appelliert nicht daran, unsere Egoregungen und unser Ego loszuwerden bzw. den illusorischen Charakter unseres Egos zu erkennen und uns dann von ihm zu lösen. Für einen achtsamen Umgang reicht es, wenn wir unsere Egoregungen *betrachten*. Wir lenken also unsere Bewusstheit wie einen Lichtstrahl auf diese inneren Vorgänge.

Wenn Begierden unseren Geist unter Druck setzen und wir dem unbewusst einfach nachgeben, entsteht Anhaftung.

Wenn Hassempfindungen unseren Geist unter Druck setzen und wir dem unbewusst einfach nachgeben, entsteht Widerstand.

Wenn Verblendungen unseren Geist unter Druck setzen und wir dem unbewusst einfach nachgeben, entsteht Unwissenheit.

Hier wird ein Umgang beschrieben, bei dem wir uns von uns selbst etwas lösen. Gewissermaßen eine Metaebene einbauen. Wir spüren Begierden und sollen nun nicht mehr nur das Objekt unserer Begierden wahrnehmen, sondern den Begierdevorgang als solchen ebenfalls. So, als würden wir uns selbst während unseres Tuns über die Schulter schauen.

Das klingt natürlich sehr plausibel. Aber leider sind wir im Zustand der Anhaftung, des Widerstandes meist sehr mit den eigenen Empfindungen identifiziert. Uns fehlt dieser heilsame Abstand. Und wenn wir unsere Unwissenheit und Verblendung reflektieren könnten, dann wären sie keine Unwissenheit und Verblendung mehr.

Es wird also deutlich, dass wir eine gute Übungstradition entwickeln sollten. Nur so schaffen wir uns ein Fundament, das wir dann in den Situationen leichter abrufen können.

Nach den Egoregungen werden noch verschiedene Geisteszustände beispielhaft aufgeführt, die wir verweilend beobachten sollten.

Einen zusammengezogenen Geist.
Einen abgelenkten Geist.
Einen erhabenen und einen nicht-erhabenen Geist.
Einen übertrefflichen und einen unübertrefflichen Geist.
Einen konzentrierten und einen unkonzentrierten Geist.
Einen befreiten und einen unbefreiten Geist.

Also gibt es auch auf der Ebene unserer Geisteszustände anfangs keinen Anlass, hier willentlich andere Zustände zu erzeugen. Achtsam nehmen wir wahr, was da ist. Nicht mehr und nicht weniger. Allerdings kann uns die Betrachtung dessen, was da ist, auch tief in die Thematik hineinführen. Dafür bietet sich wieder der Einsichts-Refrain an, der unseren Bewusstseins-Fokus auf unsere Geisteszustände lenken möchte und uns konkret Angebote unterbreitet, wie wir damit umgehen können.

Die Lehrrede rät uns wieder: Praktiziere eine innerliche und äußere Betrachtung deiner Geisteszustände.

Betrachte die Ursprungs- und Auflösungsfaktoren deiner Geisteszustände.

Durchdringe deine Geisteszustände mit Achtsamkeit.

Diese Vorgänge werden dir helfen, nicht an deinen Geisteszuständen anzuhaften.

Wenn wir zum Beispiel unsere traurigen Geisteszustände nicht nur intensiv erleben, sondern auch noch verweilend beobachten, gewinnen wir bereits etwas Distanz zu ihnen.

Das klingt logisch und sinnvoll, aber beinhaltet eine anspruchsvolle Übungspraxis. So können wir uns tagtäglich hunderte Male darin prüfen, uns in unserer Umwelt zu beobachten und achtsam zu bleiben für auftauchende Bewertungen. Anfangs wird es sehr erschreckend sein, wie oft und intensiv wir alles bewerten möchten. Finden Sie das logisch? Dann haben Sie es gerade bewertet.

Wenn wir es schaffen, die Ursprungs- und Auflösungsfaktoren klar zu realisieren, dann erkennen wir die vielen Bedingungen, die zusammenwirken müssen, damit wir es wahrnehmen. Zudem wenden wir noch Energie auf, um diese Zustände aufrecht zu erhalten. Damit sind auch die schmerzlichen Geisteszustände gemeint.

Dieses Erkennen lässt uns oft schon den Unsinn realisieren, den wir da selbst mitgestalten. So erhalten wir eine klarere Sicht darüber, wie sehr wir bei allen unseren Empfindungen mitgestalten und dabei keineswegs nur Reaktionen wahrnehmen. Wir selbst beeinflussen unseren Körper, unsere Emotionen und Gedanken in vielfacher Hinsicht.

Diese Innen- und Außenbetrachtung, das Ergründen der Ursprungs- und Auflösungsfaktoren, erzeugt etwas mehr hilfreiche innere Distanz. In dieser entstehenden Lücke können wir dann unsere Einflussmöglichkeiten wirken lassen und den Identifikationsprozess aufweichen. Dann *bin* ich nicht mehr einfach nur traurig, dann erkenne ich in mir viele wirkende Faktoren, unter anderen auch die Abläufe, die ich vorher als traurig interpretiert habe. Jetzt beobachte ich, bleibe verweilend und übe dadurch einen sanften Einfluss aus.

So wird aus einer diffusen, dunklen Leidenswolke, die uns völlig einnebelt, eine klare Struktur aus *körperlichen, emotionalen* und *geistigen* Aspekten. Diese Ordnung ist eine Strukturierungshilfe und macht aus den dunklen Wolken unserer Probleme ein recht überschaubares System, von dem wir uns dann nicht mehr vereinnahmen lassen müssen. Dann gibt es gelegentlich dunkle Wolken, denn das ist in der Natur einfach normal, aber wir selbst werden nicht mehr zur dunklen Wolke, sondern womöglich zum Berg, der eben mal von Wolken verhangen ist, dann aber auch wieder frei wird. Wobei es einen Berg nie wirklich beeindruckt, wenn da Wolken sind.

Interessanterweise können wir für diesen Abschnitt über den Geist ein identisches Fazit ziehen wie beim Abschnitt über unsere Emotionen: Gedanken müssen nicht unterdrückt oder tabuisiert werden. Gedanken sind okay, aber sie sollten uns nicht mehr vollkommen unbeobachtet dominieren. Sie sind da, werden beobachtet, aber wir identifizieren uns nicht mit ihnen.

Glaube nicht alles,
was Du denkst.

– Zen-Weisheitsspruch –

Damit haben wir ein sehr simples Dreier-System kennengelernt: Körper, Emotionen, Geist. In das Denken können wir – wie schon in den anderen Bereichen – Achtsamkeit bringen, indem wir verweilend und betrachtend die inneren und äußeren Perspektiven einnehmen und auch die Ursprungs- und Auflösungsfaktoren erkennen.

Gleichermaßen können wir betrachten, welchen Einfluss unsere Gedanken auf unseren Körper und unsere Emotionen haben. Dabei fokussieren wir zuerst immer die Körperebene. Eine über die Maßen gehaltvolle Übungspraxis mit enorm vielen Details, die wir lange vertiefen können.

Wenn ich mit Klienten und Patienten am Thema Achtsamkeit arbeite, belasse ich es bei diesem sehr schlichten und deshalb umso effektiveren Dreier-System. Der vierte Achtsamkeitsbereich, der in der Lehrrede unter dem Bereich „Geistesobjekte" beschrieben wird, ist davon meist abgekoppelt.

IV. Stufe der Achtsamkeit: Geistesobjekte

Die vorausgegangenen Kapitelüberschriften waren sicherlich etwas zugänglicher. Wenn die Überschrift „Körper", „Emotionen" oder „Geist" lautet, dann haben wir zumindest eine grobe Vorstellung vom Thema, auch wenn der Inhalt noch nicht sofort erkennbar ist. Aber dieses vierte Kapitel zur Achtsamkeit befasst sich nun mit den Geistesobjekten. Was könnte damit gemeint sein?

Der Bereich der Geistesobjekte als der Bereich der hilfreichen Lehren möchte uns ein paar Anhaltspunkte liefern, wie wir Achtsamkeit sicher und nachhaltig erzeugen. Wenn wir uns fragen, wie wir etwas Neues für uns sichern können, ist die Frage danach, *was uns denn hindert,* sehr naheliegend.

Sicherlich gibt es immer sehr persönliche Hindernisse, die uns glauben machen, dass wir etwas anderes dringender zu erledigen hätten, oder dass das Vorgenommene eben noch warten muss. Morgen, oder demnächst mal, wenn wir „mehr Zeit haben". Allerdings sind viele der hier beschriebenen Übungen nur Minutenübungen, Bewusstseinsübungen oder Perspektivwechsel, die sich jederzeit überall durchführen lassen und manchmal nur wenige Augenblicke oder ein paar Minuten in Anspruch nehmen. Deshalb sind die vorgebrachten, *äußeren* Hindernisse oft nicht wirklich stichhaltig, um über *innere* Hindernisse hinwegzutäuschen.

Schauen wir uns also mal die Liste der fünf inneren Hindernisse an, die die Übenden bereits vor sehr vielen Generationen beschrieben haben:

1. Sinnesbegierden als Hindernis: Sie sind wie ein Magnet, da sie unsere Aufmerksamkeit abzulenken und anzuziehen vermögen. Übernehmen sie das Ruder, ist es kaum möglich, einen heilsamen Kurs zu halten. Das äußere Objekt unserer Begierde und das innere Empfinden verschmelzen zu einer Einheit und wir erleben eine unreflektierte Begierde. So identifizieren wir uns mit dem Objekt und verlieren die notwendige kritische Distanz.

Der menschliche Impuls, zu vermeiden, was wir als negativ ansehen, und nach Positivem zu streben, ist sehr intensiv. Wir suchen also einen Sonnenschein ohne Schatten. Natürlich gehören zu den Sinnesbegierden auch die Impulse zur Ablehnung, zum Widerstand und zum Ärger, die entstehen, wenn unsere Sinneseindrücke keine positive Interpretation durch uns erfahren. Es stinkt, es lärmt, es ist unansehnlich, es schmeckt nicht, es fühlt sich nicht gut an. Sinnesbegierden und unser zwanghaftes Verhalten, alles beurteilen zu müssen, sind also sehr eng verknüpft.

Es ist ein sehr spannendes Selbstexperiment, das Phänomen der Sinnesbegierden mit der achtsamen Einsichtsmethode zu bearbeiten. Setzen Sie sich für einen Moment gerade hin, schließen die Augen und nehmen Sie ein paar bewusste Atemzüge. Dann lassen Sie in sich ein Objekt Ihrer Begierde aufsteigen. Wenn Sie die

Begierde spüren, dann wenden Sie jetzt die achtsame Einsichts-methode an: Verweilen Sie in Ihrer Betrachtung. Schauen Sie sich Ihre Begierde von innen an. Spüren Sie, wie Ihr Körper reagiert, wie Ihre Emotionen reagieren und was Ihre Gedanken dazu sagen.

Dann betrachten Sie sich und Ihre Begierden von außen.

Schauen Sie auch auf die Entstehungsfaktoren Ihrer Begier-den. Verweilen Sie dabei ein wenig.

Schauen Sie auf die Auflösungsfaktoren Ihrer Begierden. Ver-weilen sie ein wenig dabei.

Wenn Sie während dieses Vorganges die innere Distanz be-wahren oder gar etwas ausbauen konnten, dann führen diese Abläufe zwangsläufig zu Veränderungen.

Es ist überaus faszinierend zu beobachten, wie selbst sehr starke innere Begehrlichkeiten, die wir spontan als extrem dring-lich erfahren, bei geduldiger Betrachtung ihre Spannungsenergie verlieren. Der innere Druck, der bei der ersten Wahrnehmung entsteht, kann sich nicht lange halten, wenn es uns gelingt, neu-tral zu bleiben.

Wir sind tatsächlich in der Lage, unsere Begierden verwehen zu lassen, wenn wir selbst das wirklich möchten. Auch wenn Sie vielleicht noch zweifeln oder befürchten, dass Sie irgendwann vollkommen begierdefrei sein könnten, lohnt sich der kleine Selbstversuch. Schließlich geht es nicht um einen angestrebten Generalverzicht, sondern um Selbststeuerung.

2. Übelwollen als Hindernis: Dieser Bereich meint unsere negati-ven Anspannungen, die unseren Blick vollkommen eintrüben. Es fällt uns sehr schwer, den Fokus bei uns selbst zu belassen. Diese Neigungen zum Übelwollen oder auch zur Feindseligkeit sind oft nach außen gerichtet. Aber natürlich finden solche Impulse immer wieder den Weg zu uns zurück. Zudem richten wir solche negativen Energien oft sogar mehr oder weniger bewusst gegen uns selbst. Entweder direkt in Form von Selbstvorwürfen sowie

selbstwertmindernden Gedanken oder indirekt durch selbst-
schädigendes Verhalten oder selbstschädigenden Konsum, z. B.
in Form von Alkohol- und Nikotinkonsum, übermäßigem und
unausgewogenem Essen oder übertriebenem materiellen Konsum. Die indirekten Folgen entwickeln sich etwas langsamer und
daher für uns oft kaum merklich. So kann die Zunahme unserer
Körpermasse unseren Geist in vielfältiger Weise manipulieren:
Es verändert unser Selbstbild und auf subtilerer Weise führt es
womöglich zu einem trägeren und hilfloseren Geist.

Das Übelwollen kann sich als Hindernis in vielen Gewändern
zeigen: Egal, ob Sie Neid oder Aggressionen empfinden. Wenn
Sie diesem Impuls nachgeben, dann entwickeln Sie einen entsprechenden Persönlichkeitsanteil, der Sie deutlich behindern wird.

3. Trägheit als Hindernis: Mit dem Hindernis der Trägheit treffen wir einen der mächtigsten inneren Gegner. Dieses Hemmnis
kann sich im Laufe der Zeit und der Wiederholungen so weit in
uns festigen, dass wir darin einen Charakterzug zu entdecken
glauben. Auch hier schwingt anfangs etwas Genüssliches mit: Wir
lehnen uns zurück und kuscheln uns wieder ein, schlüpfen in das
wärmende Nest unserer Gewohnheitsmuster.

Dieses Trägheitsprinzip kann mit vielen anderen Passivitäts-
mustern verbunden sein wie z. B. der Hilflosigkeit, der Resignation, dem inneren Schweinehund oder dem „Ist-doch-eh-alles-
egal".

Falls es zu wenig „Gegenspieler" wie Selbstdisziplin, Selbststeuerung oder Impulskontrolle gibt, muss der Weg oft gegangen
werden, bis wir genügend Frustration aufbauen konnten. Frus-
trationsenergie kann dann wunderbar als „Brennstoff" genutzt
werden, damit wir endlich aktiv werden können.

4. Rastlosigkeit als Hindernis: Diese Energie scheint wie das
Gegenteil der Trägheit, hat aber interessanterweise die gleiche

Wirkung. Rastlosigkeit lässt uns nicht verweilen, sie wirkt wie ein innerer Antreiber – und wir sind die Ochsen, die die Peitsche spüren. Der Weg in die verweilende und betrachtende Achtsamkeit ist in diesem Geisteszustand nicht so leicht zu finden.

Da es sich hier um ein Massenphänomen einer überreizten Kultur handelt, ist es empfehlenswert, dass wir neben *beruhigenden* bei Bedarf auch sanft-aktivierende Körperübungen in unsere tägliche Praxis aufnehmen. Mit deren Hilfe unterdrücken, bezwingen oder beherrschen wir die Rastlosigkeit nicht, sondern lernen, sie zu handhaben. Auf diesem Weg wird sie sich unvermeidlich wie ein anfangs nervöses Hündchen nach und nach beruhigen und unseren Anleitungen immer besser und leichter zu folgen bereit sein. Der Parasympathikus als innerer Ruhepol spielt dabei eine Schlüsselrolle.

5. Zweifel als Hindernis: Zweifelnd halten wir Abstand und lassen uns nicht ein. Das kann eine Schutzmaßnahme sein, die Würdigung verdient, aber wir erkennen das darin verborgene Hindernis. Es ist okay zu zweifeln und es ist auch okay, sich zu distanzieren. Aber wir sollten ergründen, was uns dabei antreibt.

Wir selbst empfinden unseren Zweifel womöglich als berechtigt. Aber wenn wir ein Zweifler geworden sind, dann meinen wir, immer zweifeln zu müssen. So bleiben wir auf unserem Standpunkt fixiert, wie der Esel, der zwischen zwei Grashaufen verhungert.

Der Umgang mit Zweifel bleibt immer ein respektvoller. Wir nehmen ihn ernst. Aber wir halten auch Ausschau nach dem, was benötigt wird, um uns vom Zweifel nicht regieren zu lassen.

Die Einsichtsmethode kann dabei helfen, die verschiedenen Hindernisse tiefer zu ergründen. So können wir auch unseren Zweifel von innen und von außen betrachten. Ebenso die Ursprungs- und Auflösungsfaktoren unseres Zweifels. In diesen Betrachtungen verweilen wir, ohne daran anzuhaften.

Natürlich ist der Umgang mit Hindernissen eine stete Herausforderung. Für viele unklare Probleme können wir immer wieder die Weisheit des Mittleren Weges zu Rate ziehen: Um mit der Welt in Verbindung zu treten und sie auch zu genießen, können wir unsere Sinne nutzen, aber wir bleiben achtsam, da sich mit unseren Sinnen sehr schnell auch *Sinnesbegierden* einstellen werden. In manchen Fällen kann eine klare Abgrenzung wichtig sein, aber ein *Übelwollen* bedeutet eine verblendete Widerstandshaltung. Ein wenig *Trägheit* kann Geist und Körper erfrischen, aber zu viel davon, und wir verschlafen unser kostbares Leben. Aktivität ist gut, aber die *Rastlosigkeit* erschöpft uns vollkommen. Etwas *Zweifel* kann unsere Identifikationsneigungen abmildern, aber zu viel Zweifel wird dazu führen, dass wir uns niemals einlassen werden.

Jeder dieser Aspekte lohnt der tieferen, persönlichen Ergründung. Was für einen Stellenwert haben Sinnesbegierden, Übelwollen, Trägheit, Rastlosigkeit und Zweifel in Ihrem Leben? Prüfen Sie diese Aspekte kritisch, denn auch wenn Sie nur in einigen Bereichen ein Ungleichgewicht ausmachen konnten, sollten Sie realisieren, dass sich alles stetig verändert. Sollten Sie unbedacht immer wieder einen Aspekt wiederholen, wird er sich unweigerlich stärken. Diese Stärkung führt über kurz oder lang dazu, dass der jeweilige Anteil in uns nicht mehr auf unsere Einladung warten muss. Er hat die nötige Kraft, sich selbst zu versorgen und wird uns nicht mehr in Ruhe lassen.

Sicherlich ist es schnell einsehbar, dass Trägheit oder Übelwollen uns hindern. Aber es ist oft recht schwer, einen für uns scheinbar angenehmen Sachverhalt als ein Hindernis wahrzunehmen. Wenn wir aber ergründen, welche Impulse uns antreiben und wie sich der Prozess des Angetriebenseins auf unseren Geist auswirkt, können wir die problematischen Aspekte schnell erkennen. Unsere vielen Wünsche und Begehrlichkeiten behindern also unsere Entwicklung nicht weniger als offensichtlichere Hindernisse.

Dabei ist es sehr heilsam, wenn wir erkennen können, dass wir z. B. Zufriedenheit nicht erreichen, indem wir unsere Wünsche befriedigen. Denn diese Befriedigung lässt schneller nach, als es uns lieb ist: Sobald ein Wunsch erfüllt wurde, kommt gleich der nächste. Eine stabilere Zufriedenheit entsteht tatsächlich nur dadurch, dass wir unsere Wünsche loszulassen lernen. Zufriedenheit meint hier den inneren Frieden, den wir nur in der Ruhe unseres Geistes finden und nicht als Belohnung für eine erkämpfte Bedürfnisbefriedigung.

Wie man Affen fängt

Die Savannenjäger in Afrika haben eine sehr interessante Methode entwickelt, wie sie einen Affen fangen können. Sie mussten sich dafür etwas Cleveres einfallen lassen, schließlich sind Affen extrem flink und schlau. Ein erfahrener Savannenjäger achtet darauf, dass ihn ein Affe dabei beobachten kann, wie er ein paar leckere Nüsse in ein kleines Astloch steckt. Das Astloch muss besonders schmal und eng sein. Der Jäger zieht sich dann zurück und beobachtet das Geschehen unauffällig. Der neugierige Affe kann gar nicht anders, er wird das Astloch untersuchen. Er riecht die leckeren Nüsse und greift ins Loch. Erst dann bemerkt er, dass seine Hand zwar in das Loch passt – nicht aber die geschlossene Faust mit den Nüssen. Nun kann der Jäger sich dem Affen mit einem Seil nähern. Der Affe sieht den Jäger, bekommt Panik, aber er lässt die Nüsse einfach nicht los. Seine Faust hält ihn selbst gefangen.

Nun können wir natürlich an der Intelligenz von Affen zweifeln, aber auch wir selbst reagieren nicht wesentlich anders. Auch wir selbst sind wie ein Affe, unser Ego ist ständig auf der Suche nach „Leckereien". Wir möchten sie festhalten, egal, was da kommt. Die Probleme können sich uns ganz offensichtlich nähern, aber wir halten fest an unseren Wünschen, Begehrlichkeiten und Bedürftigkeiten.

Wenn Sie Sorge haben, dass Sie nicht mehr richtig leben können, wenn Sie Ihre Wünsche loslassen, dann könnte es ratsam sein zu ergründen, was Sie mit Loslassen assoziieren. Viele von uns verbinden nämlich Loslassen mit Verlust im Allgemeinen und Kontrollverlust im Speziellen, das ist aber nicht gemeint. Wir können eine Form des Loslassens lernen, bei der wir uns entspannen und in einer losgelösten Grundhaltung verweilend die Abläufe betrachten.

Sicherlich ist Ihnen aufgefallen, dass bislang alle aufgeführten Hindernisse psychologischer Natur sind. Es handelt sich um innere Hindernisse. Natürlich erleben wir aber gleichermaßen auch äußere Hindernisse: Unsere soziale Position und unser Milieu spielen eine unbestreitbare Rolle, denn äußere Umstände wirken auf uns ein und stimulieren innere Veranlagungen, die zu den äußeren Situationen zu passen scheinen. Alles Äußere findet sich in unserem Beziehungsorgan, dem Gehirn, abgebildet wieder. So aktiviert beispielsweise eine aggressive Umgebung in uns aggressive Persönlichkeitsanteile. Diese Sachverhalte sind für uns und unsere weitere Entwicklung sehr relevant, können sie sich doch allesamt als Hindernis erweisen.

Hindernisse sind dafür da, um ... na, was fällt Ihnen als Satzergänzung dazu ein? Um „... überwunden zu werden." Oder „.... beseitigt zu werden." Es bedarf im Achtsamkeitstraining keiner schnellen Lösung, wie wir sie uns beim Gewahrwerden von Hindernissen oft ersehnen. Natürlich laden Hindernisse gewissermaßen dazu ein, bewältigt zu werden. Im Geistestraining können wir es leichter nehmen: Erst einmal nur verweilend betrachten!

Wir benötigen keine Hochgeschwindigkeit, um mit Anlauf und im Galopp die Hindernisse hinter uns zu lassen. Manchmal sind die inneren Blockaden durch die vielen gewohnheitsmäßigen Wiederholungen auch schon ziemlich hoch geworden. Mit dem Kopf durch die Wand zu wollen ist dabei ebenso unsinnig, wie ein stures Ignorieren dieser Hindernisse. Sie benötigen vielmehr unsere ungeteilte Aufmerksamkeit. Dabei sollten wir uns nicht zu viel „Asche aufs Haupt" streuen, indem wir unseren Selbstwert in Mitleidenschaft ziehen.

Die Anleitung, *verweilend zu betrachten,* kann gar nicht oft genug wiederholt werden. Mit so einer Grundhaltung können wir uns innerlich etwas mehr zurücknehmen und es eben ein bisschen weniger persönlich nehmen. Okay, ich bin nur ein Mensch und deshalb spüre ich Sinnesbegierden, Trägheit, Zweifel, Ruhelosigkeit und Übelwollen in mir. Das muss ich also nicht sofort „wegoperieren" lassen.

Es ist dabei ein wenig so wie im Museum: Nur anschauen, nicht anfassen! Wir sollten unseren inneren „Kunstwerken" nicht zu nahe kommen. Unser Körper hilft uns bei diesem Unterfangen, denn er sendet uns stets Rückmeldungen zu unserem Handeln. Nur beachten wir leider die ersten Anzeichen nicht. Unser Körper muss schon „mit dem Holzhammer winken", sonst neigen wir dazu, Signale zu übersehen. Die Bilder in unserem inneren Museum haben zudem die unheimliche Eigenart, uns in das Bild hineinzusaugen. Wir sind dann damit identifiziert. Das innere Hindernis der Sinnesbegierden z. B. hat uns dann fest im Griff und wir spüren intensiv die Wohltat und das Vergnügen. *ICH will es,* wispert der innere Gieranteil. Und wir meinen, es sei der clevere innere Berater, der uns das suggeriert.

Sicherlich können wir ein Museum wie eine Gruft betrachten, in der tote Gegenstände ausgestellt werden. Aber wenn wir uns darauf einlassen, uns z. B. einmal in Ruhe vor ein Zweifel-Bild zu setzen, uns ganz dem Betrachten hinzugeben, dann kann das Zweifel-Bild mit uns kommunizieren. Wir spüren vielleicht eine Regung, als könne uns das Bild etwas vermitteln. Und wenn wir etwas länger auf ein Bild schauen, dann können wir oft erleben, dass sich die ersten schnellen Eindrücke zu dem Bild sukzessive verändern. Wenn wir keine Bewertungen einbringen, alles so lassen, uns etwas entspannen und in der reinen Betrachtung bleiben, dann entstehen Veränderungen wie von selbst. Der stete Wandel ist schließlich ein Wesensmerkmal der gesamten Natur, von der wir *natürlich* ein untrennbarer Teil sind.

So ähnlich können wir auch den achtsamen Vorgang verstehen, den wir in uns kultivieren möchten. Wie vor einem Kunstwerk, so stehen wir manchmal vor unseren eigenen Prozessen. Manche Bilder gefallen uns, manche finden wir scheußlich. Aber immer sind es Kunstwerke, die ihre Berechtigung haben, ob wir es wollen oder nicht. Wir fassen sie nicht an, wir reißen sie nicht von der Wand, wir werten sie weder ab noch auf. Sie sind eben da und hängen in unserem inneren Museum, beziehungsweise treten sie durch unsere Sinne in unser Bewusstsein. Also *verweilen* wir für einen Moment und *betrachten* das Werk. Wenn wir diesen Vorgang wirklich zulassen können, dann wird sich unser inneres Bild garantiert transformieren. Durch das Erkennen wird es frei sein und wir mit ihm.

Als nächstes erwähnt die Lehrrede fünf sogenannte Daseinsgruppen, denen wir unsere Aufmerksamkeit schenken sollten. Daseinsgruppen – wieder ein Begriff, der sich nicht intuitiv einordnen lässt. Er beschreibt fünf verschiedene Gruppen von Faktoren, die uns als individuelle Persönlichkeit ausmachen.

Die fünf Daseinsgruppen

Diese fünf Bereiche, die uns als Menschen ausmachen, sind:

1. Form
2. Gefühl
3. Wahrnehmung
4. Körpergestaltung
5. Bewusstsein

Die erste Daseinsgruppe ist die *Form*. Dabei handelt es sich um einen Begriff, der ein Produkt meint, also etwas, das sich aus anderen Einzelteilen zusammensetzt. Der andere Aspekt der Form ist der Inhalt. So besteht unsere gesamte Welt aus Form und Inhalt.

Sie können gerne mal danach suchen, was in Ihrem Leben keine Form aufweist. Sie werden sehr wenig finden! Unsere Körper sind zum Beispiel genauso Form wie auch Staaten, Wolken oder Gedanken. Alles ist zusammengesetzt und daher nicht fest. Der Zusammenhang zwischen Formen und dem buddhistischen Prinzip der Leerheit wurde schon beschrieben. Das Herz-Sutra, als ein Kernstück der buddhistischen Lehre, widmet sich diesem Thema besonders intensiv.

Wir sollten alle Formen bezüglich Ursprung und Vergehen wahrnehmen. Dabei kann es auch hilfreich sein, die Innen- und die Außenperspektive einzunehmen. Angst ist ebenso eine Form wie auch Wut und Trauer oder alle anderen Empfindungen. Viele Faktoren kommen zusammen und bilden für eine Zeitlang eine Form. Wir selbst können uns bemühen und diese Form immer wieder festigen – oder wir überlassen sie dem natürlichen Verfall.

Eine weitere Daseinsgruppe betrifft unsere *Gefühle.* Diesen Aspekt können wir sowohl aus buddhistischer als auch aus westlich-wissenschaftlicher Sicht in seiner Dynamik betrachten. Setzen wir uns mit der Entstehung unserer Gefühle auseinander, erkennen wir, dass diesem Prozess ein kreativer Vorgang zugrunde liegt: Hier fließen aktuelle, aber eben auch längst vergangene Erfahrungen mit ein. Dazu sind unsere Gefühle sehr von unserem Geisteszustand abhängig, und auch unsere Erwartungen spielen wie unsere Ideale und Gedanken eine Rolle.

Die Lehrrede hält uns wieder dazu an, den Ursprung und das Vergehen sowie die Innen- und die Außenperspektive unser Gefühle zu betrachten. Auch wenn wir diese Anregungen noch nicht umgesetzt haben, erahnen wir bereits beim Lesen, welche Auswirkungen sie nach sich ziehen können: Sollte es uns durch unser Üben bald möglich sein, entstehende Gefühlsregungen achtsam zu betrachten, also konkret mit einer Innen- und einer Außenperspektive zu reflektieren, dann werden sich unsere Gefühle wandeln. Wenn wir dann noch die Entstehungs- und Auflösungsbedingungen unserer Gefühle in unser Bewusstsein holen, verlieren Gefühlsregungen die Macht über unsere Stimmungslage. Natürlich geht es nicht darum, Gefühle aufzulösen, aber durch den Achtsamkeitsprozess können wir uns aus den dunklen Gefilden unserer Automatismen lösen.

Eine weitere Daseinsgruppe betrifft unsere *Wahrnehmung*. Wenn wir lernen möchten, die Innen- und die Außenperspektive einzunehmen, kommen wir nicht umhin, geduldig und regelmäßig zu üben. Es kann auch ein sehr spannendes Projekt darstellen, die Entstehungs- und Auflösungsfaktoren unserer Wahrnehmung zu realisieren. Leider müssen wir bezüglich unserer Wahrnehmungen zum gleichen Schluss kommen wie bei unseren Emotionen und Gedanken: Wir dürfen ihnen nicht blind trauen. Denn sie laufen nicht nur oft unterhalb unseres Bewusstseins ab, sondern sind zudem recht störungsanfällig. Wahrnehmungsfehler sind eigentlich vollkommen normal, aber wir realisieren sie kaum. Und das, obwohl unsere Wahrnehmungen oft der Auslöser für zum Teil lebensbestimmende Entscheidungen sind. Als Quelle unserer Reaktionen bestimmen sie unseren Alltag.

Eine weitere Daseinsgruppe wird als *Körpergestaltungen* definiert. Auch diese müssen wieder mit einer Innen- und Außenperspektive und bezüglich ihres Ursprunges und ihres Vergehens betrachtet werden.

Eigentlich ist mit der ersten Daseinsgruppe der *Formen* bereits das meiste gesagt, aber die Lehrrede verdeutlicht noch die Aspekte *Gefühl, Wahrnehmung* und *Körpergestaltung*.

Auch die fünfte Gruppe, das *Bewusstsein*, hat einen Formenaspekt. Sobald es sich für uns bemerkbar macht und wir einen Begriff oder eine bildliche Gestalt dafür wählen, findet das Bewusstsein eine Form.

In der Regel versuchen wir, alles in der Welt in eine begriffliche Form zu pressen. Seien es materielle Objekte, die wir im Außen wahrnehmen, oder gedankliche Impulse. Auch wenn wir kaum verstehen, was es mit dem jeweiligen Reiz auf sich hat, ist die begriffliche Form sehr schnell zur Hand. Dort oben leuchten die Sterne. So gibt uns die begriffliche Form „Sternenhimmel" eine trügerische Sicherheit über ein Objekt, das wir nicht einmal im Ansatz verstehen.

Sich auf die Suche zu machen, was hinter den Formen stecken könnte, ist ein wahres Abenteuer und nichts für ängstliche Menschen. Aber bevor wir uns den großen Dingen zuwenden, ist es immer eine gute Idee, zuerst bei den vermeintlich überschaubaren Phänomenen anzufangen.

Eine wichtige Erkenntnis, die wir nutzen können, besteht darin, dass wir Bewusstsein als etwas Flexibles auf einem Kontinuum erkennen. Sicher gibt es nicht nur bewusst und unbewusst bzw. bewusstlos. Wir haben diese Thematik in diesem Buch bereits angeschnitten. Diese kleine Erinnerungsschleife soll als bewusste Wiederholung diesen überaus wichtigen Aspekt weiter in uns festigen. Dafür nutzen wir hier für eine ähnliche Information ein anderes Bild. Denn unser individuelles Bewusstsein kann auch als *Leiter* symbolisiert werden wie in dieser Abbildung. Unten, am Ende der Leiter, finden wir tiefe Bewusstlosigkeit, weiter oben dann der Schlaf, darüber wachere Phasen, Müdigkeit, worauf die „Leitersprossen" der Überlastung im Stress folgen.

Die Abbildung 20 zeigt uns sehr augenfällig, dass bei vielen von uns etliche Sprossen fehlen. Wenn sie nicht gerade im Stress sind, werden sie sofort müde und möchten schlafen. Die feinen und wichtigen Abstufungen gehen mit der Zeit verloren. Die Abbildung zeigt uns also das innere Trauerspiel einer undifferenzierten Selbstwahrnehmung.

Auf unserer Bewusstseinsleiter klettern wir im Laufe eines Tages viele Male herauf und hinunter. Aber leider ist diese ein-

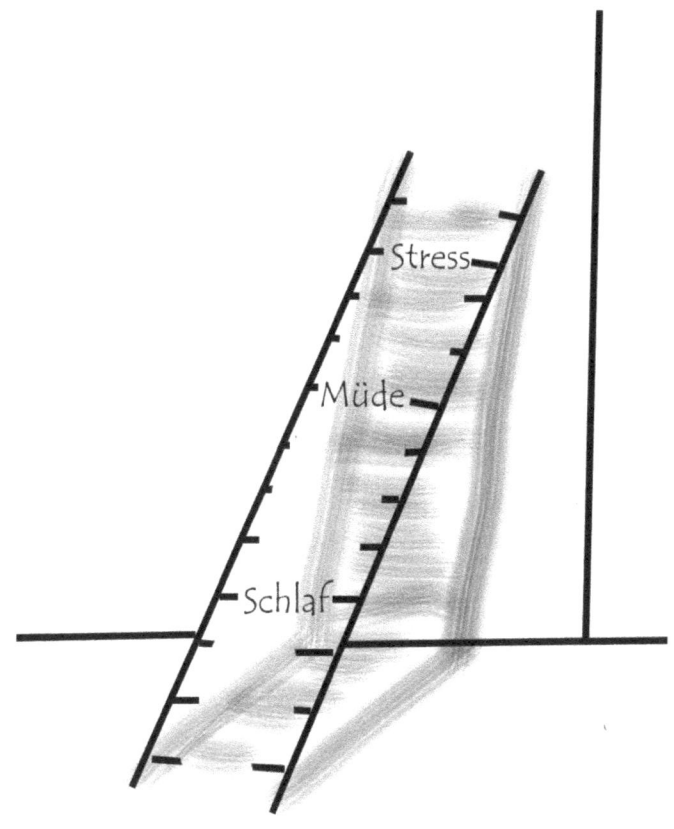

Abb. 20

dimensionale Herauf- und Herabbewegung meist vollkommen automatisiert und unbewusst. Wenn wir hier Einfluss nehmen, dann, wie bereits erwähnt, meist nur mit Hilfe der chemischen Cocktails von Kaffee über Alkohol bis hin zu verschiedenen Medikamenten.

Für uns ist es wichtig, von Zeit zu Zeit zu überprüfen, auf welcher Sprosse wir uns befinden. Der Achtsamkeitsmethode folgend wissen wir ja bereits, dass wir zuerst einmal nur betrachten müssen. Wenn sich das Bewusstsein aber selbst betrachtet, dann erzeugen wir sofort einen ganz besonderen Bewusstseinszustand. Durch diese Selbstwahrnehmung nehmen wir auf der Leiter eine sehr heilsame Position ein.

Es ist bekannt, dass erhöhter Dauerstress dazu führen kann, dass die Introspektionsfähigkeit und damit die Wahrnehmung der inneren Abstufung unseres Bewusstseins nachlassen. Auch hier wird uns wieder eine sehr spannende Übung angeboten. Die Übung besteht aus der recht einfachen Frage: *Auf welcher Sprosse stehe ich jetzt gerade?*

Falls sie sich manchmal unsicher sind, wie sie sich so einem Thema wie der inneren Bewusstseinslage annähern, dann erinnern Sie sich am besten immer an die Einsichtsmethode: Verweilen Sie betrachtend. Sie müssen noch nichts sofort ändern. Betrachten Sie, was Sie wahrnehmen. Diesen Vorgang können Sie dann noch, wenn Sie mögen, vertiefen, indem Sie zwischen einer Innen- und einer Außenperspektive wechseln. Auch das kann nochmals gesteigert werden, indem Sie nach den Entstehungs- und den Auflösungsfaktoren schauen. Grundsätzlich sollten wir darauf achten, dass wir durch die intensivere Beschäftigung dem Sachverhalt nicht zu nahe kommen und so in die Anhaftung geraten. Dieser Ablauf ist hier mit Bedacht immer wieder eingefügt. So können Sie die vierstufige Einsichtsmethode durch Wiederholungen verinnerlichen.

Mit 4 Einsichtsstufen zur Achtsamkeit

   1. Nur verweilend betrachten.

   2. Die Innen- und Außenperspektive einnehmen.

   3. Die Entstehungs- und den Auflösungsfaktoren ergründen.

   4. Nicht anhaften.

Wenn Sie meinen, dass Sie der Einsichtsmethode hier schon öfters begegnet sind, dann ist womöglich die Information interessant, dass in der etwa fünfzehnseitigen Lehrrede diese Einsichtsmethode etwa 23 Mal Erwähnung findet. Nicht ohne Grund.

Der nächste Abschnitt führt uns in eine nähere Betrachtung unserer Wahrnehmungen.

Die sechs Grundlagen der Wahrnehmung

Mit diesen sechs Grundlagen sind auf dem ersten Blick unsere Sinne gemeint, aber bei genauerer Betrachtung stoßen wir auf weitere Zusammenhänge. Ein recht bekannter Aspekt gängiger Achtsamkeitsübungen besteht, wie bereits erwähnt, im bewussten Wahrnehmen und Aktivieren unserer Sinne, indem wir uns beispielsweise mit allen Sinnen einer Rosine widmen. Natürlich, und das ist der Hintergrund, soll dann diese Form der Achtsamkeit auf den Alltag übertragen werden. So können wir z. B. beim Frühstücken unseren Tee oder Kaffee betrachten, riechen und schmecken. Genuss und Achtsamkeit lassen sich auf diese Weise verknüpfen.

Aber schauen wir uns diesen Bereich in der Lehrrede an. Dort finden sich weitere Hintergründe.

1. Die Augen verbinden sich mit Formen. Wir finden hier Fesseln und Lösungen.

2. Die Ohren verbinden sich mit Klängen. Wir finden hier Fesseln und Lösungen.

3. Die Nase verbindet sich mit Gerüchen. Wir finden hier Fesseln und Lösungen.

4. Die Zunge verbindet sich mit Geschmack. Wir finden hier Fesseln und Lösungen.

5. Der Körper verbindet sich mit Berührungsobjekten. Wir finden hier Fesseln und Lösungen.

6. Der Geist verbindet sich mit Geistobjekten. Wir finden hier Fesseln und Lösungen.

Alles, was wir wahrnehmen, kann uns fesseln und zugleich auch für unsere Befreiung genutzt werden. Beispielsweise können wir mit dem Auge eine schöne Buddha-Statue wahrnehmen. Sie kann uns fesseln, es entstehen womöglich Wünsche und Begehrlichkeiten auf verschiedenen Ebene: „Ich möchte die Statue am liebsten mitnehmen und in mein Zimmer stellen", oder „Ich möchte jetzt den inneren Buddha in mir aktivieren". Die Fesseln oder Fesselungsmöglichkeiten sind zahllos, aber dieselbe Statue kann uns auch an unseren bereits vorhandenen inneren Buddhazustand erinnern und alle Fesseln lösen. Das, was wir hören, kann unseren Geist völlig eintrüben oder eben inspirierend sein. So geschieht es mit allen unseren Sinnen, die hier Grundlagen genannt werden. In der buddhistischen Lehre wird der Geist gewissermaßen als Sinn Nummer 6 angesehen, da wir auch durch geistige Inhalte zur Wahrnehmung kommen.

Interessanterweise werden uns unsere Sinne hier auch als Lösungsmethoden angeboten. Nur zu oft erfahren wir durch unsere Sinne Impulse, die uns entweder in den Widerstand oder in die Anhaftung führen. Sinneswahrnehmungen sind eben sehr eng gekoppelt mit daraus folgenden, oft unheilsamen Geisteszuständen und Sinnesbegierden. Durch eine achtsame Umgangsweise mit unseren Sinnen können wir diese Kompetenzen in uns aber auch heilsam einsetzen. Falls Sie jetzt fragen, wie das geschehen kann, dann folgen Sie einfach wieder der vierstufigen Einsichtsmethode zur Achtsamkeit:

1. Nur verweilend betrachten.

2. Die Innen- und Außenperspektive einnehmen.

3. Die Entstehungs- und den Auflösungsfaktoren ergründen.

4. Nicht anhaften.

Nachdem nun einige Grundlagen verdeutlicht wurden und daraus etliche Übungen abgeleitet werden konnten, folgen noch zwei weitere Themenbereiche in der Lehrrede. Diese beiden letzten Bereiche betreffen grundsätzlichere Aspekte.

Der erste der beiden Bereiche trägt den Titel *die sieben Erleuchtungsglieder*. Hier sind besonders heilsame Faktoren gemeint, die unsere Achtsamkeit stabilisieren. Dieser Aspekt unterstreicht wieder die zugrundeliegende positive Psychologie der buddhistischen Lehre. Wir müssen nicht ständig Probleme durcharbeiten und uns mit unseren Defiziten konfrontieren. Denn wir tragen unzählige heilsame Veranlagungen in uns, die es zu kultivieren gilt. Daran sollten wir uns stets erinnern: Bei den Erleuchtungsgliedern handelt es sich nicht um theoretische, schöngeistige Begriffe, sondern um real existierende, innere menschliche Veranlagungen. Es sind also innere Anlagen angesprochen, die nur darauf warten, dass sie von uns angesprochen werden. Aus diesem Verständnis heraus erscheint es sehr logisch, dass wir uns heilsamen menschlichen Eigenschaften zuwenden, diese genau erkennen und dann durch regelmäßige Aktivierung dieser Bereiche zu deren Wachstum direkt beitragen.

Schauen wir einmal, welche Eigenschaften in der Lehrrede als besonders hilfreich hervorgehoben werden. Schließlich handelt es sich um Eigenschaften, die der Überschrift zufolge sogar in die Erleuchtung führen.

Die 7 Erleuchtungsglieder

Es überrascht wenig, dass in der Lehrrede zur Achtsamkeit die Achtsamkeit selbst an erster Stelle angeführt wird.

1. Achtsamkeit: Das simple, aber umso effektivere Prinzip lautet: Achtsames *Handeln* kann mit einer achtsamen *Motivation* durch Wiederholen zu einer achtsamen inneren *Haltung* werden. In diesem Rahmen üben wir die Strategie, unser Leben von innen und außen verweilend zu betrachten. Wir ergründen die Entstehungs- und die Auflösungsfaktoren. Dabei bleiben wir uns bewusst über den rechten Abstand, sodass wir nicht anzuhaften beginnen.

Was könnte die letzte Anregung, nicht an der Achtsamkeit als einem Glied der Erleuchtung anzuhaften, konkret bedeuten? Wäre ein dauerhaftes Aufrechterhalten von Achtsamkeit denn nicht sinnvoll? Tatsächlich benötigen wir die innere Bereitschaft, alles wieder loszulassen. Sobald in uns das Bewusstsein von Besitz entsteht, den wir festhalten möchten, kommt es zur Verhärtung von Fließendem. Wenn wir spüren, dass wir Achtsamkeit prakti-zieren können, dann darf sie nicht in unseren Besitz übergehen. Es ist jetzt so, wie es ist. Schon bald kann es sich wieder wandeln. Solange wir das Unheilsame abstoßen und das Heilsame ansam-meln möchten, bleiben wir im dualistischen Bewerten verhaftet.

2. Wirklichkeitsergründung: Die Anregung, nicht zu schnell Lösungen finden zu müssen, lässt uns verweilen und betrach-ten. Es ist ein wenig so wie mit einem sehr gütigen Lehrer, der uns in seiner Weisheit etwas beruhigen möchte: „Warte einen Augenblick. Beeile dich nicht so sehr, streng dich nicht zu sehr an, mach dir keinen Stress. Komm, setz dich einen Augenblick zu mir. Entspann dich, verweile und betrachte die Dinge noch einmal ganz in Ruhe."

Auch dieser Bereich ist mit einem vorangegangen verknüpft. Erinnern Sie sich noch an die weiter vorne erwähnte Schneeku-gel? Der Vorgang der Beruhigung der inneren Schwebepartikel ist eine unverzichtbare Voraussetzung für eine sichere Wirklich-keitsergründung.

Wir sind durch unsere eingeschränkten Sinne und unser emo-tionales Gehirn nicht in der Lage, die Wirklichkeit vollkommen zu ergründen. Aber wir sollten uns bemühen, mit einem struk-turierten Geistestraining in uns klärende Prozesse zu bewirken, sodass tiefergehende Ergründungen möglich sind.

3. Energie: Dieser Aspekt erweist sich als hilfreicher Gegenpol zum Hindernis der Trägheit. Wir können uns der universellen Lebens-Energie öffnen. Das ist kein esoterisches Konstrukt, sondern eine spürbare, beobachtbare und nachweisbare Kraft. Lebensenergie lässt den kleinen Keimling durch die Asphaltdecke wachsen. Sie zeigt sich in sehr vielen Varianten. Allerdings benötigt die Energie ein paar Voraussetzungen, damit wir sie „anzapfen" können. Wir selbst erfahren Sie nämlich nur dann, wenn wir den vielfältigen unheilsamen Konsum stoppen, der unsere Energie betäubt und verwirrt. Wenn wir uns weniger selbst vergiften, werden wir viel mehr Energie zur Verfügung haben. Zusätzlich könnten wir sicherstellen, dass unser Geist durch Ruhe und unser Körper durch Bewegung Energie erhält.

4. Verzückung: Es ist eine Art von Versprechen: Menschen, die dem Achtsamkeits-Weg bereits schon weiter gegangen sind als wir selbst, berichten uns von Zuständen, die wir als Verzückung beschreiben können. Diese Qualität ist von ganz besonderer Bedeutung, denn manchmal scheint der Verdacht aufzukommen, dass wir uns ständig bemühen müssen, dass wir auf viele lustige Lebenserfahrungen verzichten sollen, dass wir viel mehr darauf achten müssen, was und wie wir essen, trinken, reden, handeln usw. Das wirkt auf viele Menschen oft anstrengend. Das launige Argument der Menschen, die gar nichts ändern möchten, lautet oft, dass die vielen Bemühungen das Leben gar nicht verlängern, sondern dass es uns nur, wegen der bitteren Anstrengungen, viel länger erscheint.

Sicherlich steht am Anfang des Weges oft ein gewisses Maß an Vertrauen. Wir haben noch wenig eigene Erfahrungen und müssen darauf vertrauen, dass uns der Weg in eine gute Richtung führt. Aber da es sich nicht um einen Glauben handelt, sondern um eine Erfahrungswissenschaft, die viele detaillierte Wissensinhalte und konkrete Übungen zu vermitteln vermag, werden wir schon nach wenigen Tagen entsprechende Erfahrungen selbst zu spüren bekommen. Und wenn wir dann schon bald die überaus heilsame Energie zu spüren bekommen, die wir selbst durch unser Handeln freisetzen können, dann erfahren wir eine Lebensqualität, die sich durchaus als Verzückung bezeichnen lässt.

5. Stille: Wo finden wir heute noch Stille? Sie scheint weder im Außen noch in uns vorhanden zu sein. Die Suche nach Stille beginnen viele mit der Suche nach stillen Plätzen. Wenn außen alles still ist – was bereits einem Wunder gleichkommt –, dann sollen wir selbst auch endlich Stille erfahren. Aber dann, wenn alle Ablenkungen wegfallen, werden wir mit dem konfrontiert, was in uns ist. Wenn Stille in uns ist, dann ist sie zumindest sehr oft verdeckt, und zwar mit scheinbar unendlich vielen Ballast-Gedanken, Ballast-Empfindungen und Ballast-Erinnerungen. Der Weg in die innere Stille führt uns nur zu oft also erst einmal zum inneren Lärm. Hier ist wieder die Einsichtsmethode sehr hilfreich: Nicht manipulieren, erst einmal nur verweilen und betrachten.

Es ist also nicht notwendig, sofort Stille zu erzeugen. Wie denn auch? Setzen Sie sich an einen für Sie angenehmen Ort und lernen Sie das, was Sie dann erleben, auszuhalten. Betrachten Sie nur das, was dann passiert. Es mag für Sie spontan unangenehm oder auch angenehm sein, aber lassen Sie beide Empfindungen los. Verbinden Sie sich mit einer Haltung von *es ist okay*. Alles, was kommt und da ist, ist erst einmal okay. Die Stille muss sich erst langsam entwickeln in uns, oder wir benötigen ein wenig Zeit, um selbst so still zu werden, dass wir den Zugang zu unserer inneren Stille finden können. Sie können absolut darauf vertrauen, dass sich die Stille in Ihnen vergrößern wird, wenn Sie geduldig und leise danach suchen. Es ist also nichts, das entweder für Sie möglich oder unmöglich ist, sondern, wie alles andere auch, gelernt werden kann.

6. Konzentration: Während Achtsamkeit eher weitgefächert ist, gleicht Konzentration einer Bündelung der Aufmerksamkeit. Wenn Achtsamkeit wie ein Weitwinkelobjektiv wirkt, dann funktioniert Konzentration wie ein Teleobjektiv oder ein Mikroskop. Hier sind wir dann in der Lage, viele andere Reize auszublenden und unsere Aufmerksamkeit auf einen begrenzten Bereich zu richten.

Für die Konzentration lernen wir also, uns in uns selbst zusammenzuziehen. Wir erzeugen gewissermaßen eine eigene Schwerkraft. Dann kann der Konzentrations-„Strahl" das Objekt unserer Aufmerksamkeit fokussieren. Auch dieser Vorgang setzt lediglich einem simplen Übungsvorgang voraus. Falls Sie sich also nicht zufriedenstellend konzentrieren konnten oder derzeit können, dann sind Sie dazu in der Lage, das zu ändern. Die oft beklagte, eher geringe oder abnehmende Konzentrationsfähigkeit und die damit einhergehende hohe Ablenkbarkeit basiert zu einem großen Teil auf einer ungefilterten Reizüberflutung, die unsere inneren „Schwebeteilchen" vollkommen durcheinanderwirbelt.

Vielleicht meinen Sie bei diesem oder einem anderen Aspekt, dass es nicht zu Ihnen passt: „Das konnte ich noch nie." „Dafür war ich schon immer viel zu ..." Wir alle verfügen über alle nur denkbaren Veranlagungen. Das, was scheinbar nicht zu Ihnen passt, ist einfach nur zu selten in Ihnen aktiviert worden und nun haben Sie sich mit Ihren Gewohnheitsmustern identifiziert. So bilden wir uns eben ein Selbstbild und glauben daran. Das mag sich wohlig anfühlen, wenn Sie sagen können, was zu Ihnen passt, und viele Menschen müssen auch lange daran arbeiten, bis sie formulieren können, was sie mögen und nicht mögen, aber im Kern sind solche Äußerungen immer ein Ausdruck eines Egobereiches und damit eine erheblich Eingrenzung Ihres Gesamtpotenzials. „Das passt nicht zu mir" könnte also ein weiterer Mauerstein Ihres inneren Labyrinthes werden. Vielleicht wagen Sie gelegentlich mal ein Experiment und probieren „neue Wege".

Wenn Sie diese Methoden nur verwenden möchten, um sich noch leistungsfähiger zu manipulieren, sollten Sie auch an die vielfältigen Gefahren denken, die uns die Überlastung beschert. Zudem werden Sie nur dann eine bessere Leistung durch Selbststeuerung vollbringen, wenn Sie im Stande sind, sich eben nicht nur in die Konzentration, sondern auch in die Entspannung lenken zu können. Falls Ihnen diese Zusammenhänge manchmal etwas Stress bereiten, dann lassen Sie sich gerne auf den nächsten, angenehmen Bereich ein.

7. Gleichmut: Hier finden wir eine Qualität, die wir uns wohl alle wünschen, aber erst noch als stabile Eigenschaft in uns entwickeln müssen. Wenn unser Gemüt gleichbleibend sein kann, wird Gleichmut spürbar. Ein gleichbleibendes Gemüt ist der Gegenpol zum Drama, zu Stimmungsschwankungen und emotionalen Achterbahnfahrten. Es ist aber auch das Gegenteil vom schnell auftauchenden „gerechten Zorn", berechtigtem Frust, Selbstmitleid oder anderen Reaktionen, von denen wir viele als der Situation angemessen bezeichnen würden.

So benötigt der Weg in die Gleichmut schon zu Anfang eine Entscheidung. Wir sollten unsere Bereitschaft klären, ob wir auch tatsächlich innerlich loslassen möchten, zum Beispiel vom Drama, vom Rechthaben-Wollen, von der Opfer-Identifikation oder vom Kämpfen. Wenn wir wirklich innerlich „grünes Licht" geben, dann müssen wir durch die regelmäßige Aktivierung unseres Ruhepols im vegetativen Nervensystem Gelassenheit einüben. Oft sagt unsere Verstandesstimme zu schnell „Ja, ich will kein Drama mehr." Also ist es ratsam, auch hier wieder erst in sich Stille zu erzeugen, um dann die eventuell vorhandenen inneren Blockaden zu ergründen.

Nicht wenige von uns wünschen sich Gelassenheit und Gleichmut so sehr, dass sie sich bemühen, sich einfach nicht mehr aufzuregen. Dabei sind ein paar sehr wichtige Punkte zu beachten.

Zuerst sollten wir Gleichmut nicht mit Gleichgültigkeit, Passivität, Ignoranz oder ähnlichen Abwehrhaltungen verwechseln. Dann darf der Weg zur Gleichmut niemals auf introvertierte Weise erfolgen. Das „Herunterschlucken" von Anspannungen, welcher Art auch immer, kann nicht zielführend sein. Hier sammeln wir nur unheilsame Energien in uns, die sich dafür furchtbar rächen werden. Ein Signal für diese Problematik sind sogenannte Somatisierungen, also Signale unseres Körpers.

Wenn Spannungen auftreten, zeigt uns die Achtsamkeit den Weg. Wir betrachten unsere Körperreaktionen, atmen bewusst. Lindern die Aufregung und dann, und nur dann, wenn gewissermaßen die Schwebepartikel am Boden sind, sprechen wir in aller Ruhe die relevanten Themen an und damit auch aus.

So entstehen Aussprachen ohne Bluthochdruck.

Die Einsichtsmethode erinnert uns daran, nicht an der Gleichmut festzuhalten. Die Bereitschaft, auch Heilsames wieder loszulassen, wirkt auf viele von uns erst einmal merkwürdig, aber ein Teil des Rätsels löst sich vielleicht dadurch, dass wir unsere Verblendung erkennen, wenn wir Loslassen fälschlicherweise mit Verlust gleichsetzen. Unser gleichmütiges „Kätzchen" können wir getrost loslassen, ihm eine Schale „Milch" hinstellen und darauf vertrauen, dass es uns erhalten bleibt.

Und nun, gegen Ende der Lehrrede, wird noch eine mächtige Grundlage ins Spiel gebracht: Die Vier Edlen Wahrheiten.

Die Vier Edlen Wahrheiten

Buddha selbst soll die Vier Edlen Wahrheiten als das zentralste Element seiner Lehre definiert haben. Er formulierte sie als Vergleich, indem er die Elefantenspur als *edle Spur* beschrieb, da alle anderen Spuren in die Elefantenspur hineinpassen. Analog sollen die Vier Edlen Wahrheiten eine ähnlich dominante Spur erzeugen, da alle anderen Lehren in diese Spur integrierbar seien. Die Vier Edlen Wahrheiten sind also die Edle Spur im Buddhismus.

Nur weil dieses so bedeutsame Kernstück der Lehre in vielen anderen Texten und Reden ausführlich gewürdigt wird, kann es rein quantitativ in der Lehrrede einen so kleinen Platz einnehmen.

1. Edle Wahrheit: Leid ist unvermeidbar

Leid entsteht immer wieder, unausweichlich. Kein Mensch ist vor Geburt, Alter, Krankheit und Tod gefeit. Dazu kommen noch die vielen anderen Unvermeidbarkeiten. Es gibt überall Leid. Also machen wir daraus kein zusätzliches Leiden. Leid kann als ein natürlicher Vorgang angesehen werden, der unvermeidbar ist – Leiden ist das, was wir selbst aus dem Leid machen. Unser Ego produziert also Leiden. Dieser Vorgang entsteht übrigens nicht nur aus der Quelle des Leids. Auch die vielen schönen Reize werden von unserem Ego oft zu Leiden umgestaltet. Wir merken es am Neid, an unserem Begehren und an Wünschen. Alleine dieser Aspekt lohnt eine intensive Vertiefung: Ergründen Sie, wie sich Leid und Leiden für Sie unterscheiden. Uns damit auseinander-zusetzen, wird uns hier als Mittel zur Achtsamkeit nahegelegt.

Wenn im Alltag also Dinge passieren, die wir unreflektiert als „Störung" identifizieren, dann könnten wir sie mit den Ersten Edlen Wahrheit abgleichen und uns fragen, ob es nicht ein ganz natürlicher Vorgang ist, den wir gerade erleben. Als Herausforderung könnten wir uns für einige Zeit dem *Es ist okay*-Mantra verschreiben.

Es regnet, das ist okay.

Der Partner behandelt uns nicht so wie wir uns das wünschen, es ist okay.

Leid sollte nicht durch Leiden zusätzlich erschwert werden.

2. Edle Wahrheit über die Ursachen des Leidens

Leiden hat drei Ursachen: Verblendungen, Anhaftungen und Widerstände. Mit dem Leiden ist unser eigenes Empfinden gemeint, nicht das Leid, das z. B. durch Naturkatastrophen entsteht. Diese drei Ursachen haben wir uns in der dritten Achtsamkeitsstufe im Hinblick auf unseren Geist angeschaut. Wir haben insbesondere unser Ego als eine treibende Kraft für diese drei Ursachen identifizieren können. Auch hier lade ich Sie ein, die Edle Wahrheit auf Ihr Leben zu beziehen. Suchen Sie nach Anhaftungen. Suchen Sie nach den Widerständen. Die Suche nach Verblendung ist eine sehr anspruchsvolle, schließlich lässt sich ein blinder Fleck schlecht erkennen. Hier sind wir oft auf Rückmeldungen angewiesen.

3. Edle Wahrheit über das Ende des Leidens
Leiden kann aufgelöst werden, dafür besitzen wir alle die Veranlagung. Auch diese scheinbar simple Aussage kann gar nicht tief genug verinnerlicht werden. Sie erzeugt in uns Hoffnung uns Motivation. Dafür ist es beachtenswert, dass alle buddhistischen Aussagen auf Erfahrungswissenschaften gründen. Viele Generationen von Praktizierenden haben diese Erfahrungen bestätigen können, nur deshalb existieren sie auch heute noch, nach über 2.500 Jahren.

Das liest sich wieder ganz leicht, aber glauben Sie im tiefsten Kern, dass Sie Ihre Probleme auflösen und alle Eigenschaften in sich kultivieren können, die Sie sich wünschen?

4. Edle Wahrheit über den Weg zum Beenden des Leidens
Es gibt den Weg zur Auflösung von Leiden: Die Vierte Edle Wahrheit besteht aus der Beschreibung des achtfachen Pfades. Hier werden die acht Lebensbereiche Denken, Einsichten, Reden, Handeln, Lebensunterhalt, Motivation, Achtsamkeit, Konzentration angeführt. Wir sollen eben nicht im stillen Kämmerlein zufrieden auf dem Sitzkissen hocken, sondern unsere Übungen verwirklichen. Im ASST gibt es die Methode der sogenannten Mikropausen. Es sind mikroskopisch kleine Impulse von nur ein bis zwei Atemzügen, die wir sehr oft als Bewusstseinsmomente

in den Alltag einbauen, bis sie zu einem heilsamen Automatismus geworden sind. Mehr dazu im nächsten Kapitel.

Natürlich folgt wieder die Einsichtsmethode, gleich einem Refrain:

Praktiziere die innerliche und äußere Betrachtung der Vier Edlen Wahrheiten. Betrachte die Ursprungs- und Auflösungsfaktoren der Aspekte der Vier Edlen Wahrheiten.

Betrachte alle Aspekte der Vier Edlen Wahrheiten, aber hafte nicht an ihnen. Hier wird explizit angeraten, einen der grundlegendsten Texte der buddhistischen Lehren zu betrachten, aber nicht anzuhaften. Es heißt nicht, verehre diesen heiligen Text wie eine Reliquie, sondern betrachte alles ganz genau, prüfe es am besten selbst. Jedes Detail, aber bewahre einen klaren Kopf, wahre etwas Abstand.

Die Vier Edlen Wahrheiten lassen sich wie ein kleiner Kosmos aufblättern. Es ist fast so, als könnten wir schnell die wenigen Seiten der 2.500 Jahre alten Achtsamkeitslehrrede herunterladen. Wenn wir Sie auf unserer „Festplatte" haben, können wir sie zu einem komplexen inneren Programm extrahieren.

Die Achtsamkeitslehrrede offenbart uns also ein Kompendium mit unzähligen Aspekten und Möglichkeiten, in die wir uns einzeln für lange Zeit vertiefen können. So können wir die Achtsamkeitslehrrede als ein sehr großes Haus mit unzähligen Türen und Zimmern ansehen. Die vielen Fenster offenbaren uns immer wieder verschiedene Perspektiven in die Welt das Achtsamkeit.

Es gibt für uns so viel zu entdecken, sodass möglicherweise die Gefahr besteht, dass wir immer weiter von einem „Zimmer" zum anderen rennen. Mit diesem Bild kann die Notwendigkeit des Verweilens verdeutlicht werden. Sie können also sehr gerne ein Fragment herausnehmen und sich darauf für eine Weile konzentrieren.

Mit den Vier Edlen Wahrheiten ist die Lehrrede von der Achtsamkeit (fast) an ihr Ende gelangt. Sicherlich waren die Zuhörer damals wie heute vom strukturierten liedähnlichen Aufbau mit den vielen „Refrains" der Einsichtsmethoden und natürlich auch von der Informationsfülle der Rede fasziniert, wenn nicht gar überwältigt. Damals wie heute entsteht natürlich auch ein tiefer Respekt vor dem Inhalt. Bezogen auf ein einziges Themas, hier die Achtsamkeit, wird ein kleiner Kosmos aufgeblättert. Schließlich könnten wir, wie eben erwähnt, viele Monate oder länger nur mit einem einzigen Aspekt der Lehrrede arbeiten und uns dort ganz hineinbegeben. Genau dazu lädt uns die buddhistische Lehre ein: Die Vollständigkeit der Lehre ist zweitrangig. Absolute Priorität haben nur wir selbst, unsere Übungs- und Erfahrungsmöglichkeiten und unser Zielfokus.

Für den Weg in die Achtsamkeit sollten wir nur das nötigste Gepäck tragen müssen. Auch zu viel Theorie- und Lehrgepäck kann sich als Ballast herausstellen. Es ist wesentlich effektiver, wenn wir *einen* Bereich wirklich vertiefen, als wenn wir versuchen, uns alles einzuverleiben und mitzuschleppen.

Einerseits sollten wir also einiges beherzigen und verstehen lernen. So entstehen Visionen von einem Lehrweg. Andererseits erfahren wir immer wieder, dass alles Gute schon in uns steckt, wir besitzen bereits alle Veranlagungen, die nötig sind. Sollen wir handeln oder sollen wir nur betrachten?

Es heißt: Wenn der Koch wirklich zum Koch wird, dann wird die Lehre wirklich zur Lehre. *Be what you are.* Wir erahnen den Sinn, aber könnten Sie ihn erklären?

Wenn wir uns selbst überkritisch einschätzen, dann wäre der Ausspruch *be what you are* auch nicht besonders hilfreich, oder?

Der goldene Vogel
Diese Geschichte stammt aus der indischen Vedanta-Lehre. Sie handelt von einem Vogel, der auf einem Ast saß und die Früchte aß, die auf dem Baum wuchsen. Der Vogel suchte nach leckeren

reifen Früchten, die er sehr genoss, aber ab und zu erwischte er auch bittere Früchte.

Irgendwann entdeckte er einen herrlichen goldenen Vogel, ganz oben auf dem Baum. Dieser Vogel suchte nicht nach Früchten, er saß einfach nur ruhig da. Sein Gefieder glänzte herrlich golden in der Sonne.

So ruhig und gelassen wollte der andere Vogel auch gerne werden. Er versuchte, auch ganz ruhig dazusitzen, aber schon bald lockten ihn wieder die Früchte, die doch so lecker waren. Er fraß und fraß, genoss die süßen und schüttelte sich beim Genuss der bitteren Früchte. Aber den goldenen Vogel ganz oben behielt er im Auge.

Mit der Zeit versuchte er immer häufiger, diesem Vogel nahe zu kommen. Er reduzierte seine Suche nach den Früchten, verhielt sich still und näherte sich dem ruhigen goldenen Vogel langsam an. Schließlich wollte er den goldenen Vogel nicht aufschrecken. So näherte er sich immer mehr an.

Eines Tages saß der Vogel ganz oben, er war ruhig. In dieser Position entdeckte er, was vorher geschehen war. Der Vogel, der ruhelos auf das Suche nach den süßen Früchten gewesen war, existierte nur als Schatten, des ruhigen Vogels. Er selbst war in Wirklichkeit immer der ruhige goldene Vogel gewesen.

Es geht also nicht darum, zu entdecken, wer wir sind, sondern wer wir *wirklich* sind. Oder wer wir wirklich sein könnten, wenn wir erkennen, was wir gerade veranstalten, wenn wir die ewige Suche nach den süßen Früchten verstehen lernen. Denn wer sucht nach den Früchten? ICH! Es sind bestimmte Ego-Anteile in uns, die uns erfreuen und uns gleichzeitig an der Erkenntnis hindern, wer wir eigentlich sind.

Wenn wir solche Wege aufgezeigt bekommen, dann fragen wir uns vielleicht, wie wir selbst solche Ergebnisse wie der Vogel erreichen können. Die Lehrrede zur Achtsamkeit ist voll von konkreten Anregungen.

Sicherlich hat Buddha damals in einige ehrfürchtige oder sogar verwirrte Gesichter geblickt, als er zum Ende seiner Lehrrede kam. Und wahrscheinlich hat es nach seiner Rede nicht wenige Fragen gegeben. Und so, wie die Lehrrede endet, scheinen die Zuhörer damals vor 2.500 Jahren die gleichen Fragen gestellt zu haben wie auch heute viele Zuhörer. Immer wieder kommt die Frage auf: Wie lange muss ich das denn üben?

Wie weit ist es von hier bis zur Achtsamkeit?

Diese Lehrrede endet geradezu humorvoll. Anscheinend wollte Buddha seine Zuhörer zum Schluss noch etwas auflockern. Aber er beginnt rhetorisch-strategisch sehr clever, indem er seine Zuhörer erst einmal schockt: Er vermittelt ihnen: Wer diese vier Grundlagen der Achtsamkeit (Körper, Gefühl, Geist, Geistobjekte) auf diese Weise *sieben Jahre* entfalten kann, erreicht entweder letztendliche Erkenntnis hier und jetzt, oder, wenn noch eine Spur von Anhaften übrig ist, die Nicht-Wiederkehr. Schauen wir uns diesen Satz aus der Lehrrede etwas genauer an.

Die Perspektive von sieben Jahren, in denen die Achtsamkeit kontinuierlich entfaltet werden soll, wird sicherlich viele geschockt haben. Das ist ein langer Zeitraum. Wer soll denn über sieben Jahre durchhalten?

Wahrscheinlich wird Buddha über die ersten spontanen Reaktionen geschmunzelt haben. Er wird vielleicht signalisiert haben, dass es darüber noch etwas zu sagen gibt. In seiner Fortsetzung nennt er dann einen immer kürzeren Zeitraum. Und bald werden wohl alle „an seinen Lippen gehangen haben", in der Hoffnung, dass der Countdown noch deutlich kürzere Zeitspannen benennen möge.

Tatsächlich endete Buddha dann mit der folgenden Aussage: Wer diese vier Grundlagen der Achtsamkeit (Körper, Gefühl, Geist, Geistobjekte) auf diese Weise *sieben Tage* entfalten kann, erreicht entweder letztendliche Erkenntnis hier und jetzt, oder, wenn noch eine Spur von Anhaften übrig ist, die Nicht-Wiederkehr.

Diese Perspektive wird wohl alle damals Anwesenden und auch alle heutigen Leser erleichtern. *Nur sieben Tage.* Aber bei genauerer Betrachtung werden wir wohl auch jetzt wieder Buddha schmunzeln sehen. Denn die Zeit zwischen sieben Tagen und sieben Jahren spielt gar keine Rolle. Schon eine Stunde Achtsamkeit ist ein großes Projekt. Wer Achtsamkeit wirklich praktiziert, und sei es auch nur für einige Stunden, der befindet sich mitten auf dem Weg. Der ist bereits ein Angekommener. Wenn wir es über den Tag schaffen und auch in der Nacht und dann am nächsten Tag, dann spielen Tage, Wochen, Monate oder Jahre keine Rolle mehr. Wahrscheinlich ist den Anwesenden damals auch schon bald „der Groschen gefallen".

Buddha möchte aber, dass wir unseren eigenen Weg finden und beschreiten. Er unterstützt uns wie gute Eltern ihre Kinder: „Komm, mach noch ein wenig weiter, es lohnt sich wirklich!" Er fasst das wie folgt zusammen:

Der Achtsamkeits-Weg führt:
> zur Läuterung der Wesen.
> zur Überwindung von Kummer und Klagen.
> zum Verschwinden von Schmerz und Trauer.
> zum Erlangen des wahren Weges.
> zur Verwirklichung von Nirwana.

Diese Auflistung macht deutlich, welchen Stellenwert der Achtsamkeit beigemessen wird. Sie ermöglicht eine vollständige Transformation, sodass wir unser Leiden überwinden und auf den Weg in die Befreiung kommen.

Die Achtsamkeitslehrrede liefert uns also sehr konkrete Übungsanleitungen, um in uns ein solides Fundament zu schaffen. So können Wurzeln entstehen, die uns Halt und Sicherheit geben. Mehr als das, wir können mit der Achtsamkeit wachsen. Sie bietet uns Aussichten in die spirituelle Sphäre. Und diese Qualität ist wirklich einzigartig! Eine transparente Methode, die uns „Wurzeln" und „Himmelsluft" vermittelt und zugänglich macht.

Die Lehrrede ist recht anspruchsvoll, sie „hat es in sich". Es werden in Kürze sehr viele Themen benannt. Sie werden aber eben nur benannt und nicht vertieft. Doch die Methode zur Vertiefung wird geliefert. Würde jeder der aufgeführten Aspekte vertieft dargestellt werden, dann wäre die Lehrrede nicht 17 Seiten, sondern 170 oder womöglich gar 1.700 Seiten lang geraten.

Die Themen können wir wohl eher als Einladungen verstehen. Wir sind eingeladen, uns einzulassen und die Themen eigenständig oder mit kompetenter Hilfe zu vertiefen. Grundsätzlich können wir allerdings realisieren, dass die Methode zum Umgang mit den Informationen, also die Einsichtsmethode, so viele Male Erwähnung fand, dass wir damit quasi eine überdeutliche Aufforderung zum Selbststudium, zum Selbstexperiment oder zur eigenen Umsetzung erhalten haben. Die Achtsamkeitslehrrede bietet somit vielfältigste Inspirationen und Anregungen für eine möglichst konkrete Umsetzung.

4. KAPITEL

Achtsame Selbststeuerung

Wir sind, was wir denken.
Mit unseren Gedanken schaffen wir die Welt.

– BUDDHA –

Ein roter Faden ins achtsame Leben

Das Zitat *Wir sind, was wir denken* möchte uns daran erinnern, dass wir uns nicht mit einem Luxusthema beschäftigen. Achtsamkeit als Geisteshaltung kann darüber entscheiden, ob und wie wir mit uns selbst und auch allen anderen in Frieden leben können.

Zudem betreffen diese Themen die Grundlagen unseres Denkens und damit unserer Weltsicht, was sich wiederum auf unsere Position in der Welt auswirkt. Ob wir glücklich sind oder nicht, ist eben nicht nur vom materiellen Status abhängig, sondern insbesondere auch von der Art und Weise, wie wir empfinden.

Aber unsere Empfindungen, also unser Denken und Fühlen, sind – vorsichtig ausgedrückt – nicht immer sicher. Wir sind eben sehr von vergangenen Erfahrungen, aktuellen Reizen und Erwartungen an die Zukunft eingenebelt, sodass wir den gegenwärtigen Moment leicht aus dem Blick verlieren.

Dieses Kapitel möchte nun das Versprechen einlösen, Sie mit einem Konzept vertraut zu machen, das die vorangegangenen Inhalte der Lehrrede in eine alltagstaugliche Achtsame Selbststeuerung überführt.

Das Achtsame Selbststeuerungstraining (ASST) ist das Destillat meiner jahrelangen Tätigkeit als Psychotherapeut, Berater, Referent, Seminarleiter, Ausbilder für Therapeuten, auch als Buddhistischer Psychotherapeut. Auf diesem Weg fanden neurowissenschaftliche, psychologisch-psychotherapeutische und buddhistische Lehren und Praxisübungen zusammen. Um dabei eine übersichtliche Struktur zu behalten, wurden komplexe Hintergründe und Herangehensweisen umgewandelt. Allerdings blieb die ursprüngliche Reihenfolge der Umsetzung genau so erhalten, wie sie und die historische Lehrrede offenbart.

So hat es sich für unsere Alltagssituationen als äußerst praktikabel herausgestellt, wenn wir uns auf die drei Ebenen *Körper*, *Emotionen* und *Gedanken* konzentrieren. Diese drei Themen aus der historischen Lehrrede bleiben der rote Faden, wenn wir uns nun den drei Stufen des ASST-Trainings widmen.

Basierend auf der historischen Lehrrede ist es der Achtsamen Selbststeuerung ASST möglich geworden, das Konzept der Achtsamkeit in eine knappe überschaubare Formel zu bringen:

$$A = E \times K\,E\,G$$

Achtsamkeit (A) bedeutet die Einsicht (E) in körperliche (K), emotionale (E) und geistige (G) Abläufe.

Diese Abfolge von körperlichen, emotionalen und geistigen Bereichen bildet eine feste Rangordnung. So ist die erste Stufe der Körperebene immer der Ausgangspunkt für alle weiteren Bemühungen. Wir beginnen nie bei den Emotionen (2. Ebene) oder Gedanken (3. Ebene). Wenn der Körper in Anspannung bleibt, können wir unsere Emotionen und Gedanken kaum lindern. Im Gegenzug ist es kaum möglich, dass bei entspannter Körperverfassung eine angespannte Geistesverfassung aufrecht erhalten werden kann.

Die Achtsame Selbststeuerung ASST erfolgt über 3 Schritte:

1. **Körper:** Zuerst die Achtsamkeitslenkung auf die körperliche Ebene

2. **Emotionen:** Dann die Achtsamkeitslenkung auf die emotionale Ebene

3. **Geist:** Erst nach 1 und 2 erfolgt die Achtsamkeitslenkung auf die gedankliche Ebene

Das ist eine einfache, übersichtliche Strategie, die sich für den Achtsamkeitsprozess als am wirkungsvollsten herausgestellt hat.

Diese segensreiche Struktur möchte aber nun auch umgesetzt werden. Für die Umsetzung dieser 3-Schritte-Strategie zur Achtsamkeit hat sich ein weiterer Stufenplan als besonders hilfreich herausgestellt:

1. ASST-Stufe: Der Grundkurs
2. ASST-Stufe: Die Konsolidierung
3. ASST-Stufe: Die spirituelle Ebene

1. ASST-Stufe: Der Grundkurs

Im Grundkurs auf der 1. ASST-Stufe werden die ersten Selbststeuerungskompetenzen vermittelt. Das ist vergleichbar mit der alten Bergsteigerstrategie: Erst absichern, dann losgehen. Dieser erste Schritt dient also gewissermaßen der „Fundamentlegung", die über die Stabilität der folgenden Konstruktionen entscheidet. Abgeleitet aus der Lehrrede können wir, wenn wir uns der Achtsamkeit annähern, alles auf einen ganz einfachen Punkt reduzieren: Wenn wir uns entscheiden müssen, aber nicht können, wenn wir schwierige Aufgaben vor uns haben, Stress erleben, in Krisen stecken und verwirrt sind, wenn wir unseren Weg bestimmen und unser Potenzial entfalten möchten, wenn wir heilsame

Empfindungen in uns festigen oder wenn wir direkt in uns Achtsamkeit erzeugen möchten, dann beginnen wir immer an der gleichen Stelle, nämlich mit der *ersten Stufe der Achtsamkeit:* auf der *körperlichen* Ebene.

Das ist die einfachste und leichteste Achtsamkeits-Instruktion:

Achte, so oft es Dir möglich ist, auf Deinen Körper.

Dafür kann es hilfreich sein, tagtäglich – so oft es uns möglich ist – kleine Bewusstseinsinseln zu erzeugen. Das bedeutet, dass wir in diesen Momenten unsere aktuellen Gewohnheitsautomatismen kurz unterbrechen. Wir halten kurz inne, richten uns körperlich auf und atmen ein- oder zweimal bewusst. Diesen Vorgang nennen wir *Mikropause.* Es handelt sich um eine kurze Introspektion, also eine Inspektion in uns selbst hinein, die unsere körperliche Verfassung wahrnimmt.

Dieser erste Bereich der Mikropausen umfasst insbesondere die Aspekte:

1. Körperhaltung

2. Körpersignale und Körpersymptome

3. Atmung

Vielleicht spüren Sie bei Ihrer Mikropause, dass Sie etwas in sich zusammengesunken sind. Zusätzlich spüren Sie Anspannungen im Nacken und eine flachere, gepresste Atmung. Der Atemfluss wird anfangs lediglich verweilend beobachtet. Dann können wir auch anfangen, die Konzentration auf die Körperebene durch eine bewusste Atmung zu unterstützen. Die nachfolgende Abbildung zeigt zwei Figuren, die jeweils eine unterschiedliche Atemtechnik praktizieren.

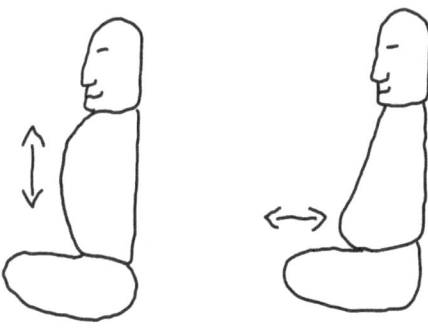

Abb. 21

Die linke Person in der Abbildung praktiziert die Aktiv-Atmung zur Stimulierung des inneren Stresszentrums, also des Sympathikus im vegetativen Nervensystem. Dabei dehnt sich der obere Brustkorb auf. Es handelt sich um eine Atmung, die wie eine Pumpbewegung von oben nach unten aussieht. Diese Atmung stimuliert eine Adrenalinausschüttung und erzeugt in uns Energie. Diese Form der Atmung sollte nur einige sanfte Atemzüge andauern.

Die rechte Person in der Abbildung 21 praktiziert die Bauchatmung zur Aktivierung des inneren Ruhezentrums, also des Parasympathikus im vegetativen Nervensystem. Hier bleibt der obere Brustkorb ganz ruhig. Der Bauch wölbt sich beim Einatmen nach außen und fällt beim Ausatmen ein. Diese Variante kann lange durchgeführt werden.

Diese Fokussierung auf die Körperebene lenkt unsere „Aufmerksamkeits-Taschenlampe" weg von möglichen Problemzonen im Kopf und hin auf einen körperlichen Bereich, der durch die entspannte Atmung als angenehm empfunden wird. Sie werden somit in die Lage versetzt, z. B. einem Spannungskopfschmerz vorzubeugen, der Sie bei Missachtung der kleineren Signale über den gesamten Tag hinweg womöglich am Abend heimsuchen würde.

Egal, welches Thema uns beschäftigt, wir lernen auf der ersten Stufe, immer auf der ersten Achtsamkeitsstufe, der körperlichen Ebene, zu beginnen. Ohne heilsame Einwirkung auf unseren Körper kann keine andere heilsame Qualität entstehen. Die körperliche Verfassung wirkt sich, wie wir bereits erfahren haben, direkt auf die emotionale und die gedankliche Ebene aus. Somit wird es keine emotionale oder gedankliche Linderung unserer Probleme geben, solange unser Körper in Aufruhr bleibt. Gleichermaßen gilt, dass wir ohne körperliche und emotionale Ruhe und Klarheit auch keine gedankliche Klarheit erreichen können. Und die Ebene der Geistesobjekte, die verschiedene Informationen bereithält, die unseren Geist betreffen, kann nur effektiv ergründet werden, wenn wir in einem umfassenden Zustand der Klarheit verweilen können.

Unser Körper ist in der Lage, als Ursache und Quelle für unsere Empfindungen zu funktionieren: Erinnern Sie sich an die Möglichkeit des Mund-Yoga: eine Minimal-Übung, die auf lange Sicht Lachfalten in unserem Geist zu erzeugen vermag.

Schließen Sie gleich nach dieser Erklärung die Augen und prüfen Sie Ihre Geistesverfassung. Wenn Sie Ihre innere Verfassung wahrgenommen haben, lassen Sie die Augen noch kurz geschlossen. Nun beginnen Sie bitte einmal mit geschlossenen Augen zu lächeln. Während Sie lächeln, registrieren Sie bitte Ihre inneren Reaktionen darauf. Wie reagiert Ihr Geist auf die geänderte Gesichtsmimik? Sie werden sich wundern.

Haben Sie es gespürt? Es entsteht eine spürbare Veränderung im Geist, wenn wir körperliche Veränderungen vornehmen. Mit diesem Wissen können wir vielleicht etwas besser nachvollziehen, warum z. B. Meditationslehrer so auf die Meditationshaltung achten. Kennen Sie die anspruchsvollste Meditationshaltung? Es ist nicht der doppelte Lotussitz. Es die Position im Liegen. Denn unser Geist stellt sich in der liegenden Position auf Schlaf ein.

Körper und Geist beeinflussen sich gleichermaßen in umgekehrter Richtung: Ist unser Geist eingetrübt, dann reagiert unweigerlich auch unser Körper darauf. Er kommuniziert es gewissermaßen nach außen. Wir können bedrückte oder angespannte Menschen erkennen, weil der Körper es „verrät". Da wir mit hängenden Schultern tatsächlich eine andere Geistesverfassung entwickeln als mit hochgezogenen oder mit entspannten Schultern, nutzen wir diese sehr konkrete Zugriffsebene, um auf unseren Geist heilsamen Einfluss auszuüben. Die Zusammenhänge existieren nämlich insbesondere auf der unbewussten Ebene. Solange wir dorthin keine Aufmerksamkeit lenken, laufen die entsprechenden Muster unbewusst ab. Wenn wir aber gelernt haben, unseren Körper in jeder Situation zu beruhigen, dann wird unser Geist sich sofort beruhigen, wenn wir unseren Körper beruhigt haben. Denn unser Geist hört interessanterweise eher auf Körpersignale als auf Verstandesbefehle. So können wir uns zum Beispiel bei Angstempfindungen noch so oft sagen, alles sei gut, es wird nicht funktionieren. Gleichzeitig ist es unmöglich, mit einem beruhigten Körper starken Angstempfindungen aufzusitzen, denn mit einem beruhigten Körper können wir keine angespannten Geisteszustände aufrechterhalten. Der Geist folgt unserem Körper. Diese Vorgänge zeigen uns sehr deutlich unsere Selbststeuerungsmöglichkeiten.

Ein Leitsatz der Lehre und Praxis des ASST besagt dementsprechend:

Körperhaltung gleich Geisteshaltung.
Geisteshaltung gleich Körperhaltung.

Je mehr Sie sich angewöhnen, auf die vielen *körperlichen* Details zu achten – die Haltung im Detail, aber auch die Mimik, Gestik, den Tonfall und die anderen Körpersignale –, desto feinkörniger wird unsere Selbstwahrnehmung und wir können zunehmend leichter und konstanter in eine Beobachterrolle wechseln.

Über das Phänomen der Neuroplastizität werden hier durch regelmäßige Übungen nachhaltige Strukturveränderungen erzielt. Die Strategie ist also, nicht nur in schwierigen Situationen auf die Körperreaktionen zu achten, sondern sich bereits im Vorfeld durch Regelmäßigkeit einen Automatismus anzueignen, der dann in einer relevanten Situation viel schneller und sicherer zur Verfügung steht.

So entwickeln wir einerseits Kompetenzen für unsere Selbststeuerung und andererseits verändern wir in uns unsere grundsätzliche Empfindungs- und Reaktionsweisen.

Meditation als Grundlage der Selbststeuerung

Der Buddhismus übermittelt uns einen reichen Wissensschatz, wie wir mithilfe von Meditationen Einfluss auf unseren Geist nehmen können. Wir schöpfen im ASST also aus dem Vollen, wenn wir unser Gewahrsein für den gegenwärtigen Moment stärken und damit die Grundlage für alle weiteren Schritte der Selbststeuerung legen. Wichtig ist, dass wir uns nicht in theoretischen Definitionen verlieren, sondern eigene Erfahrungen machen, die Achtsamkeit als Begriff mit Leben füllen. In diesem Sinne möchte ich Sie zu einer vorbereitenden Übung einladen.

Bei dieser Methode handelt es sich um eine Visualisierungsübung. Nachdem Sie diesen Abschnitt gelesen haben, setzen Sie sich aufrecht hin; schließen Sie die Augen, gehen Sie aufmerksam durch alle Bereiche Ihres Körpers, atmen Sie bewusst. Als nächstes lassen Sie in sich ein Bild von einem kleinen See entstehen. Verknüpfen Sie nun die Wasseroberfläche mit Ihrer inneren Verfassung. Wenn Sie sehr unruhig sein sollten, dann sehen Sie viele Wellen auf dem See. Oft ist die Anfangssequenz mit deutlichen Wellenbewegungen verbunden. Sie kennen ja mittlerweile die Achtsamkeitsanleitung: Verweilend und betrachtend atmen. Schauen Sie mit ihrem inneren Blick nur auf die Wasseroberfläche und beobachten Sie, wie sich die Wellenbewegungen langsam beruhigend verändern.

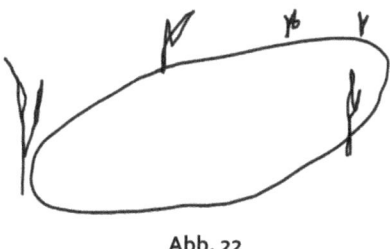

Abb. 22

Diese Herangehensweise wird schon nach relativ kurzer Zeit den inneren Wirbel besänftigen. Der innere Wellengang wird sich beruhigen und wir erfahren, symbolisch gesehen, einen klaren stillen inneren See mit ruhiger Oberfläche.

Derartige Erfahrungen können der Zündfunke sein, der unsere Motivation am Leben hält, tiefer in das Geheimnis der Meditation vorzudringen. Wir haben vielleicht schon einiges zum Thema Meditation gelesen und so sind ein paar innere Bilder entstanden. Die coole Kämpferin, die zuerst meditiert und dann vollkommen gelassen und souverän ihre Gegner besiegt. Die weise Frau, die in der meditativen Ruhe eine Schönheit und Cleverness ausstrahlt, wie sie sich wohl viele wünschen. Auch wenn Ihr Weg in die Meditation vielleicht nicht mit solchen Phantasien ausgeschmückt ist, so ist doch bei uns allen eine Hoffnung damit verbunden.

Und bei diesen Vorgängen ist natürlich auch immer unser Ego mit an Bord.

„Ich wünsche mir von der Meditation ...“

„Ich denke, dass mich die Meditation ...“

„Ich meditiere, weil ...“

Sie ahnen, dass eine solche Startposition bereits mit Fallstricken aufwartet. Am besten ist es, die Impulse, die uns unser Ego einflüstert, nicht zu verdrängen, sondern sie sich bewusst zu machen. Sicherlich hegen wir den Wunsch, Meditation zu „können". Schon in der ersten Unterrichtsstunde am Klavier möchten wir wunderbare Songs spielen können. Ein guter Lehrer sollte motivierende Erfahrungen vermitteln können, aber auch dazu motivieren, Fingerübungen durchzuführen. Es geht eben nicht ohne ein paar Basics und Vorbereitungen.

Vorbereitungen können sowohl über den Erfolg entscheiden als auch lähmen. Während die Suche nach den „richtigen" Meditationskissen, Meditationsdecken, Meditationshosen und Meditationsshirts unseren Geist im Hamsterrad beschäftigt hält, ist gleichzeitig anzuerkennen, dass eine Expedition stets einer Vorbereitung bedarf. In diesem Sinne können inspirierende Symbole uns als wichtige Erinnerungshilfe dienen und uns motivieren. Sie laden dazu ein, dass wir uns mit ihnen bzw. mit dem, was sie symbolisieren, identifizieren. Wenn dieser Vorgang bewusst geschieht, können wir einige Details als Übergangsobjekte nutzen. Indem sie uns für eine Weile heilig sind, erfüllen sie eine wichtige Funktion. Aber irgendwann wird es dann notwendig, auch diese hinter uns zu lassen.

Wenn wir einen Platz gefunden haben, an dem wir unsere Übungen durchführen können, dann konzentriert sich der nächste Schritt auf unsere Haltung. Allerdings ist es von grundlegender Bedeutung, die Vorbereitung als einen Vorgang zu sehen, der uns bereit macht. Somit handelt es sich um eine überwältigend wichtige erste Stufe und nicht um eine „Kleinigkeit", die sich dann später, mit mehr Kompetenz, übergehen lässt. Vorbereitet zu sein trägt bereits sehr viel vom angestrebten Ziel in sich. Wenn wir wirklich bereit sind, ist fast alles erreicht.

Wir Westler leben in einer Sofa-Kultur. Dadurch fällt es vielen von uns sehr schwer, einige Minute in wirklich aufrechter Position zu sitzen, ohne dass wir uns anlehnen müssen. Unsere Rückenmuskulatur ist vom Dauerstress derart verhärtet, dass die Wirbelsäule kaum stabil gestützt wird.

Entwickeln Sie hier keinen falschen Ehrgeiz. Wenn Sie Ihren Rücken stärken möchten, dann tun Sie dies sanft. Entspannen Sie Ihren Rücken, wenn das Empfinden beim Geradesitzen zu unangenehm wird, gehen Sie immer wieder in diese gerade Position und stärken Sie dadurch jedes Mal Ihre Rückenmuskulatur. Gehen und sitzen Sie aber nicht zu lange aufrecht. Steigern Sie langsam die Zeiten, in denen Sie sich so aufrichten.

Das Training des geraden Sitzens ist natürlich nur eine Variante. Auch das gerade Gehen in guter, aufrechter Körperhaltung ist ein wunderbares Training. Zudem kräftigt es nicht nur Ihren Rücken, sondern führt auch zu einer verbesserten Selbstwahrnehmung und zu einem frischeren Geist.

Ein sehr wesentlicher Aspekt bei der Übung ist die Wahrnehmung und auch Prüfung dessen, was während dieses Aufrichtens in unserem Kopf passiert. Nehmen Sie sich Zeit, diese Veränderung zu untersuchen.

Wenn du dich hängen lässt,
dann „hängt" auch dein Geist.
Die Haltung ist der Weg.

– Kodo Sawaki –

Sie können ein wenig die Schultern fallen lassen, der Kopf hängt etwas und der Rücken wird rund. Was für Empfindungen entstehen nun in Ihrem Kopf? Nehmen Sie das möglichst genau wahr. Vielleicht stellt sich bei Ihnen eine Empfindung ein, die einem Verlust der inneren Krone gleicht. Dann richten Sie sich auf. Werden Sie zur souveränen Königin bzw. zum souveränen König. Machen Sie den Rücken gerade. Straffen Sie Ihre Schultern, heben Sie Ihr Kinn. Tun Sie es in einer Weise, dass die innere Krone nun

Abb. 23

Abb. 24

hoch auf Ihrem Kopf thronen kann. Was passiert nun, während Sie körperlich in der Königshaltung sind, in Ihrem Kopf? Wie reagiert jetzt der Geist auf den Körper? Nehmen Sie das genau wahr. Sie werden sich wundern.

Eine scheinbar simple Übung, die mit einem enormen Effekt einhergehen kann. Wenden Sie im nächsten Schritt die eigenen Erfahrungen in der meditativen Sitzposition an. Da die Körperhaltung und die Geisteshaltung so intensiv aufeinander reagieren, macht es natürlich einen Unterschied, ob wir im Bett oder auf dem Sofa liegen, auf einem Stuhl sitzen oder ein Sitzkissen auf dem Boden für unsere Praxis wählen. Und natürlich entstehen Unterschiede auch durch die verschiedenen Sitzpositionen.

Es ist hier sehr wichtig zu verstehen, dass es sich bei diesen Anleitungen nicht um das simple Wiederholen von alten Traditionen handelt, sondern um nachgewiesene Erfahrungswissenschaften, die uns dazu anleiten möchten, wie wir mit Hilfe körperlicher Haltungen direkt geistige Haltungen einnehmen. Sie können gerne selbst einmal experimentieren, wie sehr sich eine Meditation auf einem Stuhl von einer auf dem Fußboden unterscheidet.

Generell ist das Ziel einer jeden Meditationshaltung, dem Meditierenden einen sicheren und bequemen Halt zu liefern.

Schauen wir uns eine relativ klassische Meditationshaltung auf einem Sitzkissen am Boden an. Die nachfolgende Abbildung, eine Seitenansicht vom Kopf bis zu den Knien, zeigt links eine Figur, die sich gewissermaßen selbst blockiert. Mit dieser geneigten Kopfhaltung und den zu hohen Knien sind trübe Gedanken, Muskelschmerzen und unheilsame Emotionen vorprogrammiert.

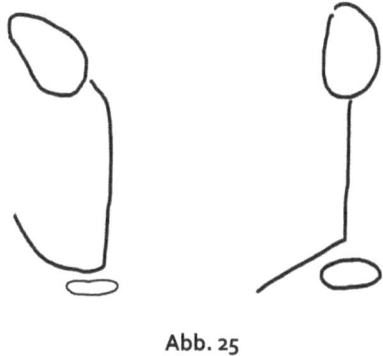

Abb. 25

Die rechte Figur sitzt aufrecht. Es ist wichtig, dass die Knie nach Möglichkeit tiefer als die Hüfte positioniert sind. Die Lage der Unterschenkel kann in verschiedener Weise angewinkelt sein. Sollte das gar nicht möglich sein, nutzen Sie bitte ein relativ hohes Sitzkissen. Probieren Sie verschiedene Kissen aus. Wenn die Knie zu hoch liegen, sollte das Kissen höher sein, ohne dass es allzu wackelig wird. Sie können ein hohes Sitzkissen nutzen und wenn dann die Knie den Boden nicht berühren, sollten sie unbedingt Ihre Knie unterstützen.

Abb. 26

Unsere Beine sind nun einmal recht schwer. Wir können sie nicht wie im Schneidersitz einfach in der Schwebe halten. Auch wenn es ein paar Minuten gutgeht, so entstehen schon bald erhebliche Missempfindungen wie Spannungen, Schmerzen oder Taubheitsgefühle. Eine Alternative ist das Sitzen in der Kniehaltung.

Abb. 27

In dieser Sitzposition sollten wir unbedingt beachten, dass das Gewicht vom Gesäß und auf keinen Fall von den Knien getragen wird.

Falls Sie mit solchen Sitzpositionen beginnen, dann steigern Sie sich bitte langsam und sanft. Gehen Sie nicht über Ihre

Schmerzgrenzen. Wenn die „Bodenhaltung" gar nicht möglich ist, nutzen Sie einen Stuhl. Auch hier gilt es wieder die aufrechte Position zu beachten. Nehmen Sie sich für die Ausrichtung Ihres Körpers (immer!) etwas Zeit. Auch wenn Sie schon viel Erfahrungen haben, schleichen sich mit der Zeit Nachlässigkeiten ein. Für die Erfahrenen sind das die Gewohnheitsmuster, die zu unbewussten Abfolgen führen.

Wenn Sie nach einer Weile gelernt haben, gerade und aufrecht zu sitzen, dann beginnt die mentale Haltung mehr in den Mittelpunkt zu rücken. Eine adäquate Vision meint hier die Akzeptanz dessen, was wir auf der geistigen Ebene vorfinden. Eine weniger hilfreiche Vision wäre es, wenn Sie sich in der Meditation als vollkommen leer, frei, gelassen und glücklich erleben möchten. Unser Geist ist, wie bereits ausgeführt, doch eher mit einem unerzogenen Hündchen vergleichbar. Es benötigt also anfangs etwas liebevolle Geduld. Auch wenn Sie auf der körperlicher Ebene schnelle Erfolge erzielen und z. B. schon nach kurzer Zeit recht gut sitzen können, so werden Sie dennoch bemerken, dass unser Geist, zwar durch die heilsame Körperhaltung schon positiv reagiert, aber dennoch etwas mehr Zeit und Geduld von uns benötigt. Sicherlich ist es für viele von uns erst einmal ungewohnt, alle Aktivitäten, die nach außen gerichtet sind, ruhen zu lassen. Während Ruhe in unserem Umfeld nur noch selten und zufällig vorkommt, finden wir hier eine Methode, mit deren Hilfe wir immer schneller die innere Stille erfahren können. Die nachfolgende Abbildung 28 zeigt uns eine sitzende Figur vor verschlossenen Fenstern.

Die verschlossenen Fenstern sollen gleich mehrere wichtige Aspekte der Meditation symbolisieren. Der erste Aspekt ist sehr offensichtlich, er bezieht sich auf unseren Rückzug. Manchmal, insbesondere zu Beginn unserer Übungen, kann es hilfreich sein, wenn wir einerseits dafür Sorge tragen, dass wir weniger mit Reizen bombardiert werden. Also suchen wir einen Ort auf, der halbwegs ruhig erscheint.

Außerdem symbolisieren die geschlossenen Fenster, dass wir lernen können, unsere Sinne zu schließen. Alleine das Schließen der Augen verringert bereits das uneingeladene Eindringen zahlreicher Unruhestifter-Reize. Durch die Bewegungslosigkeit während der Meditation beruhigen sich dann auch die anderen Sinnes-Fenster in uns. Schließen Sie also öfters einmal Ihre Fenster. Sie sind jetzt nicht mehr erreichbar. Zudem lenken Sie sich nicht mit anderem ab.

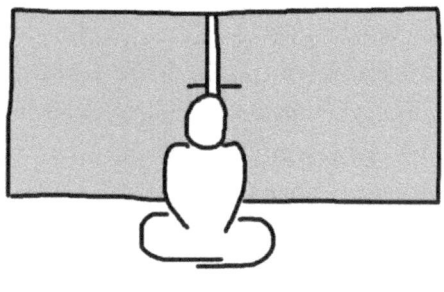

Abb. 28

Um die Konzentrationsübung der Selbsterfahrung und Selbstwahrnehmung besser zu bewältigen, können wir das Wissen über die Atmung, die wir schon kennen gelernt haben, nun abrufen und umsetzen. Die Atmung ist in ganz besonderer Weise eine große Hilfe, wenn wir uns auf uns selbst konzentrieren möchten. Die Aufgabe besteht darin, unsere Konzentration auf den Atemfluss zu bündeln. Natürlich reagiert unser „Konzentrationsscheinwerfer" anfangs noch sehr ablenkbar. Jedes Geräusch und jeder Gedanke wirkt wie ein Magnet. So verhalten wir uns wie geduldige Eltern, die immer wieder sanft, aber bestimmend Einfluss nehmen. Wenn Sie diesen Weg einschlagen, werden Sie bereits nach wenigen Wochen merken, dass Sie sich deutlich besser konzentrieren können. So finden wir die innere Stille über den Weg der aufrechten Körperhaltung und des Atembewusstseins.

Sie erinnern sich, dass wir immer noch auf der Ebene der Vorbereitung sind. Bevor wir in die erste Meditationsstufe eintreten, schauen wir uns noch kurz zwei weitere hilfreiche Vorbereitungsmöglichkeiten an. Einerseits geht es um unsere Beschäftigung mit hilfreicher Literatur. Die heute zur Verfügung stehenden Texte sind so gut, dass wir autodidaktisch sehr viel erreichen können. Dennoch ist kein Text so gut wie die Realität. So kann der Austausch mit einem Menschen sehr helfen, der auf seinem Weg bereits mehr Erfahrungen sammeln konnte. Dies kann ein weiser Freund oder ein Lehrer sein, der uns bei den ersten Schritten unterstützt. Ein weiterer und sehr wesentlicher Vorbereitungsfaktor ist unser Lebensstil.

Der Lebensstil ist der Rahmen, in dem wir unsere Übungen vollziehen. Da es aufgrund unserer untrennbaren Verbundenheit mit unserer Umwelt unzählige offensichtliche und auch sehr subtile Wechselwirkungen gibt, erscheint es äußerst ratsam, auf diesen Umweltfaktor Einfluss zu nehmen.

Sicherlich ist es wichtig, sich anfangs auf die neuen Übungen zu konzentrieren, also den Fokus zu bündeln, damit wir dadurch eine Exaktheit erreichen, die wir dann später leichter abrufen können. Auf dieser Ebene erreichen wir dann „Inselphänomene", das heißt, dass wir in isolierten Bereichen Fortschritte erzielen. Aber das Ziel ist eben nicht eine perfekte Performance in unserem stillen Kämmerlein, sondern die Verwirklichung in unserem Lebensalltag.

Deshalb wird es im Verlauf unserer Übungen immer mehr Ausweitungsimpulse geben. Wir wenden immer mehr an, was wir gelernt haben. Das ist ein ganz natürlicher und auch wichtiger Prozess.

Aufgrund dieser Dynamik ist unser Lebensstil direkt betroffen. Wir können ihn nicht ausklammern. Sehr vereinfacht läßt sich der heilsame Lifestyle so skizzieren, dass wir immer mehr Selbstschädigungen aufgeben und immer häufiger wohltuende

Anregungen umsetzen. Hier ist dann nicht mehr nur eine bestimmte spirituelle Technik gemeint, sondern unser gesamter Lebensentwurf.

Gehen wir nach diesen Hinweisen zur Vorbereitung nun einen Schritt weiter, indem wir uns dem Vorgang des Meditierens widmen. Viele Suchende nutzen die Meditation, um auf diesem Weg der Entdeckung zu ergründen, welche Kraft hinter den Formen liegt. Die Welt der Formen umfasst dabei sämtliche Objekte, aber auch gedankliche und emotionale Formen gehören dazu. In der Meditation erfahren wir einen für uns vollkommen ungewohnten Vorgang: Wenn wir die Welt der Formen verlassen, verlassen wir damit eigentlich alles, was wir kennen, was uns selbst ausmacht. Wir verlassen diese Welt, allerdings sehr gezielt und nicht im Rahmen eines psychedelischen Trips. Neurowissenschaftliche Studien zur Meditation konnten eindeutig belegen, dass Meditation nichts mit Abschalten zu tun hat, sondern vielmehr mit wacher Präsenz.

Wenn wir diesen Vorgang in uns kultivieren können, dann werden sich zwangsläufig Veränderungen einstellen. Wir werden weniger stimuliert und viele innere Prozesse kommen mit uns zur Ruhe. Die Formen kommen zur Ruhe, bis sie beginnen, sich aufzulösen.

Für diese Erfahrungen benötigen wir etwas Geduld. In einer verweilenden und betrachtenden, gütigen und sanften Haltung nehmen wir einfach nur eine gute Sitzposition ein, atmen und praktizieren geduldig. So erweitern sich sukzessive unsere Kompetenzen im Stillwerden.

Unser erstes Ziel ist dabei nicht das Erzwingen der inneren Ruhe, sondern lediglich die Betrachtung. Es gibt im Buddhismus keine Dogmen. Sie können sich, wenn Sie aufgeregt sind, gerne hinsetzen und sich zwingen, zur Ruhe zu kommen. Prüfen Sie, was dann passiert. Die Erfahrung vieler Menschen möchte anregen, einen leichteren Weg einzuschlagen, der zu dem gewünschten Ergebnis führen wird.

Der Zustand vollkommener geistiger Stille, Leere und Klarheit ist allerdings nie ganz stabil. Natürlich können wir solche Qualitäten durch regelmäßiges Einüben etablieren und auch den Weg dorthin immer direkter finden. Aber die Natur unseres geistigen Apparates neigt immer zur Aktivität. Zudem versuchen wir hier, Qualitäten in uns zu festigen, die in sich eine flüchtige Natur aufweisen.

Mit der Zeit kommen die inneren Gewohnheitsmuster zur Ruhe. Das vegetative Nervensystem funktioniert ausgeglichen, keine Gedanken drängen sich in den Vordergrund, keine Erinnerungen sind aktiv und auch unsere Körpersignale haben aufgehört. Unser Nervensystem arbeitet wach und aktiv, aber ohne Energieverschwendung durch z. B. Überaktivität, Hadern, Grübeln, Fixierungen, Obsessionen oder Identifikationen. In uns herrscht ein wacher Friede, eine bewusste Stille.

Und natürlich gibt es auch hier noch eine Instanz, die das zur Kenntnis nimmt und womöglich auch noch bewertet. „Ach wie schön." Aber wenn wir auch das wieder lediglich beobachten, werden diese Beobachteranteile sich sukzessive verändern. Die Grenzen zwischen uns und den Wahrnehmungen lösen sich auf. Aber eben in einem vollkommen anderen Prozess, als wir es von unseren Identifikationsneigungen kennen. Denn dort identifiziert sich ein innerer Anteil unseres Egos mit einer Wahrnnehmung und produziert Druck. In dem beschriebenen Zustand ist kein Ego-Anteil mehr aktiv. Mit dem Erlischen von aktiven Nervenregionen, die unsere Ego-Empfindungen normalerweise aktivieren, lösen sich nach und nach weitere Grenzen auf. Das Bewusstsein, das vorher konzentriert war, weitet sich immer mehr.

So betreten wir Bereiche, die uns mit unserem nervösen Alltagsbewusstsein nicht zugänglich sind. Erfahrungsbereiche, die nicht mehr durch unser Ego gefiltert sein müssen. Unser begrenztes Alltagsbewusstsein mit den vielen Ego-Impulsen transzendiert.

Menschen, die solche spirituellen Erfahrungen machen dürfen, spüren die vielfältigsten Auswirkungen in den unterschiedlichsten Lebensbereichen. Naturgemäß lassen sich Erfahrungen aus der formlosen, also auch begrifflosen Ebene nur noch schwer in Worte (Formen) fassen. Vielleicht lässt es sich ein wenig so beschreiben, als könnten wir „hinter den Vorhang" der Formenwelt, in der wir leben, schauen. Die Kontaktaufnahme mit dieser Ebene wird stets als sehr inspirierend, Kraft gebend oder auch umwerfend beschrieben. Es ist der Kontakt mit einer unerschöpflichen Kraftquelle.

Meditationsmeister gehen davon aus, dass diese Qualität unsere wahre Natur verkörpert und die konfuse Welt der Formen eine Ablenkung davon darstellt. Zudem ist der formlose Zustand ein Bereich, aus dem wir Informationen erhalten. So können wir auf dieser Erfahrungsebene die grundlegenden Wesensmerkmale der Natur erfahren: Interdependenz, Diskontinuität und Ego-Losigkeit.

Aber vielleicht beginnen Sie nicht gleich mit dem Ziel der Ego-Auflösung. Nehmen Sie sich Zeit für die einzelnen Schritte. Schließlich ist das Ziel der Wanderung auch nicht immer der Endpunkt, sondern das genüssliche Wandern.

Vielleicht haben Sie beim Lesen Sehnsüchte gespürt. Wie schön wäre es, so etwas zu erfahren! Aber schaffe ich das wirklich? Zweifel sind ganz normal, wenn wir uns unbekannten Gebieten annähern. Aber es sind eben keine äußeren Regionen, sondern Bereiche, die in uns darauf warten, von uns entdeckt zu werden. Sie haben dazu alles, was Sie benötigen. Nur das Bemühen darum, dass muss eben jeder selbst mitbringen.

Nachdem wir uns hier einige Grundlagen von Meditation angeschaut haben, wenden wir uns nun der Achtsamkeitsmeditation des ASST zu. Sie beruht auf der Fähigkeit, ein zunächst diffuses Knäuel an inneren Eindrücken gemäß unserer inzwischen bekannten Elemente Körper, Emotionen und Gedanken zu sortieren. Das ist die Basis der Selbststeuerung – der erste Schritt, um äußeren Eindrucken nicht völlig ausgeliefert zu sein, sondern mit wachsender Übungspraxis immer mehr die Rolle eines Kapitäns wahrnehmen zu können: Auch in stürmischen Zeiten behält ein Kapitän den Durchblick und kann auf der Grundlage einer umfassenden Situationseinschätzung den Kurs aktiv navigieren.

In der Achtsamkeits-Meditation des ASST üben wir uns darin, ein neues Gewohnheitsmuster zu etablieren, wobei sich die Abfolge der Meditationsschritte an der Achtsamkeitsstruktur orientiert.

Wir bringen unseren Körper in eine gute, stabile und bequeme Meditationshaltung. Dann fokussieren wir uns noch eine Weile auf unsere Körperempfindungen. Diese Vorgehensweise kann durch die Wahrnehmung unserer Atmung unterstützt werden. Damit befinden wir uns in der Achtsamkeitsmeditation auf der ersten Stufe.

Die zweite Stufe erreichen wir, wenn wir nun unsere Emotionen betrachten. Das Wort „betrachten" ist hier wirklich Programm. Es geht nicht darum, die Emotionen wegzuatmen. Es geht darum, sie zu betrachten. Sie können prüfen, wo sich Ihre Emotionen im Körper lokalisieren lassen. Wie sie sich anfühlen und wie sie sich differenzieren lassen. In der dritten Stufe betrachten wir unsere Gedanken. Diese haben sich sicherlich schon vorher bemerkbar machen wollen. Aber eine Achtsamkeitsmeditation gibt uns eine klare Struktur vor. Und unser Geist wird sich anfangs noch etwas sperren, aber dann – mit geduldigem, sanftem Üben – anpassen. Sicherlich können wir auch ergründen, wo in unserem Körper sich die Gedanken manifestieren.

So erreichen wir in drei Stufen eine innere achtsame Verfassung – einen Bewusstseinszustand, der sich besonders durch Klarheit und Ruhe auszeichnet. Alternativ können wir uns auch mit einer der drei Stufen begnügen. Die volle Aufmerksamkeit bleibt auf der Körperebene. Alle Emotionen und alle Gedanken dürfen parallel weiterfließen, stehen aber nicht im Mittelpunkt. Wir bündeln unsere ganze Konzentration auf nur einen Aspekt. Das erfordert viel Übung. Bei einer nächsten Meditation können wir unsere gesamte Konzentration dann z. B. nur auf die emotionale *oder* die gedankliche Ebene fokussieren. Diese Konzentrationsübung lässt uns immer jeweils auf nur einer Ebene verweilen. So erfahren und erlernen wir eine höhere Trennschärfe der drei Bereiche in uns.

Den Alltag aufgeräumt erleben

Die Herausforderung ist, dass die drei Bereiche – Körper, Emotionen und Gedanken – in einer stressigen Situation von uns nicht als separat erlebt werden. Wir erfahren im Stress eigentlich gar nichts außer einem mehr oder weniger diffusen Durcheinander. Die nachfolgende Abbildung zeigt auf der linken Seite so eine diffuse innere Wolke. Wir erleben sie als eine Art Unwohlsein, die individuell unterschiedliche Schwerpunkte aufweist. Einige von uns erleben im Stress eher körperliche Probleme, während andere eher mit starken Emotionen oder schwierigen Gedankenketten reagieren. Wir erleben Stress oder Druck und sind es kaum gewohnt, dieses innere Durcheinander zu sortieren. Denn die direkte Beschäftigung mit unliebsamen Themen entspricht nicht unbedingt der menschlichen Natur. Wir alle möchten Schmerzen oder Schmerzliches vermeiden und dazu gehört auch, dass wir alle möglichen schmerzlichen Themen gerne wegschieben.

Durch eine regelmäßige Praxis der Achtsamkeits-Meditation des ASST stehen uns die drei Bereiche auch in stressigen Alltagssituationen immer zuverlässiger zur Verfügung. Wir lernen, anhand entsprechender Fragestellungen alle Empfindungen, die uns aufwühlen, in drei Achtsamkeits-„Schubladen" einzusortieren.

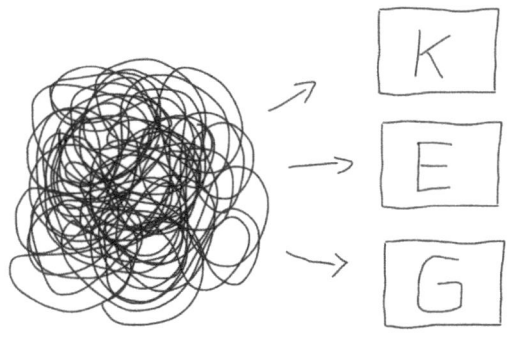

Abb. 29

K: Welche Körperempfindungen befinden sich in unserem inneren Knäuel?

Zuerst nehmen wir also, wie bereits bekannt, unsere Körpersignale wahr und packen sie in die erste Schublade.

E: Welche Emotionen befinden sich in unserem inneren Knäuel?

Als zweites nehmen wir unsere emotionalen Reaktionen wahr. Hier können wir differenzieren, ob es sich z. B. wirklich um Wut handelt oder doch eher um Ärger, Groll, Hass oder nur Frust. All diese Dinge sortieren wir in die zweite Schublade.

G: Welche Gedanken befinden sich in unserem inneren Knäuel?

Im dritten Schritt betrachten wir unsere Gedanken, die sich in dem inneren Knäuel befinden und packen sie in die dritte Schublade.

Alle unsere Empfindungen lassen sich in einem erstren Schritt einer dieser drei Ebenen zuordnen. Jede Empfindung besteht aus körperlichen, emotionalen und geistigen Anteilen.

Stellen Sie sich einmal vor, dass die Spannungsempfindungen sich als Ärger manifestieren. So sehen Sie in der Abbildung 30 einen kleinen Ärgerball, der dabei ist, sich in seine Einzelteile aufzulösen. So können wir die körperlichen Seiten (K) des Ärgers abgrenzen von den ärgerlichen Emotionen (E) und den ärgerlichen Gedanken (G).

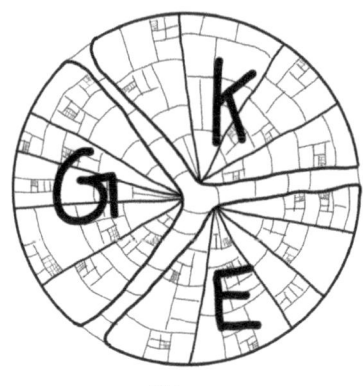

Abb. 30

Die Abbildung zeigt uns auch, dass jeder der drei Bereiche Körper, Emotionen und Geist wiederum aus vielen kleineren Bereichen besteht. So lässt sich zum Beispiel der Bereich unserer Körperlichkeit in viele weitere körperliche Entsprechungen aufteilen, die sich aus kleineren Bausteinen wie Herzklopfen, Magendrücken, Zittern, oder Schwitzen zusammensetzen. Und jedes dieser Symptome besteht wiederum aus noch kleineren Bausteinen. Das Herzklopfen baut sich zusammen aus Muskel- und Nerventätigkeiten, Flüssigkeitsaustausch und Stoffwechselergebnissen. Und auch diese lassen sich wieder in kleinere Bausteine aufteilen, bis wir bei den Molekülen, Atomen und subatomaren Teilchen landen.

Dieser Sortiervorgang bringt Übersicht in unser inneres Durcheinander. Und diese Übersicht beruhigt und klärt. Es sind damit natürlich nicht die ursprünglichen Probleme vom Tisch, aber die Ordnung erleichtert die Bewältigung. Wir lernen, mit Hilfe der drei Fragen das innere Leidensknäuel zu entwirren. Die nachfolgende Abbildung zeigt uns eine Visualisierung, die wir uns zu diesem Vorgang gut einprägen können. Es ist, als könnten wir uns setzen, die inneren Verknotungen in drei Schubladen einordnen und so sukzessive in eine klare, ruhige Verfassung kommen.

Abb. 31

Dieses Achtsamkeitsprinzip ist ebenso simpel wie effektiv. Es muss lediglich oft genug wiederholt werden, damit wir es ausreichend verinnerlichen können. Wenn Sie mögen, dann verankern Sie in sich die Visualisierung Ihrer eigenen inneren Kommode mit den drei Schubladen für Körperempfindungen, Emotionen und Gedanken.

Es ist möglich, an den Sortiervorgang einen sanften Veränderungsimpuls anzuschließen, indem wir uns den Schubladen nach einer kleinen Intervention auf der Körperebene erneut zuwenden. Der weitere Ablauf sieht dann wie folgt aus:

1. Den Körper aufrichten und in eine gute Position bringen. Die Körperempfindungen beobachten. Bewusst atmen.
2. Verändern sich die Emotionen durch die Fokussierung auf den Körper? Wie verändern sich die Emotionen? Weiter bewusst atmen und beobachten.

3. Verändern sich die Gedanken durch die Umsorgung des Körpers und der Emotionen? Nur beobachten, keine Spannungen zusätzlich erzeugen. Weiter bewusst atmen.

Zunächst geht es um ein reines Beobachten, wie die Anspannungen sich womöglich lindern und Körper, Emotionen sowie Gedanken sich klären. Sicherlich ist die Beruhigung und Klärung bei Aufregung bzw. die Aktivierung und Klärung bei Antriebsmangel ein Ziel, aber dieses streben wir nicht so direkt an wie der Stier das rote Tuch.

Wir dürfen verweilen. Wir dürfen darauf vertrauen, dass sich die gewünschten Prozesse unweigerlich in uns manifestieren. Wir erzeugen schließlich keinen neuen Stress, geben den vorhandenen Problemen keinen weiteren „Zündstoff", sodass der initiierte Vorgang seinen natürlichen Verlauf nimmt.

Diese Übung wird Sie direkt ohne Umwege auf eine schnelle und effektive Weise in einen Zustand von „Aufgeräumtheit" und achtsamer Klarheit führen. Der Weg in diese Klarheit darf aber nicht als ein äußerer Weg verstanden werden, der uns in irgendeiner Weise von den Problemen wegführt, sodass nun durch clevere Achtsamkeit das Land der Probleme hinter uns liegt und wir auf ewig in der unerschütterlichen Freude der Dauerachtsamkeit verweilen. Er führt uns nicht von den Problemen weg, sondern von den unreflektierten Problemreaktionen. Aber wir befinden uns nach wie vor in einem steten Fluss von Reizen und Reaktionen, der sich nicht endgültig zur Ruhe bringen lässt. Einer der Leitsätze der Buddhistischen Psychotherapie BPT®, aus der heraus das ASST entwickelt wurde, verweist dementsprechend darauf, dass wir uns nicht *von,* sondern nur *inmitten* unserer Probleme befreien werden.

Hier lohnt sich ein vertiefender Blick auf die Phänomene, die wir für gewöhnlich als „Problem" bezeichnen. Wir alle werden immer wieder mit Problemen konfrontiert und leiden. Das ist unvermeidbar. Offenkundig besitzen diese Probleme eine große (imaginäre) Masse, die wiederum über eine hohe Gravitationskraft verfügt.

Es ist wie eine magische Anziehungskraft, die auf uns ausgeübt wird. Die nachfolgende Abbildung zeigt uns zwei Menschen, die zur Ruhe kommen möchten.

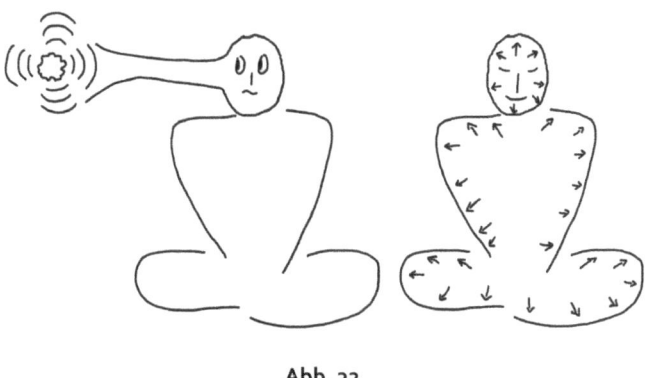

Abb. 32

Die linke Person in der Abbildung verfügt über keinerlei Geistestraining. Sie ist der Anziehungskraft von äußeren Problemen vollkommen erlegen. Beispielsweise befindet sich in unmittelbarer Hörweite ein Telefon, das ständig klingelt. Die Aufmerksamkeit der linken Person wird von dem Klingeln angezogen, sie kann sich dagegen überhaupt nicht wehren. Wahrscheinlich fühlt sich diese Person vollkommen im Recht. „Es ist eine Sauerei, dass sich niemand um das Telefon kümmert." Jeder nur erdenkliche Reiz, und natürlich auch die für uns positiven Reize, verfügen über diese Anziehungskraft. Die Person rechts in der Abbildung bleibt mit dem Fokus ganz bei sich. Sie erreicht ein hohes Maß an Unabhängigkeit von äußeren Problemen, weil sie ihre Aufmerksamkeit in sich zu konzentrieren gelernt hat.

Bitte verdeutlichen Sie sich das darin anklingende Prinzip der Unabhängigkeit. Ein unabhängiger Staat ignoriert seine Nachbarn nicht, aber er muss auch nicht sofort auf alles und jeden reagieren. Er ist souverän. Ebenso führt uns das Selbststeuerungstraining des ASST sukzessive in die Unabhängigkeit. Die Dinge finden ihren Platz. Sie sind und bleiben da. Wir leben und deshalb werden wir immer wieder auf Probleme stoßen. Wir nehmen sie durchaus wahr, aber wir sind es nun, die darüber entscheiden, ob wir uns ihnen zuwenden möchten oder nicht.

Dass uns Probleme begleiten, wird mit einem brennenden Haus verglichen – sicherlich ein einprägsames Bild. Und womöglich finden Sie es etwas übertrieben, aber wir reagieren eben sehr oft leidenschaftlich, mit einem brennenden Empfinden. Die Kunst, die es zu erlernen gilt, besteht also darin, trotz unseres leicht entzündlichen Materials nicht noch mit Benzin zu spielen. Wenn Flammen auftauchen, sollten wir Ruhe bewahren.

Vielleicht sind die Flammen oft nur die Projektionen unseres inneren Dramas. Flammen benötigen immer „Nahrung". Entziehen wir den Sauerstoff, fällt die Flamme in sich zusammen. So eine Situation zu entdramatisieren könnte damit beginnen, dass wir Probleme nicht mehr als Störungen interpretieren, sondern als das, was sie wirklich sind, nämlich Bestandteile unserer Realität.

Die Buddhisten haben das in der sogenannten Ersten Edlen Wahrheit auf den Punkt gebracht: Leben bedeutet, Probleme zu haben. Immer wieder. Und mit einem gezielten Geistestraining befreien wir uns aus solchen unbewussten Dynamiken. Wenn wir uns auf diese Weisheit wirklich einlassen, dann sollten wir uns zukünftig in vielen schwierigen Situationen mehr entspannen können, denn schließlich wissen wir ja, dass jetzt *kein* Fehler und *keine* Störung passiert, sondern dass Leben stattfindet. Alles läuft normal, wir haben gerade ein Problem. Probleme werden wie die Gezeiten immer kommen und gehen. Unser Weg könnte es sein, mit den Gezeiten leben zu lernen. Vielleicht sogar die Kraft der Gezeiten für uns nutzbar zu machen. Also gewissermaßen aus alternativen Energien Kraft zu schöpfen. Wenn wir die Energieverschwendung zu vermindern lernen, indem wir zum Beispiel nicht mehr so viel hadern, grübeln, leiden oder jammern, sondern uns beruhigen und einen klaren Kopf bekommen, werden wir über ein deutliches Plus an Energie verfügen. Das sogenannte Okay-Mantra kann uns helfen, in diese annehmende Haltung hineinzuwachsen: Alles, was passiert, ist okay. Es ist vielleicht nicht gut, aber eben okay. Ein dazu passender Leitsatz lautet: *Da, wo ich sitze, ist immer Ruhe.* Wieder ist hier die zunehmende Unabhängigkeit von äußeren Reizen gemeint und nicht die Machthabe über das Umfeld. Wir werden unseren Mitmenschen keinen anderen Rhythmus, keine andere Lautstärke oder andere Umgangsformen beibringen. Es gibt kein Missionieren. Stattdessen lernen wir, wenn wir es denn wollen, uns in uns selbst etwas mehr zurückzuziehen.

Aus einem innen wahrgenommenen Problem können wir so durch gezielte Selbstberuhigung ein Problem machen, das zwar immer noch da ist, aber nur wie eine Wolke durch uns hindurch zieht.

Abb. 33   Abb. 34

Wenn die dunkle Wolke erst einmal nicht mehr in uns, sondern um uns ist, können wir selbst mit ein wenig frischem geistigen Wind die Natur ihren Lauf nehmen lassen.

Durch diese einfache Übung wird erfahrbar, wie unmittelbar wir über den Körper auf die Wahrnehmung eines Problems Einfluss nehmen können.

Wann immer ein Problem spürbar wird, halten Sie für einen Moment inne. Legen Sie die Hände auf den Bauch und spüren Sie die Wärme der Hände. Die Bauchgegend ist sehr sensitiv, hier finden wir unser „zweites Gehirn", eine dichte Ansammlung von Nervengewebe um unseren Verdauungstrakt herum. Wenn Sie die Wärme Ihrer Hände in der Bauchregion spüren, entstehen bereits auf neuronaler Ebene erste kleine Entspannungseffekte. Dann atmen Sie so ein bzw. zeigen dem anderen, dass beim Einatmen die Hände nach vorne gedrückt werden. Die Bauchdecke wölbt sich beim Einatmen und fällt beim Ausatmen etwas zurück. Für ein paar Atemzüge wird dieser Vorgang wiederholt. Bei jeder Gelegenheit können Sie diese sehr einfache Übung wiederholen. Natürlich geht es auch unauffälliger, ohne Einsatz der Hände.

Die Übung kann erfahrbar machen, dass wir nicht nur alle von der Universalität des Leidens betroffen sind. In asiatischen Ansätzen gehen wir gleichermaßen von der Universalität des Heilseins aus.

Wir sind sowohl alle vom Leiden betroffen als auch alle heile. Dieser scheinbare Widerspruch kann schnell aufgelöst werden, wenn wir uns ein dazu passendes Bild vergegenwärtigen.

Die nachfolgende Abbildung 35 möchte zeigen, dass wir alle einen sogenannten edlen Kern in uns tragen. Dieser symbolisiert unser generelles Heilsein.

Wenn wir nun schmerzliche Empfindungen wahrnehmen, dann besteht der erste Impuls meist darin, diese Empfindungen und hoffentlich auch deren Auslöser, das ursprüngliche Problem, möglichst schnell loszuwerden. Aber Sie werden womöglich bereits die Erfahrung gemacht haben, dass es Probleme und Empfindungen gibt, die wir so schnell nicht wieder abladen können.

Abb. 35

Selbst wenn das ursprüngliche Problem tatsächlich verschwindet, so tragen wir die damit verbundenen Empfindungen noch sehr lange mit uns herum. Manchmal scheint es eben keinen Weg zu geben, der davon wegführt. Alle äußeren Probleme sind immer auch innere Probleme.

Und wenn es keinen Weg davon weg gibt, dann gibt es einen Weg hinein.

Was können wir dort erwarten? Auf was werden wir stoßen, wenn wir uns einen Weg bahnen konnten? Und wie bahnen wir uns diesen Weg?

Um diesen Sachverhalt nachvollziehen zu können, ist die Realisierung von zwei Ebenen in uns wichtig.

1.) Auf der ersten Ebene befinden wir uns im Bereich unserer Alltagserfahrungen. Dort haben wir Zugang zu unseren Ego-Anteilen, zumindest zu einer Auswahl. Damit sind die Fähigkeiten gemeint, die im Kindesalter in uns angelegt sind und die wir uns dann in unserer Entwicklung zum Erwachsenen hoffentlich aneignen. Als Erwachsene verfügen wir über zahllose innere Ego-Anteile.

Hier finden wir ein unerschöpfliches Potenzial – allerdings sowohl an positiven als auch an negativen Möglichkeiten. Auf die-

177

ser Ebene sind wir keinesfalls grundlegend edel. Die hier aktiven Ego-Anteile behindern unseren Zugang zur Erfahrung des edlen Kerns. Sie legen sich wie Schutzschichten um den Kern. Ego-Empfindungen erzeugen einen Ring der Angst, des Schmerzes, der Wut oder der Trauer, es kann tatsächlich so eng und dicht werden, dass wir den Zugang zu unserem inneren Heilsein verlieren.

2.) Jenseits der ersten Ebene finden wir mit entsprechenden Übungen, wie sie uns das ASST vor allem auf der 3. Stufe zeigt, einen Zugang zu Ebenen, die durch den edlen Kern symbolisiert werden können. Wenn unsere Ego-Impulse in die Stille geführt werden können, dann öffnen sich für uns neue Erfahrungswelten.

Wir finden den Zugang zu unseren inneren geistigen Qualitäten eben nicht mit Anstrengung und Kampf oder anderer Energieverschwendung, sondern in der Stille der Achtsamkeit. Achtsame Selbststeuerung meint hier, dass wir uns selbst nicht nur achtsam kontrollieren, sondern einen achtsamen Kontakt zu unserem Selbst, unserer geistigen Qualität, herstellen.

Durch die regelmäßigen ASST-Übungen dieser ersten Stufe werden nach spätestens zwei bis sechs Wochen spürbare Veränderungen auftreten. Eine Besonderheit dabei ist, dass diese Veränderungen eine Art Kettenreaktion in Gang setzen:

1. Zuerst erreichen wir durch die Übungen der ASST-Grundstufe eine Einflussnahme auf unsere innere Energiezentrale, das vegetative Nervensystem.
2. Dadurch können wir auch unsere Gedanken und Emotionen beeinflussen.
3. So entwickeln wir eine deutliche Steigerung der Selbststeuerungsfähigkeiten.
4. Dadurch nimmt die Unabhängigkeit von äußeren Einwirkungen zu.
5. Zusätzlich verbessern sich Konzentrations- und Gedächtnisleistungen.

6. Dadurch entstehen Erfahrungen von Selbstwirksamkeit.
7. Selbstwirksamkeitserfahrungen sind in der Lage, das Selbstwertgefühl, den Optimismus und die Selbstsicherheit deutlich zu steigern.
8. Die Erfahrungen von selbsterzeugter Leichtigkeit und Lebensfreude stabilisieren sich.
9. Gelassenheit und Souveränität festigen sich nach und nach.
10. Die Stabilisierungseffekte führen uns vom hilfreichen *Verhalten* zur stabilen, positiven *Haltung*.

Wir erzeugen also etwas, das durch regelmäßiges Üben in uns nachhaltig wirken und somit überdauern kann.

2. ASST-Stufe: Die Konsolidierung

Nachdem die Grundlagen der Selbststeuerung abgesichert wurden, sodass wir uns spürbar besser aktivieren bzw. für innere Ruhe und Klarheit sorgen können, verfügen wir über ein sicheres Fundament, auf dem wir weiter aufbauen. Wir entwickeln uns in eine selbstgewählte Richtung, indem wir unser Potenzial entwickeln, Ressourcen fördern und Strategien erlernen, wie wir den Gestaltungsspielraum in unserem Leben Schritt für Schritt erweitern.
Dafür sind zwei Etappen von großer Bedeutung:
1. Zuerst werden weitere Selbststeuerungskompetenzen identifiziert und konsolidiert.
2. Dann werden weitere heilsame Ressourcen identifiziert und konsolidiert.

A. Selbststeuerungskompetenzen identifizieren
Ego-Anteile, die unsere Selbststeuerung unterstützen sind z. B.
1. der „innere Vernünftige" mit der Kompetenz zum Bedürfnisaufschub.

2. der „innere Zurückhaltende" mit der Kompetenz zur Impulskontrolle.

3. der „innere Ausgeglichene" mit der Kompetenz zur Frustrationstoleranz.

4. der „innere Selbstbeherrschte" mit der Kompetenz zur Aggressionshemmung.

Natürlich können hier beim Einzelnen viele weitere Selbststeuerungskompetenzen als Ego-Anteile identifiziert werden.

B. Weitere heilsame Ressourcen identifizieren

Auf der Suche nach heilsamen Selbststeuerungsanteilen treffen wir sicherlich auf verwandte heilsame Ego-Anteile, die vielleicht nur indirekt die Selbststeuerung unterstützen, die aber für uns und unser Leben eine spürbare Wendung unterstützen könnten. So lassen sich Ego-Anteile identifizieren wie z. B. der „innere Helfer", der „innere Berater", der „innere Mitfühlende", der „innere Introspektionsfachmann", der „innere Heiler", aber auch der „innere Sportler", der „innere Gesundheitsinspektor", der „innere Sozialmensch" usw.

Auf diese Weise können wir einen heilsamen Einfluss auf unsere negativen Ego-Anteile ausüben, ohne dass wir ihnen nahekommen müssen. Es ist ein wenig so, als würden wir sie nicht mehr so oft füttern, weil wir dieses Futter nun den heilsamen inneren Anteilen zukommen lassen. Dabei sind Anteile, die wie z. B. der „innere Süchtige" oder das „innere Opfer" tatsächlich in sich unheilsam sind, von Anteilen zu unterscheiden, die ihre unheilsame Energie erst durch unsere Unbewusstheit erhalten. So könnten wir mit viel Achtsamkeit natürlich einen gut dressierten „inneren Kampfhund" für ganz bestimmte Situationen einsetzen.

Im Gegensatz zur 1. ASST-Stufe, die als Grundkurs noch sehr universell angelegt ist, erfolgt nun in der 2. ASST-Stufe eine deutliche Individualisierung. Eine fundierte Ego-Analyse ermöglicht zunächst eine Art Bilanz. Sich ehrlich selbst zu reflektieren, benötigt ein gewisses Maß an innerer Stabilität. Ein Mensch mit geschwächter Selbststruktur möchte die wenigen vorhandenen Ressourcen nicht auch noch kritisiert wissen. Dieser Vorgang ist also etwas heikel. In einem geschützten therapeutischen Setting lässt sich diese Bestandsaufnahme daher sicherlich am fundiertesten umsetzen. Aber die nachfolgende Auflistung kann helfen, einen ersten Eindruck zu gewinnen. Sie sehen in der nachfolgenden Tabelle eine ganze Reihe von Persönlichkeitsanteilen. Versuchen Sie, bei jedem ungefähr einzuschätzen, wie stark er in Ihnen generell, also nicht nur in der jetzigen Situation, ausgeprägt ist. Malen Sie dementsprechend das Feld neben dem Anteil aus. Wenn Sie einen Anteil bei sich nicht identifizieren können, lassen Sie das Feld einfach leer. Vielleicht bemerken Sie, dass einige bei Ihnen sehr stark, andere aber kaum ausgeprägt sind.

Persönlichkeits-Anteile		Persönlichkeits-Anteile		Persönlichkeits-Anteile	
Angsthase		Genießer		Leichtgläubige	
Kampfhund		Neugierige		Schweinehund	
Trauerkloß		Reiselustige		Befehlsempfänger	
Opfer		Forscher		Devote	
Kind		Pedant		Masochist	
Erwachsene		Perfektionist		Sadist	
Antreiber		Politiker		Brutale	
Oberlehrer		Erzieher		Dieb	
Polizist		Angestellte		Regelbrecher	
Richter		Arbeiter		Absprachefähige	
Berater		Reinigungskraft		Teamplayer	
Helfer		Gläubige		Einzelgänger	
Weise		Mönch/Nonne		Mordlüsterne	
Sportler		Asket		Kulturliebhaber	
Süchtige		Kontrolleur		Liebhaber	
Chaot		Feldwebel		Sexsüchtige	
Grübler		Tyrann		Gourmet	
Haderer		Mäuschen		Umweltbewusste	
Zweifler		Mutige		Karrieremensch	
Zyniker		Fanatiker		Skrupellose	
Selbst-Saboteur		Waghalsige		Schüchterne	

Hassbereite		Optimist		Introvertierte	
Desinteressierte		Pessimist		Extravertierte	
Dumme		Realist		Draufgänger	
Interessierte		Vater		Hysteriker	
Partymensch		Mutter		Nimmersatt	
Kreative/Künstler		Spirituelle		Distanzierte	
Frau / Mann		Schmerz-Ego		Erneuerer	
Revoluzzer		Leidensfähige		Konsummensch	
Geduldige		Mutter Theresa		Konservative	
Gütige		Mitreißer		Traditionsmensch	
Naturmensch		Familienmensch		Melancholiker	
Modemensch		Autodidakt		Lernwillige	
Steuermann		Navigator		Arzt	
Clown		Selbstkritiker		Selbstkontrolleur	
Selbstverwirklicher		Psychologe		Humorist	
Abhängige		Abergläubige		Schauspieler	

Die Suche nach solchen Anteilen ist ein Introspektionsvorgang, den Sie auch während einer Meditation vornehmen können, indem Sie auftauchende Gedanken inneren Anteilen zuordnen.

Für die Ausprägung dieser Anteile ist in den ersten Lebensjahren sehr stark das Umfeld verantwortlich. Aber als Erwachsene liegt es jetzt an uns selbst, für die Kultivierung unserer Persönlichkeitsanteile zu sorgen. Die oben beispielhaft aufgeführten Kompetenzen zum Bedürfnisaufschub, zur Impulskontrolle, zur Frustrationstoleranz oder zur Aggressionshemmung können als Ressourcen angesehen werden, auf die u. a. unser „innerer Diplomat", der „innere Gelassene", der „innere Erwachsene", der „innere Disziplinierte" etc. zurückgreifen können. Wenn solche Ressourcen noch zu schwach in Ihnen ausgebildet sind, dann könnte es sinnvoll sein, sich tageweise immer auf einen dieser noch unterentwickelten Persönlichkeitsanteile zu konzentrieren und ihn im Laufe des Tages, immer wieder bewusst zu aktivieren: Die Ampel ist schon wieder rot – was würde jetzt mein „innerer Gelassener" dazu sagen? Da ist ein Kratzer am neuen Auto – was würde jetzt mein „innerer Gelassener" dazu sagen? Es will nicht aufhören zu regnen – was würde jetzt mein „innerer Gelassener" dazu sagen? Jede dieser Aktivierungen stärkt den aktivierten Anteil.

Dieser Prozess führt unweigerlich zu spürbaren Veränderungen, die wir als sehr wohltuend erleben. Aber schon eröffnet sich eine neue Gefahr: Wenn wir z. B. durch das ASST mehr Gelassenheit entwickeln oder andere für uns positive Änderungen, dann entstehen schnell innere Impulse, die uns vermitteln möchten: ICH bin jetzt gelassen. ICH kann das jetzt. ICH bin auf einem guten Weg. Solche Identifikationsneigungen entstehen unbewusst und scheinen quasi im Untergrund zu wuchern. So verstricken wir uns schon bald in neuen Problemen.

Wenn Sie auf der 1. Stufe des ASST Ihr inneres Fundament solide gelegt haben, können wir uns einer bestimmten Frage nähern, die diese Verstrickung lösen kann. Diese Frage ist in angenehmen Situationen ebenso geeignet wie in begehrlichen oder auch stressigen Momenten wie z. B. in Streitsituationen. Die an uns selbst gerichtete Frage lautet: *Was wäre, wenn jetzt kein Ego spürbar wäre?* Können Sie sich vorstellen, was Sie empfinden, wenn es keine Ego-Empfindungen bei Ihnen mehr gibt? Wenn diese – zumindest temporär – schweigen? Wie würde ich mich jetzt fühlen, wie würde ich jetzt reagieren, was würde ich jetzt denken, wenn ich kein EGO besitzen würde?

> *Der Ungebildete glaubt, er sei sein Körper.*
> *Der Gebildete glaubt, er sei sein Verstand.*
> *Der Weise erkennt die wahre Natur des Egos.*
> – Buddhistische Weisheit –

Das ist eine ungewöhnliche Frage, die eine unorthodoxe Sicht auf uns selbst ermöglicht. *No Ego – no Pain,* heißt es. Natürlich ist unser Ego kein System, das nur negativ einzuschätzen ist. Es kann uns gute Dienste leisten. Häufig entsteht Stress aber dadurch, dass unser Ego sich gerne an Probleme klebt. Diese selbstkritische Frage kann dabei helfen loszulassen. Wenn Sie in Ihrem Leben genug Ego getankt haben, dann können Sie sich immer häufiger sagen: NO EGO !

Zuvor macht die Frage Sinn: Was genau tragen wir da eigentlich mit uns herum? In Weisheitsgeschichten wird unser Ballast mit einem schweren Rucksack verglichen, den wir, wie alle anderen auch, unbewusst schultern. Mit zunehmender Lebenserfahrung kann sich da schon einiges ansammeln. So entsteht oft der Eindruck, als würden wir eine fast unübersichtliche Menge an Erfahrungen mitschleppen.

Die Abbildung möchte uns zeigen, dass sich der Inhalt unserer „Rucksäcke" aber tatsächlich aus nur zwei Anteilen zusammensetzt.

Abb. 36

Das „F" steht für Fakten. Sie können schon ein ziemliches Gewicht erzeugen. Damit aber nicht genug, denn nun fügen wir selbst noch ein weiteres Gewicht dazu: „E" steht für Ego und meint einerseits unsere Reaktionen auf die Fakten und andererseits eine Kraft in uns, die auch eigenständig neue Fakten schafft. Erst diese Kombination macht unseren Rucksack oft schier unerträglich.

Sie sehen in der Abbildung, dass dieser Mensch keinen Überblick mehr haben kann. Der Blick ist durch die Last und die dadurch entstehende gebeugte Haltung direkt auf den Boden gerichtet.

Natürlich möchten wir gerne einige der belastenden Fakten loswerden. Und sicherlich ist das nicht ganz unrealistisch. Wir könnten uns scheiden lassen, den Job wechseln oder auswandern, aber Sie ahnen bereits, dass das ASST an einem anderen Punkt ansetzt: Der erste Schritt ist immer die Betrachtung unserer Egostruktur, wie sie diese 2. Stufe vorsieht. Die anfängliche Konsolidierung und die darauffolgende Linderung von Ego-Impulsen möchten uns also von einer Last befreien. Die nachfolgende Abbildung zeigt uns die veränderte Last und die dadurch auch veränderte Haltung des Trägers.

Abb. 37

Sie möchte uns verdeutlichen, dass wir unser Ego nicht zur Last werden lassen. Ego-Impulse kann diese Figur aber sehr wohl noch erleben. Schließlich sehen wir das Lächeln.

Das Ego muss also nicht zwangsläufig nur negativ eingeordnet und eliminiert werden. Achtsamkeit macht uns diese Sachverhalte deutlich. Schließlich gibt es Situationen, in denen wir für uns oder für andere eintreten sollten. Das ist zwar oft mit Ego-Impulsen verbunden, aber wir können uns dann darauf besinnen, WELCHE Ego-Anteile wir für die jeweilige Situation aktivieren sollten.

Sobald wir die Frage *„Was wäre, wenn jetzt kein Ego spürbar wäre?"* in uns entwickeln können, haben wir bereits ein gutes Stück hilfreiche innere Distanz gewonnen.

Du bist perfekt, so wie Du bist.
Aber Du solltest dringend etwas ändern.

– BUDDHISTISCHER SPRUCH –

Das ASST wird Ihnen im eigentlich Sinne nichts geben oder hinzufügen. Es klärt lediglich die Aufgewühltheit, die Irritationen, die Unbewusstheit, die Anhaftungen und Widerstände. Um in einer aufgeschüttelten Schneekugel eine innere Klarheit zu erzeugen, müssen und können wir auch nichts von außen hinzufügen. Der Klärungsprozess verläuft ganz natürlich, wenn wir das „Schütteln" aufgeben. Dann wird erkennbar, dass Sie bereits perfekt sind. Das grundsätzlich Gute ist schon immer dagewesen, aber leider haben die vielen ungefilterten Außenreize und die vielen Ego-Impulse vieles verdeckt.

Sind all diese Trübungen geklärt, fällt etwas von Ihnen ab, das Sie sowieso nicht sind. Was dann übrig bleibt, kommt Ihrem eigentlichen Wesen deutlich näher. Sie müssen also nicht noch jahrelang Anstrengungen auf sich nehmen, sondern vielmehr erkennen lernen, dass hier und jetzt alles okay ist.

Die Psychoanalytiker haben die Meinung geprägt, dass wir, bevor wir glücklich sein können, zuerst unsere Vergangenheit bewältigen müssen.

Die Verhaltenstherapeuten haben die Meinung geprägt, dass wir, bevor wir glücklich sein können, zuerst noch eine Menge zu lernen haben, damit wir es zukünftig leichter haben.

Die einen suchen unser Heil in der Vergangenheit, die anderen in der Zukunft.

Die geniale Realität sieht aber so aus, dass wir „nur" im tiefsten Kern erkennen müssen, dass hier und jetzt alles okay ist.

In der Vergangenheit sind schlimme Dinge passiert? Das ist furchtbar, aber wir können es nicht rückgängig machen. Wenn wir dem kein weiteres Leid hinzufügen, finden wir eine Haltung des würdigenden Okays: Nicht gut, nicht schlecht, eben okay.

Sträubt sich in Ihnen etwas dagegen?

Prüfen Sie diese Reaktionen genau, denn hier stoßen Sie auf Ihre Widerstände und Anhaftungen, die zusätzliches Leid erzeugen und Sie gefangen halten.

Wenn wir tief in dieses Thema hineinschauen, können wir erkennen, dass es in uns einen bestimmten Ego-Anteil gibt, der das Leiden HEUTE erzeugt.

Dieser Ego-Anteil will auf der alten Geschichte herumkauen und sie immer wieder durchleben. So verstärkt er sich selbst.

Verwechseln Sie diese Okay-Haltung nicht damit, den Kopf passiv in den Sand zu stecken wie ein Straußenvogel. Wir sparen lediglich unnötige Energieverschwendung, lernen zu entdramatisieren und uns zu stabilisieren. Das ist dann oft das Fundament, auf dem wir aktiv werden können. Es ist also keinesfalls das Ziel, alles schweigend zu schlucken. Im Gegenteil. Aber unsere Alltag vollzieht sich mit Hilfe des ASST eben ohne Bluthochdruck, roten Kopf, schweißige Hände, Wut im Bauch oder Angst im Nacken. Das ASST unterstützt das Herabsinken der inneren „Schwebeteilchen" und mit der daraus entstehenden Ruhe und Klarheit finden wir eine optimale Startposition. Dann ist es okay.

Erfahrungsgemäß werden sich manche Schwebeteilchen als besonders hartnäckig erweisen: Wenn uns ein Mensch etwas zugefügt hat, geht das Loslassen mit einem Vergeben einher. Fragen Sie sich bitte kritisch: Haben Sie es bereits wirklich geschafft, jemandem zu vergeben, der Ihnen Schlimmes angetan hat?

Und konnten Sie sich selbst vergeben, dass Sie das zugelassen haben? Glauben Sie wirklich, dass das funktioniert hat? Wenn Sie sich die Ereignisse sehr detailliert wieder vor Augen führen, regt sich dann wirklich nichts mehr in Ihnen?

Oft verwechseln wir einen Abstumpfungs- und Verdrängungsprozess mit einem wirklichen Loslassen. Wenn das Loslassen und Vergeben so schwierig ist, woran liegt das?

Sie sagen sich vielleicht:

„ICH lasse los."

„ICH vergebe."

„ICH will mich davon befreien."

Bei dieser überdeutlichen Schreibweise merken Sie schon, worauf die Argumentation hinausläuft. Und Sie verstehen, wo das eigentliche Problem angesiedelt ist. Solange unser Ego mit von der Partie ist, wird es keinen Frieden geben können.

Sicherlich können wir lernen, uns tiefer zu entspannen und detailliert die Körperebene und dann die emotionale und die gedankliche Ebene zu beruhigen und zu klären, aber wir bleiben selbst mit den Mitteln dieser effektiven Achtsamkeitsmethode nur innerhalb festgelegter Möglichkeiten.

Um diesen Weg also weiterzugehen, benötigen wir eine sehr intensive und selbstkritische Auseinandersetzung mit unserer Egodynamik, wie sie in der 2. Stufe angeleitet wird. Solange wir unreflektiert inneren Egoimpulsen folgen, finden wir nach einer Hürde nur weitere Hürden.

Damit lässt sich nun ein nachhaltiges Loslassen und Vergeben verstehen. Wir benötigen zuerst eine gewisse innere Stärke, also ein solides Ego. Aber dieses Ego benötigt Wissen und Übung, damit es nicht zu narzisstisch wird. Erst dann können wir davon innerlich loslassen. Und erst dann sind wir in der Lage, mit gelindertem Ego auch andere Probleme und andere Menschen loszulassen.

Die nachfolgende Abbildung möchte den wichtigen Aspekt der inneren Ego-Verfassung noch einmal verdeutlichen. Die Ego-Entwicklung kann im Laufe des Lebens in den ersten Jahren so ungünstig geprägt werden, dass sich entweder ein überhöhtes narzisstisches (N) oder ein geschwächtes kindliches (K) Ego entwickelt.

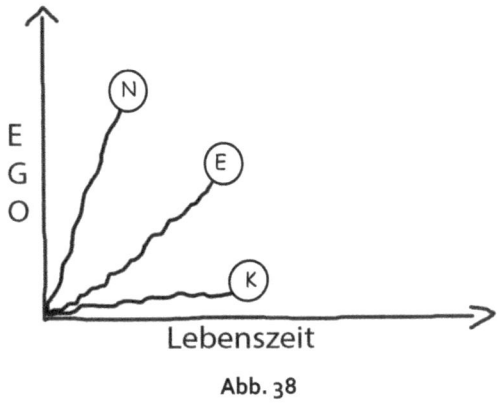

Abb. 38

Die ausgewogene Ego-Entwicklung (E), die wir als psychisch weitgehend gesunde Erwachsene durchlaufen haben, ist bei der ASST-Methode in der ersten Phase der Interventionen der wichtigste Ansatzpunkt. Dennoch kann auch diese ausgewogene mittlere Ego-Stufe, wie eben beschrieben, nicht als anzustrebendes Endziel, als Ideal angesehen werden. Die zugrundeliegende Problematik können wir erkennen, wenn wir den drei Ego-Varianten eine Stimme geben.

N: Das narzisstische Ego: „ICH kann's besser."
E: Das erwachsene Ego: „ICH schaffe es."
K: Das kindliche Ego: „Ich bin hilflos."

Natürlich gibt es nicht nur das eine, z. B. kindliche Ego. Immer sind in uns sehr viele Ego-Anteile vorhanden. Aber das Gesamtniveau unserer Anteile kann so vereinfachend kategorisiert werden, damit wir eines wesentlichen Zusammenhangs gewahr werden: Sowohl der Narzisst als auch der Erwachsene verfügt über ein starkes Ego, während das kindliche Ego geschwächt bleibt. Natürlich hat das nicht immer nur etwas mit dem Alter zu tun. Leider verfügen viele Erwachsene, selbst alte Menschen, nur über ein kindliches Ego. Wenn in jungen Jahren eine erhebliche psychische Verletzung nicht kompensiert werden konnte, bleiben Menschen oft auf dem Niveau des kindlichen Egos stehen.

Die narzisstische und die kindliche Position sind nicht ideal für Bemühungen zum Loslassen und Vergeben, da der Ego-Status entweder zu stark oder zu geschwächt ist. Nur das ausgewogene erwachsene Ego kann als halbwegs gute Ausgangsposition angesehen werden.

Die Tatsache, dass wir lediglich verschiedene Ego-Anteile besitzen und diese unterschiedlich ausgeprägt sind, bedarf einer vertieften Ergründung, damit wir uns dieser Realität wirklich stellen können. Dafür ist es wichtig, den eigenen Ego-Status gut einschätzen zu lernen. Denn diese Einschätzung wird unterschiedliche Konsequenzen nach sich ziehen.

Narzisst: die überhöhte Ego-Situation

Die Ego-Linderung aus der narzisstischen Position heraus erfolgt durch die 1. ASST-Stufe. Hier werden Selbstwirksamkeitserfahrungen angeboten, die eine Selbstregulation ermöglichen. Durch die Aktivierung des inneren Ruhezentrums im vegetativen Nervensystem lernen wir, dass wir uns selbst steuern können. Dass uns selbst scheinbar nervige Situation nicht mehr wie Marionetten reagieren lassen. So kann Souveränität ohne Anspannungen erfahren werden und der innere Narzisst lernt, sich zu beruhigen.

Erwachsener: die mittlere Ego-Situation

Die Ego-Linderung aus der erwachsenen Position heraus erfolgt durch ASST-Techniken, wie wir sie in der 3. ASST-Stufe kennenlernen werden. Hier werden spirituelle Erfahrungen angeleitet, die zeigen können, wie es sich anfühlt, wenn die Ego-Impulse immer stiller werden. Dieser Vorgang ist nicht so kompliziert, wie es vielleicht den Anschein hat. Im Abschnitt zur 3. ASST-Stufe wird es beschrieben.

Kind: die geschwächte Ego-Situation

Nichts schwächt unsere Ego-Stärke so sehr wie Hilflosigkeit. Und logischerweise wird das Gegenteil von Hilflosigkeit unser Ego aufbauen. Das Gegenteil von Hilflosigkeit ist Selbstwirksamkeit, also das Empfinden: „Ich bewirke das. Ich kann das selbst steuern. Ich bin nicht abhängig. Der Faktor, der hier wirkt, ist mein ICH."

So bilden wir als Kinder unser Ego. Erwachsene nennen das Trotz. Aber das Kind möchte eben sein Ego stärken. Als Erwachsene wäre es wohl verträglicher, wenn wir Ego-Stärkungen nicht auf die kindliche Weise umsetzen müssen.

Die Ego-Stärkung aus der kindlichen Position heraus erfolgt durch ein gezieltes Selbststeuerungstraining, wie es in der 1. ASST-Stufe vermittelt wird. Gezielte Atemübungen führen entweder in die Aktivierung oder in die Beruhigung – je nach Bedarf. Wie bereits erwähnt, wächst durch die Erfahrung einer funktionierenden Selbststeuerung das Empfinden von Selbstwirksamkeit.

Es gibt sicher viele Bereiche, auf die wir nur wenig Einfluss haben. Suchen Sie sich also Bereiche, in denen Sie für sich selbst Entscheidungen treffen können. Es sollten sich aber heilsame Aspekte entwickeln! Nur zu oft suchen sich hilflose Menschen Lebensbereiche, in denen sie zwar nun Kontrolle ausüben können, aber die Ergebnisse sind – wie beim Hungern, Extremsport oder plastischer Chirurgie – oft nicht heilsam. Die ASST-Methode ist eine nachhaltige Variante, in sich das Erleben von Selbstwirksamkeit zu fördern.

Der Weg der Klarsicht, des Erkennens, des Kultivierens und damit der Konsolidierung des inneren Fundamentes benötigt ausreichend Zeit. Wenn wir ein bestimmtes Verhalten, z. B. durch gezieltes Üben, oftmals wiederholen und damit Erfolge erzielen, dann wird sich dieser Ablauf in uns festigen. Das basiert auf dem menschlichen Funktionieren. Regelmäßigkeiten können in uns gewissermaßen einprogrammiert werden. Wenn Sie jeden Morgen um 5 Uhr aufstehen müssen, dann benötigen viele schon nach kurzer Zeit keinen Wecker mehr. Und wenn wir bestimmte Tätigkeiten dann noch gezielt üben wie z. B. die differenzierten Komponenten der Selbststeuerung, dann werden sich diese Fähigkeiten in uns immer tiefer als stabile Haltung der Achtsamkeit verwurzeln.

Die regelmäßigen, einige Minuten während en Übungen und die Mikropausen erzeugen ganz konkret die Kompetenz einer größeren Unabhängigkeit von äußeren Stressoren. Wir reagieren nicht mehr so unbedacht und leidvoll. Automatisch atmen wir erst einmal durch, kommen zur Besinnung und sind dann in der Lage, altgewohnte Muster zu verlassen. So spüren wir eine deutliche Selbstwirksamkeit und damit verbunden natürlich auch unsere Selbststeuerungskompetenzen.

Das ist natürlich ein enormer Konsolidierungsprozess, den diese 2. ASST-Stufe strukturiert erzeugen kann.

Wenn dieser Zustand erreicht wurde, würden viele Berater- und Behandlungsmodelle von einem großen Erfolg sprechen. Was natürlich auch zutrifft. Das ASST bietet darüber hinaus eine 3. Stufe an.

3. ASST-Stufe:
Die spirituelle Ebene

Unsere Ego-Impulse können uns oft helfen, wenn wir sie *bewusst* handhaben, nur zu oft behindern sie wichtige Heilungsprozesse wie das Loslassen und Vergeben. ICH fühle mich ... ICH meine, dass ... ICH will .... ICH will nicht ... Ego-Anteile sind die Hauptquelle für selbst erzeugten Stress.

Es ist wichtig, das eigene Ego zu spüren, aber wir müssen nicht jedem seiner Impulse blind folgen.

Im Buddhismus wird daher davon ausgegangen, dass starke Ego-Strukturen zwar die eigene Selbstwahrnehmung und Selbststeuerung verbessern können, aber letztlich nicht zum wahren Frieden führen. Deshalb existieren weltweit überall Traditionen, die in einen Zustand jenseits unserer Ego-Empfindungen führen, in den Bereich der spirituellen Ebenen. Der Begriff „jenseits" wurde hier mit Bedacht gewählt, denn es geht nicht darum, unterhalb unseres Egos zu landen, also im animalischen Bereich. Wir benötigen also erst einmal stabilisierte Ego-Anteile, um dann darüber hinaus gehen zu können.

In der 3. ASST Stufe führen vertiefte Meditationsformen zu einer besonderen Form der inneren Stille, in der wir unser Ego transzendieren. Wir erzeugen diesen Zustand in der Meditation durch langes, vollkommenes Stillsitzen und eine verlangsamte Atmung. In dieser sich ausweitenden Stille beruhigen sich die Nervenzellen in uns immer mehr, auch die, die für unsere Ego-Anteile zuständig sind. Wir können innere neuronale Areale, die unsere Ego-Anteile steuern, aktivieren und wir können sie, mit etwas Training, auch sehr stark beruhigen. Aktivierte Areale erzeugen Empfindungen und die deutliche Beruhigung führt dazu, dass Empfindungen immer mehr zur Ruhe kommen. Ego-Empfindungen kommen also in der vertieften Meditation zur Ruhe und können sogar für die Zeit der inneren Stille verlöschen.

Zuerst werden wir also ruhiger, und zwar – entsprechend dem ASST-Ablauf – zuerst körperlich, dann emotional und danach gedanklich. Dann beginnt sich in der ruhigen stillen Bewegungslosigkeit das Körperschema (temporär) aufzulösen. Wir bemerken das dadurch, dass wir nicht mehr spüren, wo z. B. unsere Hände liegen. Es kann hier zu vielen sehr ungewöhnlichen

Körperempfindungen kommen. Bei einigen Menschen geschieht das bereits nach einigen Minuten der stillen Meditation, aber bei vielen anderen wird es 20 Minuten und länger dauern. Es ist eben nicht nur ein äußeres, sondern auch ein inneres Stillwerden. Es wird ruhig. So lösen sich unsere Ego-Empfindungen (temporär) auf. Wir registrieren es z. B. dadurch, dass unsere Bewertungen aufhören. Eine Folge davon ist, dass wir Geräusche nicht mehr als Störung erleben. Das kann natürlich auch in anderen Situationen auftreten, ist aber auf dieser Stufe deutlich stabiler. In diesem Zustand können wir selbst wahrnehmen, dass wir empfindungsfähig bleiben, obwohl sich keine Ego-Regung bemerkbar macht. Wir nehmen die Welt weiterhin wahr, aber eben ohne Ego-Anteile. Die Auflösung dieser Ego-Dominanz führt zu einer Art von Weitung der Wahrnehmung. Unsere Ego-Identifikationen lösen sich ebenso auf, wie die innere Enge der Bewertungszwänge, die inneren Kommentare und der selbsterzeugte Druck. Wir transzendieren all unsere eingrenzenden inneren Strukturen. Wir gehen darüber hinaus und spüren, dass es nicht das Nichts ist, das uns dort erwartet. Die Stille wird unser Tor zur Spiritualität.

Spiritualität hat natürlich viele Facetten und Vertiefungsstufen, aber wenn wir uns den Weg anschauen, werden wir feststellen können, dass es sich dabei nicht um diffuse Selbstsuggestionen oder Einbildungen handelt, sondern um messbare, nachvollziehbare, psychophysische Vorgänge. Spiritualität ist ein komplexes Geschehen, das nur dann wirklich für uns heilsam wirken kann, wenn wir nicht nur die „Flügel", sondern auch die „Wurzeln" nutzen können. Da wir den Grundkurs und die Konsolidierungsstufe durchlaufen haben, verfügen wir über ausreichend „Bodenhaftung". Diese Abfolge des ASST ist absolut grundlegend. Es sollte keine Abkürzungen geben. Menschen mit Ego-Problemen, z. B. in Form von Persönlichkeitsstörungen oder auch Minderwertigkeitsempfindungen, aber auch alle anderen Übenden, die eine aktuelle Krise erleben, sollten sich zuerst der Konsolidierung widmen, bevor sie sich spiritueller Erfahrungen von Ego-Auflösung widmen. Denn ohne entsprechende, vorausgehende Absicherung können diese Erfahrungen erhebliche Ängste auslösen. Schließlich benötigt der angedeutete Auflösungsprozess, als unumgängliche Etappe, eine gute Portion Mut und Selbstvertrauen. „Ich löse mich jetzt auf, aber ich werde mich später wiederfinden." Ohne entsprechende innere Sicherheit kann der Weg schmerzlich werden oder auch ganz blockierend, denn Angst bedeutet immer auch die Dominanz unseres inneren Angst-Egos. Und die Aktivierung eines Ego-Anteils versperrt den spirituellen Weg.

Viele Menschen, die unter ihrem verletzten Ego leiden, möchten den spirituellen Weg einschlagen, um zu heilen. Sie wünschen sich aber oft Abkürzungen auf diesem Weg. Das leidvolle Ego soll sich auflösen und nicht mehr spürbar sein. Das ist natürlich ebenso verständlich wie unrealistisch. Tatsächlich benötigen wir für diesen Weg eine sichere Startposition. Und das bedeutet nun mal eine Absicherung unseres Egos. Wir müssen also gewissermaßen unser ängstlich-verletztes Ego zuerst umhegen und pflegen, sodass es sich beruhigt und wir es für eine Weile alleine lassen können. Dieser Weg führt uns dann zu ziemlich spektakulären und mitunter vollkommen neuen Eindrücken. Schließlich spüren wir etwas, ohne ein ICH mit ins Spiel zu bringen. Immer mehr kann sich nun die Wahrnehmung von Ego-Losigkeit stärken.

Diese Erfahrungen sind von einer Qualität, die unbedingt selbst erfahren werden sollte. Jede Wiederholung wird diese Erfahrung in uns vertiefen. Das ist auch deshalb bedeutsam, weil wir schließlich nicht nur nach schönen, interessanten, neuen Erfahrungen suchen, sondern nach verlässlichen Wegen, die uns nachhaltig heilsam verändern. Es soll also nicht nur zu Kurzzeit-, sondern es soll zu Langzeiteffekten kommen.

Auf der Basis eines ausreichend abgesicherten Egos erfahren wir, dass unser Ego nicht die letzte Instanz ist. Jenseits dessen warten Erfahrungsmöglichkeiten auf uns, die sich nur schwer in Worte fassen lassen. Wenn Sie noch keine solchen Erfahrungen machen konnten, werden derartige Beschreibungen sehr befremdlich wirken. Deshalb besteht immer die Einladung zum Selbsterfahren.

Die Erfahrungen jenseits von Egos mögen zwar nicht leicht zu beschreiben sein, aber die Auswirkungen sind es sehr wohl. Es ist heute sogar wissenschaftlich abgesichert, dass tiefe Meditationserfahrungen einen stabilen Frieden, Gelassenheit und Freude in uns zu kultivieren. Unsere psychisch-emotional-kognitive und auch unsere physisch-medizinische Gesundheit profitieren messbar.

Die vorherige Absicherung dient aber nicht nur als sichere Wegbegleitung oder als Voraussetzung für den Prozess, sondern sie schützt uns auch davor, die neuen Erfahrungen z. B. als Flucht vor unseren Verantwortungen zu missbrauchen.

Eine zu schnelle Ego-Linderung wirkt sich ebenso problematisch aus, wie ein zu starkes Festhalten an diesen Strukturen. Wenn wir es nicht lernen, unser stabiles Ego wieder zu lindern, werden wir selbst ein Leben lang durch unser Ego versklavt. Und natürlich gehen wir dann mit unseren Mitmenschen, der Natur und allen anderen Wesen auch auf diese Weise um. Wir haften an Vorstellungen, wir setzen uns und andere unter Druck und versuchen durch Anstrengungen oder Selbstvergiftungen nicht mehr zu leiden. Aber immer mehr Menschen leben alleine und fühlen sich isoliert.

Spiritualität ist ein Tor, das in uns allen bereits auf uns wartet. Es ist offen. Aber um es zu durchschreiten, benötigen wir Stille. Es ist nichts, was Sie können oder nicht können, sondern es ist etwas, das von wirklich jedem gelernt werden kann. Dieses Buch möchte Sie herzlich dazu einladen, Ihre inneren Ressourcen zu entdecken und ungenutzte heilsame Bereiche zu kultivieren. Ein kleiner, sicherer Schritt nach dem anderen.

Vom Achtsamkeitsverhalten zur Achtsamkeitshaltung

Die drei vorgestellten Stufen des ASST unterstützen Sie mit den Anregungen zu einer konkreten Übungspraxis dabei, aus einem achtsamen *Verhalten* eine achtsame *Haltung* entstehen zu lassen, getreu dem ASST-Grundsatz: *Alles, was wir wiederholen, kann sich in uns festigen.*

Die nachfolgende Verkettung verdeutlicht unsere Einflusschancen:

Motiv → Handlung → Wiederholung → Gewohnheit → „Charakter"-Haltung → Schicksal

Das Motiv, also die Absicht, entscheidet über die Qualität Ihrer Handlung. Ist das Motiv für Ihren Impuls z. B., durch einen Austausch eine Klärung zu erzielen? Oder geht es, wenn Sie ehrlich sind, doch eher um den Wunsch, Recht zu behalten? Möchten Sie Achtsamkeit in sich festigen, damit andere Sie bewundern? In diesem Fall würde sich auch Ihr narzisstischer Anteil stärken. Falls Sie unter Minderwertigkeitsempfindungen leiden, könnte das sogar positiv sein.

Gleichzeitig gilt: Gerade introvertierte Menschen, die sowieso schon allzu viel schlucken, fühlen sich von der stillen Achtsamkeit sehr angesprochen. Stille und Schweigen können Ausdruck unserer geistigen Essenz sein, sie können offenbaren, dass wir nicht alles zerdenken und zerreden, nicht ewig alles lamentieren müssen, aber sie können auch ein Ausdruck von unheilsamen Geisteszuständen wie Depressionen, Widerstand und passiver Aggression sein. Daher gilt: Bleiben Sie selbstkritisch. Immer bestimmt die zugrundeliegende Motivation und Haltung den eigentlichen Wert unseres Tuns.

Und Sie können sicher sein: Wiederholungen führen zu Festigungen, die z. B. die Form von Gewohnheiten annehmen. Gewohnheiten wiederum können sich noch weiter verfestigen, z. B. zu einem rechthaberischen Charakter. Die jeweilige Motivlage entscheidet also letztlich darüber, welches Schicksal uns in unserem Leben erwartet.

Auch hier gilt wieder: Stoppen Sie eine alte Herangehensweise, die Sie als unheilsam identifiziert haben. Wechseln Sie zu heilsamen Alternativen – und Ihr Charakter wandelt sich. Es gibt nur dann feste Charaktere, wenn wir uns täglich darum bemühen. Viele von uns gehen immer noch „ins Tal" der eigenen Biografie, um nach sich selbst zu suchen. So lassen sich sicherlich verschiedene Ego-Bilder festigen, aber oftmals erfahren wir dadurch keine Heilung. Wir müssen nicht in jedem Abgrund nach uns selbst suchen. Wieso sollten wir aus Abgrund-Anteilen bestehen? Gibt es nicht noch andere Orte, an denen die Suche lohnt?

Da das ASST eine Methode sein möchte, die uns das Leben erleichtert, sollten wir darauf achten, dass wir uns damit nicht ein zusätzliches Joch auferlegen. Wir werden ein Leben lang Herausforderungen zu bewältigen haben. Da wird eine Methode, auch wenn sie so effektvoll wie das ASST ist, keine plötzlichen Wunder bewirken. Verschonen wir uns mit überhöhten Ansprüchen und bauen keinen Leistungsdruck auf, finden wir einen immer leichter werdenden Weg durch unsere Probleme hindurch.

Das ASST-Training kann zwar trotz der Integration von Körperübungen als ein Geistestraining bezeichnet werden, aber inzwischen sollte deutlich geworden sein, wie dünn diese Begriffstrennung ist. So intensiv interagieren Körper und Geist, dass beide eigentlich nur als Begriffe zu trennen sind. Überall im Körper befinden sich Elemente wie Nervenzellen, Nervenverbindungen, Neurotransmitter und Hormone, die letztlich unseren Geist konstituieren.

Aus diesem Grund werden heute Behandlungsformen, die nur einzelne Bausteine herausgreifen, als wenig erfolgversprechend angesehen. Sicherlich gibt es manchmal noch isolierte

Phänomene, die sich durch die Behandlung eines Einzelfaktors beheben lassen. Aber wir erleben immer häufiger komplexe Symptome und ebenso komplexe Zusammenhänge. Deshalb erzielen ganzheitlichere Ansätze immer nachhaltigere Erfolge.

Wenn wir unsere unzähligen Gewohnheitsmuster unreflektiert beibehalten und nur eine Achtsamkeitsmethode zusätzlich hinzufügen, erfahren wir zwar Wirkungen, aber diese bleiben oft hinter den Möglichkeiten zurück. Aus vielen Gesprächen mit ASST-Schülern und Klienten über die Wirkungsweisen und auch über die Hemmnisse lassen sich klare Erfahrungswerte ableiten, was die Umsetzung und Effektivität des ASST unterstützt oder eben behindert. Es wäre doch unsinnig, wenn wir uns auf der einen Seite engagieren, aber auf der anderen Seite wichtige Faktoren außer Acht lassen, die unsere Bemühungen sabotieren können. Wer schöpft schon gerne Wasser in ein Sieb?

5. KAPITEL

Die eigene Übungspraxis vertiefen

Echte Praxis zeigt sich nicht im Tempel,
sondern draußen im Alltag,
dort, wo wir auf das wahre Leben stoßen.

– DALAI LAMA IV. –

Der Nebel lichtet sich

Die hier gemeinte Lebenskunst versteht sich als eine harmonische Integration verschiedener Verhaltensweisen in den unterschiedlichen Lebensbereichen. Sie ist mit der Tätigkeit eines guten Dirigenten vergleichbar: Sehr unterschiedliche Seiten in uns müssen für sich selbst und auch untereinander gestimmt und abgestimmt werden.

Sicherlich gibt es Kulturen, in denen die Menschen unter Anderem deshalb für eine längere Zeit ins Kloster gehen, weil sie Lektionen stärker verinnerlichen wollen. Diese Verinnerlichung dient der sicheren Umsetzung, also der Verwirklichung. In unserer Kultur möchten wir natürlich auch die wichtigen Erfahrungen verinnerlichen, aber die Bereitschaft, das ganze Leben durch einen längeren Klosterbesuch oder gar Klostereintritt zu verändern, steht für die wenigsten von uns zur Diskussion.

Wenn wir die in uns vorhandenen Ressourcen zur Achtsamkeit durch gezieltes Verstehen und Üben zum Erblühen bringen, dann kann ein „Blütenduft" unser Leben durchziehen, der uns erkennen lässt, dass wir Lebenskünstler sind. Dieser „Duft", der uns an heilsame Seiten in uns erinnert, möchte sich, wie Düfte das so machen, ausbreiten. Er möchte unser ganzes Leben durchdringen. Allerdings trifft dieser „Duft" unserer achtsamen Bemühungen auf äußere und innere Widerstände. Diese treten oft in Verkleidung als liebgewonnene Vorlieben, Gewohnheiten und Automatismen auf.

Wir können uns alles über Schokolade aneignen, was es darüber zu wissen gibt. Aber wenn wir nie in ein Stückchen süßer Schokolade gebissen haben, dann werden wir das Phänomen Schokolade nie wirklich ergründen. Zudem wird auch die köstlichste Schokolade keinen dauerhaften positiven Wandel in uns bewirken. Fast alle Maßnahmen liefern uns eher Kurzzeiteffekte.

Wenn wir täglich viele Stunden, über Jahre hinweg, einem Weg gefolgt sind, der zwar positive Seiten hatte, aber eben auch viele negative Nebenwirkungen mit sich brachte, dann benötigen wir eben mehr als nur einen kleinen Crash-Kurs oder eine kleine Übungseinheit für den Sonntagmorgen.

Wir erleben in uns immer wieder Verneblungen. Wenn wir aus der Zerstreuung heraustreten möchten, dann streben wir eine Ganzheit an, die wohl nur mittels ganzheitlicher Methoden und Herangehensweisen zu realisieren ist.

Die eigenen Erwartungen etwas genauer zu beleuchten, kann äußerst hilfreich sein. Was genau möchten wir durch ein Achtsamkeitstraining erreichen?

Die gewünschten Effekte sollen viele Lebensbereiche positiv beeinflussen. Aber wenn wir von Wechselwirkungen sprechen, dann werden nicht nur die Achtsamkeitsübungen die Lebensbereiche beeinflussen, dann beeinflussen natürlich auch die Lebensbereiche das Achtsamkeitstraining.

Das „Spiel" wird also etwas komplexer.

Vielleicht beruhigt es Sie zu hören, dass es nicht darum geht, nun alles auf den Kopf zu stellen. Die vertiefte Umsetzung des ASST hat in erster Linie etwas mit Bewusstwerdung zu tun und nicht mit einem Job-, Partner- oder Wohnungswechsel. Wenn wir mehr Achtsamkeit in verschiedene Lebensbereiche integrieren, dann treten wir in *positive* Wechselwirkungen, denn wir erhalten aus diesen Lebensbereichen natürlich auch Energie zurück. Diese Wechselwirkungen können wir gut für uns nutzbar machen, denn sicherlich verändert Achtsamkeit z. B. den Lebensbereich Beruf und wenn wir im Job einige Prinzipien des ASST realisieren, dann wird unser Beruf zur Quelle für Achtsamkeit.

Wir haben es also mit vielen Kreisläufen zu tun, die sich entweder in einer heilsamen Dynamik entfalten oder sich, bei unheilsamen Vorbedingungen, auch blockierend auswirken. Sehr kurz gefasst lässt sich das wie eine Binsenweisheit formulieren:

Achtsamkeit erzeugt Achtsamkeit.

Unachtsamkeit behindert Achtsamkeit.

Das liest sich leicht und wir stimmen dem gerne zu. Aber unterschwellig existieren unsere festen Gewohnheitsautomatismen, die nur zu gerne unsere Routinen abspulen möchten. So entsteht oft eine Anfangseuphorie, auch mit Anfangserfolgen, aber schon bald laufen auch diese eigentlich heilsamen Bemühungen auf Autopilot. So werden viele Neuerungen schleichend von unseren Gewohnheitsmustern vereinnahmt, der neue Impuls wird entsprechend assimiliert. Auf diesem problematischen Weg kann das ASST ein wunderbares Hobby sein oder werden. Ähnlich wie Tennis, Golf oder Jogging.

Das ist sicherlich immer noch besser, als es gar nicht zu praktizieren. Und vielleicht entwickelt sich daraus in vielen Jahren eine recht heilsame Dynamik, die dann zu heute noch unabsehbaren Veränderungen führen wird. Aber auf der anderen Seite müssen wir die Faktoren, die eine heilsame Entwicklung hemmen, auch deutlich benennen und prüfen.

So sollten wir uns fragen, was es bringt, gewissermaßen Wasser in ein Sieb zu schöpfen. Sich die „Löcher" in der eigenen Lebensgestaltung anzuschauen, kann für einen heilsamen Prozess, um den wir uns bemühen, enorm wichtig sein. Auf der einen Seite füllen wir Heilsames auf unser „Konto", aber auf der anderen Seite lassen wir die positive Energie weiterhin durch unsere „Löcher" – z. B. unheilsame Angewohnheiten – wieder entweichen. Manche Gewohnheiten sind mittlerweile so fest in uns verankert, dass wir aus der eigenen Perspektive heraus nicht in der Lage sind, einen adäquaten Überblick zu entwickeln und deshalb auch zu keiner passenden Einschätzung gelangen.

Gerne ergänzen wir unsere bisherigen Aktivitäten oder Passivitäten um eine kleine Prise Yoga, Golf, Tennis, Meditation oder Achtsamkeit. Das ist vollkommen okay, aber dann sollten wir auch keine anspruchsvollen Erwartungen hegen und auf große positive Effekte hoffen. Wir erwarten nur zu oft von einer kleinen „Pille" maximale Leistung.

Unser Leben ist aber nun mal kein Roulette, bei dem wir mit kleinem Einsatz und etwas Glück groß abkassieren. Natürlich können auch manchmal kleine Impulse etwas Großes bewirken, aber dieser Butterfly-Effekt ist leider chaostheoretischer Natur und demgemäß für uns vollkommen unkontrollierbar.

Da wir uns nicht nur vom Glück leiten lassen möchten, benötigen wir unbedingt auch Selbstwirksamkeitserfahrungen, die sich auf unser gesamtes Leben auswirken. So ist es sehr hilfreich, wenn wir konkrete Anhaltspunkte vermittelt bekommen, mit welchen Methoden wir welche Effekte erzielen können.

Und für diesen Weg bestehen reichhaltige Erfahrungswerte, denn schließlich sind wir nicht die ersten, die in ihrem Leben etwas Heilsames erreichen möchten. So existieren in der buddhistischen Geisteswissenschaft seit über 2.500 Jahren viele konkrete

Anleitungen für Übungen, die über den engen zeitlichen Rahmen einer Einzelübung hinausgehen. Eine der eher drastischeren Anregungen wurde bereits schon erwähnt. Sie sehen vor, für eine Zeitlang den Lebenskontext ganz zu wechseln, z. B. um bei einem Lehrer zu verweilen oder in ein Kloster einzutreten. Da das aber nicht der Weg vieler sein kann, wurden für uns, die wir einen anderen Pfad gewählt haben, ein paar alltagstaugliche Anregungen in Regelform überliefert. Dieser kleine Kanon nennt sich heute zwar *Regeln für Laien,* aber dieses Destillat von fünf Regeln stellt kein Dogma dar, das blind zu übernehmen ist. Es handelt sich lediglich um Erfahrungswerte. Sehr viele Praktizierende haben die Erfahrungen gesammelt, die für ihr eigenes Fortkommen besonders hilfreichen waren. Diese konnten dann unzählige Male bestätigt werden und werden heute *Regeln* genannt.

Generell werden in der buddhistischen Lehre alle Leitlinien, die auch als Regeln übersetzt werden, als Anregungen zum Selbstexperiment verstanden.

Das Motto lautet also stets: Überprüfe es gerne selbst.

Würden Sie zustimmen, dass Sie sich selber vergiften?

Spontan würden wir das wohl eher verneinen.

Die hier gemeinten Selbstvergiftungen beziehen sich auf unseren Konsum und unser Konsumverhalten. Um sich dem Thema anzunähern, wäre es hilfreich, wenn wir selbstkritisch bezüglich unseres Konsumverhaltens zwischen Notwendigkeit, Genuss, Gewohnheit und Sucht differenzieren lernen.

Zudem wäre es sicherlich günstig, zwischen heilsamem und unheilsamem Konsum zu differenzieren. Diese Einteilung ist ebenso simpel wie unüberschaubar. Denn ist z. B. Schokolade heilsam oder unheilsam? Ist Alkohol heilsam oder unheilsam? Vielleicht kann uns die vorausgegangene Einteilung zwischen Notwendigkeit, Genuss, Gewohnheit und Sucht weiterhelfen. Diese Einteilung dient als erste Strukturhilfe.

Eine weitere Prüfmarke, die die Qualität unserer Konsum-güter einzuschätzen hilft, ist die sogenannte Mehr- und-Mehr-Prüfung. Sie erlaubt uns, das Wesen einer Sache zu ergründen. Stellen Sie sich etwas Konkretes vor, dessen Wesen Sie bezüglich der innewohnenden heilsamen oder unheilsamen Qualität er-gründen möchten. Was konsumieren Sie in höheren Dosierungen oder regelmäßig? Was ist bei Ihnen ein typischer Konsumgenuss?

Als Nächstes stellen Sie sich vor, dass Sie davon immer mehr und mehr und mehr konsumieren. Welcher Effekt würde sich einstellen? Bleibt es heilsam?

Von welcher Substanz können Sie immer mehr und mehr konsumieren, ohne unheilsame Wirkungen erfahren zu müssen?

Wahrscheinlich wird nur recht wenig dieser Prüfung als heil-sam standhalten.

Diese Testung sollte Sie nicht in die Askese treiben, sondern dazu anregen, mit mehr Achtsamkeit zu konsumieren. Denn tat-sächlich wohnt dem meisten, was wir konsumieren, eine unheil-volle Qualität inne.

Wenn Sie das unheilsame Wesen Ihrer Konsumgewohnheiten erkennen können, dann wird Ihr Verhalten womöglich etwas vor-sichtiger. Sie bemerken vielleicht eine langsam größer werdende Motivation, sich möglichst wenig zu vergiften.

Bei genauerer Betrachtung lässt sich feststellen, dass unser Konsumverhalten, genau wie unser Verhalten im Allgemeinen, verschiedene Ebenen aufweist. Wir können zum Beispiel mate-riell genauso konsumieren wie emotional oder gedanklich. Auch über unsere Sinne kann ein ungelenkter Strom an Reizen in uns einströmen. Da wir immer in Wechselwirkungen leben, geben wir natürlich auch sehr viel wieder an unsere Umwelt zurück – auch dieser Aspekte ist sehr relevant, da dieses Abgeben oft auch als Echo den Weg zu uns zurückfindet.

Wenn Sie die Regeln lesen, dann nehmen Sie auch gerne, falls vorhanden, Ihre Widerstände wahr. Sie sind oft ein Indiz für innere Verhärtungen und Fixierungen, die wir selbst als Vorlieben oder als zu uns passend fehlinterpretieren.

Die fünf Regeln gegen Selbstvergiftung

Bitte lesen Sie die Regeln nicht als moralischen Maßstab, der aufzeigt, wie gut oder schlecht Sie sich verhalten. Erinnern Sie sich, dass die Regeln als eine Anregung für Selbstversuche zu verstehen sind. Es sind eben Erfahrungs-Regeln.

1. Behalte einen klaren Kopf

Vergiften Sie sich nicht mit Drogen, Rauschmitteln und ähnlichen Substanzen. Gemeint ist hier auch Nikotin, Kaffee, Alkohol, etc. Es gibt wohl kaum jemanden in unserer Kultur, der diese Genussgifte nicht regelmäßig konsumiert. Die zugrundeliegende Substanz ist für Menschen in der Regel entweder sehr gesundheitsschädlich oder sogar giftig. Nur durch die Dosierung erleben wir den Konsum als anregend oder beruhigend. In jedem Fall sind es Substanzen, die unseren Geist manipulieren.

Sind Sie neugierig, wie es sich anfühlen würde, ohne solche neuroaktiven Substanzen zu leben? Das könnte Ihr erstes Selbstexperiment werden. Sie wären dann allerdings sehr unmittelbar mit Ihrem unerzogenen Geist konfrontiert und würden vielleicht etwas besser nachvollziehen, wie unumgänglich ein Geistestraining eigentlich ist.

Versuchen Sie einmal, die Verwirbelungen in Ihrer „inneren Schneekugel" nicht zu betäuben, sondern ergründen Sie die Zusammenhänge und suchen Sie einen anderen Weg.

2. Der Ton macht die Musik

Vergiften Sie sich nicht durch aggressives, abwertendes oder negatives Reden. Nur zu oft erleben wir uns in einem „gerechten Zorn". Tagtäglich geschieht so viel Unrecht. Natürlich sollen wir uns auch weiterhin für unsere Belange einsetzen, aber vielleicht mit etwas weniger Bluthochdruck.

Zudem zeigt uns ein systemisches Verständnis von Beziehungen die Wechselwirkungen und die Zwangsläufigkeit des „Echos", mit dem wir dann konfrontiert werden – so artet unsere „Marschmusik" nur zu oft in das dumpfe Dröhnen von „Kriegstrommeln" aus. Solche selbsterzeugten Aufregungen erzeugen maximale Verwirbelungen in unserer „inneren Schneekugel".

Diese Sachverhalte aggressiven Ausagierens sind oft sehr offensichtlich. Etwas mehr Scharfsinn erfordert die Wahrnehmung der vielen kleinen „Giftspritzer". Dazu gehören sowohl die zynischen als auch überkritischen oder abwertenden Äußerungen und Meinungen. Also auch Ihre stillen Dialoge mit oder gegen sich selbst.

Prüfen Sie doch einmal, wie voll von Meinungen und Bewertungen Sie sind. Wie möchten Sie etwas Neues wie z. B. Achtsamkeit hinzufügen, wenn Ihr Gefäß bereits randvoll ist?

Auch das könnte Ihr Selbstexperiment werden.

3. Geben ist seliger als Nehmen

Vergiften Sie sich nicht, indem Sie Dinge nehmen, die Ihnen nicht gegeben wurden. Kleines und großes Unrecht mag vielleicht lange unendeckt bleiben, aber jedes Abweichen vom rechten Pfad erzeugt wieder Verwirbelungen in unserer „inneren Schneekugel".

Nehmen Sie sich manchmal etwas, das Ihnen nicht gegeben wurde?

Das könnte Ihr Selbstexperiment werden.

4. Jeder Mensch trägt einen edlen Kern in sich

Vergiften Sie sich nicht durch unheilsames Verhalten in Beziehungen. Wir selbst machen immer wieder Fehler und ebenso auch alle anderen. Wir sollten uns und anderen also öfters mal verzeihen. Wir sind eben Menschen. Das soll keine Aufforderung sein, sich einfach gehen zu lassen, sondern nicht zu viel Zeit mit Hadern zu verschwenden. Sparen wir uns diese Energie.

Wer Gutes will,
der sei erst selber gut.

– JOHANN WOLFGANG VON GOETHE –

Der erste Schritt beginnt immer bei uns selbst. Mit den ASST-Strategien können wir sehr schnell und effektiv die eigene Ruhe und Klarheit herstellen. Wenn wir uns als erstes auf der körperlichen Ebene beruhigen und klären konnten, beruhigen sich die Schwebepartikel der „inneren Schneekugel" und wir können wieder einen Zugang finden zu einem respektvolleren Miteinander. Das könnte Ihr Selbstexperiment werden.

5. Du sollst nicht töten
Vergiften Sie sich nicht, indem Sie andere Lebewesen töten. Das schließt allerdings auch das passive Töten mit ein, das viele immer noch unbewusst durch eine Bestellung im Steakhouse in Auftrag geben.

Natürlich tauchen bei diesem Thema viele Aspekte auf. Es werden Gedanken und Emotionen aktiv. Zudem sind die Grenzen nie wirklich trennscharf. So töten wir alleine schon beim Autofahren zahllose Insekten und bei der Körperhygiene Milliarden von Bakterien. In diesem „Massaker" des materiellen Lebens müssen wir einen für uns passenden Weg finden. Ein erster Schritt besteht immer darin, von unreflektierten Automatismen zu bewussten Verhaltensweisen zu finden. Tun Sie das, was Sie meinen tun zu müssen, mit dem größtmöglichen Maß an Bewusstheit und Respekt für sich und alle fühlenden Wesen.

Auch das könnte Ihr Selbstexperiment werden.

Um es nochmals zu unterstreichen: Diese fünf Punkte sind nicht von einem strengen Moral-Priester aufgestellt, sondern sind das Ergebnis von tiefen Erfahrungen mit den Wechselwirkungen zwischen unserem Handeln und seinen Auswirkungen. Und wiederum den Auswirkungen auf unser Handeln. Probieren Sie aus, welche Wirkungen ein kleiner „Kurswechsel" auf Sie und Ihren Geist hat.

Natürlich können, sollen und dürfen wir mit kleinen Schritten anfangen. So erzielen wir auch durchaus erste spürbare Erfolge. Aber wenn wir Heilsamem in unserem Leben einen festen Platz einräumen möchten, werden längerfristig isolierte Aktionen nicht ausreichen. Dann rückt die Notwendigkeit von Entscheidungen immer näher. Aber es wird Ihnen sicher eine Hilfe sein, dass solche Weggabelungen nicht von außen auf Sie zukommen. Niemand wird Ihnen Druck machen oder Sie gar zwingen.

Sie selbst sind es, der die Auswirkungen des eigenen Tuns immer sensibler erfahren wird. Wenn Sie durch regelmäßigere Achtsamkeitsübungen des ASST zu einer verbesserten Selbstwahrnehmung und Selbststeuerung gelangen, dann werden Sie die Auswirkungen z. B. Ihrer Konsumgewohnheiten deutlicher spüren. Dann können Sie beides gegeneinander abwägen. Wie fühle ich mich mit und wie fühle ich mich ohne den letzten Konsum? Nur so entstehen sichere Veränderungsmuster.

Das Aufrechterhalten wird dann durch die wiederholten positiven Erfahrungen immer sicherer und dadurch auch immer leichter.

So entstehen durch unsere regelmäßigen Übungen und die damit verbundenen Selbsterfahrungen in uns allmählich neue Gewohnheitsmuster. Wir selbst merken das zum Beispiel daran, dass wir uns nicht mehr so schnell aufregen, also mehr Gelassenheit wahrnehmen und über eine stabilere Konzentrationsfähigkeit verfügen. Darüber hinaus kommt es sehr oft vor, dass sich Bedürfnisse und Geschmäcker verändern. Frühere Vorlieben z. B. nach bestimmten Konsumgewohnheiten können sich auflösen. So reduzieren sich in uns die Impulse zur Selbstvergiftung unmerklich. Es ist also nur anfangs etwas klarer Wille nötig, im Verlauf unterstützen uns gewissermaßen unsere eigenen, zunehmend veränderten Bedürfnisse. Dann bedeutet es keinen Verzicht mehr, den vormals allabendlich gefüllten Bierkrug im Schrank stehen zu lassen.

Falls Sie sich Sorgen über diese Veränderungen machen, dann schauen Sie mal in den Spiegel. Veränderung ist unaufhaltsam. Als Schulkind sahen Sie anders aus und in 20 Jahren werden Sie wieder anders aussehen. Aber es ist natürlich nicht nur das Aussehen. Der Mensch, der Sie als Schulkind waren, existiert heute nicht mehr. Vielleicht möchten Sie in 10 Jahren ein Mensch mit bestimmten Eigenschaften sein, die nicht per Zufall zustande kommen werden. Das lässt sich mit einem Baukastenprinzip vergleichen, indem wir Steinchen für Steinchen aufbauen, bis etwas Solides entsteht.

Wir übersehen nur zu oft unsere Hindernisse und programmieren so oftmals unnötige Misserfolge. Wenn wir von interessanten Zielvisionen wie z. B. der Achtsamkeit, hören oder lesen und damit einhergehend auch von notwendigen Übungstechniken, dann werden immer einige innere Ego-Anteile beim Lesen über unsere Schulter schauen und uns ihre Kommentare einflüstern: „Ach, interessant, aber ob das wirklich geht?" Vielleicht zweifeln Sie. Oder aber Sie entwickeln Widerstände: „Ich glaube, das passt gar nicht zu mir."

Unsere Gewohnheitsmuster prägen das Bild, das wir über uns selbst entwickeln. So wählen wir zukünftig Dinge aus, die diesem Bild entsprechen und vermeiden Dinge, die dem Bild widersprechen würden.

Es ist sehr lohnenswert, die darin enthaltene Konstruktion zu entdecken. Wir beklagen uns immer wieder darüber, wie sehr uns äußere Sachlagen einengen und mögen nicht gerne erkennen, dass wir nur zu oft der eigene Gefängniswärter sind.

Wir haben uns schon das Zitat vom Dalai Lama angeschaut, in dem er formuliert, dass wir nicht alles glauben sollen, was wir denken. Vielleicht lassen wir uns nicht mehr so eingrenzen von der Idee, die wir über uns selbst haben.

Nomaden reisen niemals ohne Grund

– Alte Weisheit –

Interessanterweise finden wir im Außen oft genau das interessant und ansprechend, was wir als Muster bereits in uns tragen. Es ist wie eine angenehme Spiegelung: Menschen, die beispielsweise Probleme damit haben, Verantwortung zu übernehmen, finden das Prinzip des Loslassens sehr interessant. Menschen, die Probleme damit haben, sich einzulassen und zu vertrauen, hören nur die Teilbereiche der Lehre, die sie zu Rückzug, Loslassen und zur Selbstbesinnung anleiten. Menschen, die Probleme damit haben, sich adäquat zu ernähren, meinen aus einer Lehre herauszuhören, dass sie nur ihren Geist umsorgen, ihren Körper aber vernachlässigen können. Vielleicht ist es sogar so, dass trägere Menschen lieber meditieren und unruhige Menschen lieber Yoga praktizieren.

Warum ist Yoga für so viele junge schlanke Frauen interessant? Oder, welche Vorlieben und Neigungen existieren insbesondere bei diesen Frauen, dass sie Yoga als etwas so Verlockendes erleben?

Tatsächlich suchen wir niemals ohne (unbewusste) Hintergedanken. Wir suchen Dinge, die in uns eine Resonanz erzeugen. Es soll vielleicht neu sein, aber nicht zu fremd. Eine vertraute Exotik wäre am besten. Wir können also mit all unseren Bemühungen in die Falle laufen. Deshalb müssen wir auch auf einem vermeintlich heilsamen Weg die Augen offen halten. Und für dieses Augen-offen-halten liefert uns das ASST die Techniken zur Umsetzung. Bevor wir Entscheidungen fällen, die unsere Gewohnheiten und daher unser Leben weiter prägen, sollten wir in uns eine klare Geistesverfassung erzeugen, die nicht nur auf Automatismen basiert.

Die Strategie besteht darin, die Lerneffekte aus den Übungen auf unseren Alltag zu übertragen. Deshalb gibt es eigentlich keinen Übungsbeginn und kein Übungsende, sondern nur andere Übungsvarianten. In einer Variante üben wir alleine und konzentrieren uns auf uns selbst. In einer andere Variante stehen wir mitten in unserem Alltag und praktizieren unsere Übungen, aber eben nur in einem anderen Kontext.

Eine der größten Herausforderungen besteht in der Erinnerung. Die Alltagsreize lenken uns meist von uns selbst ab und wir vergessen womöglich, dass wir unsere Übungen auch im Alltag umsetzen wollten. Als sehr effektive Methode zur Umsetzung haben Sie bereits die sogenannten Mikropausen in der ASST-Grundstufe kennengelernt. Die vielen über den Tag verteilten kurzen Bewusstseinsmomente, in denen wir für ein oder zwei Atemzüge unsere Verfassung realisieren und sie dann mittels Haltungskorrekturen und bewusster Atmung nachregulieren, führen zu einer durchgängig achtsamen Grundverfassung.

Damit aus unserem Alltag eine Übung werden kann und aus der Übung eine untrennbare Alltagsgrundhaltung, benötigen wir die richtige Vision und etwas Geduld.

Wer den Alltag als heilsame Übung empfinden kann, für den gibt es keine Übungen mehr. Damit werden Alltagssituationen, also auch die vielen normalen Ärgernisse, nicht mehr als Probleme identifiziert. Stattdessen können sie als Übungs-Chancen interpretiert werden. Mit dieser Vision können wir in jeder Situation heilsame Übungen umsetzen und erfahren. Das Meditationskissen ist dann nur noch eine kleine Erinnerungshilfe.

Säulen einer achtsamen Lebenskultur

Um die heilsamen Veränderungen in uns abzusichern, ist es ratsam, noch mehr „Säulen" zu nutzen, also weitere Bereiche unseres Alltagslebens in unsere Übungspraxis einzubeziehen. Vielleicht können Sie dafür Sorge tragen, dass Sie eine ausgewogene Ernährung umsetzen, statt nur Kochsendungen zu schauen.

In diesem Kontext kann es sehr lohnenswert sein, sich mit den sehr bedeutsamen Zusammenhängen zwischen Stress, Übersäuerung, Atmung sowie basischer und nicht-basischer Ernährung zu beschäftigen. Im Mittelpunkt steht hier die Übersäuerung, die wir durch Stress, unachtsame Atmung, und nicht-basische Ernährung erzeugen.

Es bedarf manchmal einer bewussten Entscheidung und einem aufraffenden Engagement, sich im anspruchsvollen Alltag immer wieder aufs Neue um unsere Beziehungen zu kümmern. Gerade Menschen in sozialen Berufen, deren Arbeitsalltag durch den Kontakt mit Menschen geprägt ist, vermeiden recht gerne die aktive Beziehungsgestaltung nach „Feierabend".

Kurzfristig erleben viele Menschen die Ruhe als wohltuend, aber mittel- und langfristig sind wir auf dem Weg in die Isolation. In vielen Industrienationen leben bereits schon mehr als 50 % der Menschen ohne persönliche Beziehungen. Hunde und Katzen werden als hilfreicher erlebt als menschliche Partner.

Wir erleben unsere Einzelaktivitäten eben oft genauso, nämlich als einzelne Aktivität und erkennen nur schwer die daraus entstehende Dynamik hin zu festen Gewohnheitsmustern und Automatismen. Es ist anspruchsvoll, aber extrem vitalisierend, sich um stetes Bewusstsein zu bemühen, statt Automatismen abzuspulen.

Wenn wir durch ASST-Übungen Klarheit statt Dämpfung und Betäubung bewusst erfahren, wird uns ein drogenfreies Leben sehr leicht fallen. Dann haben Begriffe wie Verzicht keine Bedeutung mehr. Das Motto *Wachsein, statt Dämmern* begleitet uns überall hin. Egal ob wir Kartoffeln schälen, baden, auf der Toilette sitzen oder Sex haben, kein Bereich ist als Übungsmöglichkeit ungeeignet.

Erst die Arbeit und dann das Vergnügen ist ein „gutes" Rezept, um wichtige Lebensbereiche abzuspalten und Leiden zu erzeugen. Zu erkennen, dass wir in jeder Sekunde leben und das auch würdigen sollten, erzeugt fundamentale Blick- und Perspektivenwechsel.

Dann ist jeder Augenblick gut. Und wir halten Verpflichtungen nicht einfach irgendwie aus, sondern können in ihnen die Chancen der Hingabe und des Loslassens von festen Meinungen und den ewigen Wünschen und Bedürfnissen erkennen.

Um aus unseren Alltagssituationen Achtsamkeitssituationen zu machen, ist ein kleiner Seitenblick auf unsere inneren „Störzonen" ganz hilfreich. Gemeint sind unsere Emotionen.

So viele Reize in unserem Alltag scheinen die Macht zu besitzen, uns direkt zu treffen. Sie lösen ganze Kaskaden von emotionalen und rationalen Prozessen aus. Wenn wir die Kunst des Lebens erfahren möchten, dann benötigen wir etwas mehr Unabhängigkeit von äußeren Reizen.

Viele verbinden mit einer Kunst des Lebens die Fähigkeit, Glück zu empfinden, unabhängig von äußeren, meist materiellen Voraussetzungen. Tatsächlich streben viele von uns nicht nur nach einem Porsche, sondern sie streben nach dem Glück, das Sie bei Porschebesitzern vermuten.

Interessanterweise widersprechen Studien solchen Alltagsweisheiten. Nach einem Lottogewinn sind die Gewinner im Durchschnitt nur zwei Jahre glücklich, danach fallen Sie auf genau die Glücksstufe zurück, auf der sie schon vorher waren. Wir gewöhnen uns eben an alles. Nach zwei Jahren wird aus unserem Porsche eben wieder nur ein Auto. Womöglich träumen wir dann schon wieder von einem noch schöneren Auto.

Alles, was wir uns ersehnen, wird früher oder später von uns assimiliert, wir integrieren es in unser Leben. Dadurch verlieren alle diese vormals magischen Dinge ihren Reiz. Sie werden normal, ein weiteres Exponat unserer Sammlung.

Immer wieder stoßen wir auf die wohltuende Kraft des Anfängergeistes. Wenn wir die Fähigkeit entwickeln, die Dinge in unserem Leben immer wieder mit neuen Augen zu betrachten, dann bewahrt uns das zumindest etwas vor den Abstumpfungen der Automatisierungsneigung in uns.

Die Neurowissenschaften, die Psychologie und die Evolutionsbiologie zeigen uns, dass jeder Mensch über alle nötigen Veranlagungen verfügt. Aber die Aktivierung dieser innewohnenden Ressourcen wird in unserer Kultur noch zu sehr den jeweiligen Lebensumständen, also auch dem Zufall, überlassen. Da bei uns meist der Schwerpunkt darauf liegt, unsere vielen Defizite zu beleuchten, haben Methoden zur gezielten Förderung menschlicher Potenziale es zunächst schwer, Fuß zu fassen. Wir sind es eher gewohnt, darauf zu warten, dass sich unsere Fähigkeiten durch Anforderungen von außen entwickeln. Dieser wichtige Vorgang hat allerdings zu große Einflüsse auf unser gesamtes Leben, als dass wir es weiterhin gestatten sollten, diese Entwicklungen ohne unsere bewusste Lenkung ablaufen zu lassen. Die Kunst des Lebens könnte also bedeuten, dass wir das menschliche Potenzial differenzierter wahrnehmen und es gezielter – vor allem selbstverantwortlicher – ansteuern lernen. Der Begriff der „Kunst" deutet bereits an, dass wir dabei spielerisch vorgehen.

Oft wird die Work-Life- oder Business-Life-Balance als ein Gegensatzpaar von Minus und Plus verstanden. De facto ist aber alles, was wir tun, kostbare Lebenszeit. Der alte Spruch „Erst die Arbeit, dann das Vergnügen" ist gestrig, er bedeutet eine bedrohliche Abspaltung von wichtigen Lebens- und Erfahrungsbereichen. Wenn wir den Eindruck haben, nur in der Freizeit wirklich zu leben, dann sind wir bereits in großer Gefahr. Die eigene Einschätzung ist also sehr wichtig. Und wie wir Situationen bewerten, ist immer abhängig von mentalen Prozessen. Heute stehen uns Methoden und konkrete Lebensphilosophien zur Verfügung, die es uns ermöglichen, mit einer vollkommen anderen Herangehensweise, auf eine leichtere Art, viel mehr für uns und andere zu erreichen.

Diese Philosophien haben weniger mit Beherrschung, Machtausübung, Dominanz, Gewalt und Anstrengung zu tun. Wir möchten nicht mehr eigene Selbstanteile, selbst die unangenehmen, einfach nur unterwerfen, zügeln und dominieren. Auch der Begriff Verzicht taucht nicht auf, wenn wir über gesundheitsrelevante Änderungen nachdenken.

Das menschliche Potenzial zum Wandel

Sicherlich denken viele von uns an Sport und Ernährung, wenn wir über unser Leben und über unsere Gesundheit nachdenken. Hier sind wir dann schnell wieder bei unseren „Inselaktivitäten": Von kleinen inselhaften Aktionen im großen Meer unseres Alltags erhoffen wir uns große Effekte. Nur ein paar Wochen auf Kohlenhydrate verzichten und sich zu etwas mehr Bewegung zwingen, und schon soll unsere Gesundheit dauerhaft blühen. Zwar reagiert unser Körper relativ schnell auf eine positive Zuwendung, aber wenn wir schon bald wieder in unsere alten Gewohnheitsmuster zurückfallen, beginnt das Spiel sich immer mehr wie ein Karussell anzufühlen: Die Jo-Jo-Effekte sind vielen Menschen bekannt.

Der Komplexität unseres Lebens kann nur mit komplexen Antworten begegnet werden. Dafür dürfen wir uns nicht mit schnellen Kurzzeiteffekten zufrieden geben. Komplexe Sachverhalte benötigen eben komplexe Methoden. Hier könnte womöglich der Eindruck entstehen, dass wir ganz viel wissen, sehr viele Faktoren ständig im Blick behalten und uns sehr bemühen müssen.

Aber einerseits zeigt uns das ASST, dass wir auch komplexe Methoden sehr vereinfachen dürfen. Und andererseits eröffnet es uns sehr viele Zugänge. Jeder Einflussfaktor ist zugleich auch ein möglicher Zugang, über den wir für uns etwas erreichen können. Es wäre doch recht traurig, wenn es nur einen Faktor geben würde, z. B. die Genetik. Zum Glück ist dem nicht so. Uns steht ein reichhaltiges Sortiment an „offenen Türen" zur Verfügung.

Die Neurowissenschaften zeigen, dass alle Menschen ein sehr vielfältiges Potenzial unterschiedlicher Veranlagungen mitbringen. Wir alle besitzen gewissermaßen einen High-Tech-Computer, aber dennoch nutzen wir nur den alten Taschenrechner. Der ist zwar überfordert mit den Herausforderungen in einer immer komplexeren Welt, aber er ist uns eben bekannt.

Wenn wir uns die Diskrepanz zwischen dem Tatsächlichen und dem Möglichen wirklich vergegenwärtigen, erleben wir vielleicht eine Irritation, die als Energie für Veränderung genutzt werden kann. Oder kennen Sie einen Menschen, bei dem Sie den Eindruck haben, dass er oder sie das eigene Potenzial voll oder auch nur annähernd voll ausschöpft?

Das Phänomen der bereits erwähnten *Neuroplastizität* besagt, dass alle Nervenzellen und Nervenverbindungen (Neuro) im Gehirn ihre Form (Plastizität) verändern können. Das geschieht allerdings nicht durch Lesen oder Zuhören, sondern durch ein gezieltes eigenständiges Handeln und Üben. Eigene positive Erfahrungen sind gefragt.

In der Regel führen wir unser Leben relativ unbewusst, der innere „Autopilot" übernimmt die Lenkung. Wenn dann Probleme hinzukommen, verschärft sich die Dynamik nochmals, es entsteht ein sogenannter Tunnelblick. Gerade im „Problemloch" besitzen wir noch weniger Zugang zu unseren bewussten und kreativen Ressourcen. Stattdessen versucht unser Verstand, nach vertrauten Lösungsmustern zu suchen und diese dann abzuspulen. Eine der Folgen ist, dass wir uns aufgrund dieser Vorgänge oft wie in einer Wiederholungsschleife, dem „Hamsterrad", fühlen.

Sie selbst können dieses Phänomen spüren, wenn Sie den Eindruck haben, dass die Zeit nur so verfliegt. Das tut sie nur dann, wenn wir zu sehr in diesem Autopiloten-Modus leben. Dann ist „plötzlich" schon wieder der Tag vergangen. Das alles sind menschliche Funktionsweisen, die wir verstehen und steuern lernen können.

Die dringende Notwendigkeit der Verbesserung unserer Selbststeuerung betrifft also nicht ein individuelles Problem, sondern zeigt uns eine generelle menschliche Eigenart auf: So funktioniert nun mal unser Verstand. Aber er funktioniert nur deshalb so, weil wir die notwendigen Gegenmaßnahmen nirgendwo lernen durften.

Es wird also *nicht* eine Verbesserung der Entspannungsfähigkeit angestrebt, sondern eine Steigerung der Selbststeuerungsfähigkeiten im komplexen Gefüge unserer verschiedenen Lebensbezüge.

Die Aneignung einer differenzierten Selbststeuerungsfähigkeit dient dabei nicht nur einer effektiven Problemlösekompetenz, sondern bringt uns erstmals in eine Position, aus der heraus wir innere, vielleicht noch „schlummernde" Fähigkeiten gezielt ansteuern lernen. Sie verfügen über konkrete Techniken, sich zu beruhigen und sich zu aktivieren, wann und wie Sie es möchten. Zudem wird nicht mehr Ihr grübelnder Verstand Sie lenken, sondern Sie selbst steuern Ihre Verstandestätigkeiten. Sie werden feststellen, dass die Methode gewissermaßen über sich hinauswächst und zum vertrauten Ankerpunkt wird. Dann wird es ganz natürlich sein, den bewussten Atem und damit verbunden auch den angenehmen inneren Zustand zu genießen. Sie erreichen Veränderungen, die so lohnenswert sind, dass Sie nicht mehr an Übungen, Bemühungen und Training denken, sondern sich auf dem Weg, den Sie jeden Tag aufs Neue gerne beschreiten, geborgen fühlen. An die Stelle einer Anregung von außen tritt Ihre eigene Erfahrung. Das ist der magische Moment, um den es in diesem Buch geht. Die folgenden Beispiele wollen Sie ermutigen, Ihrer Absicht, Achtsamkeit zu kultivieren, auch dann treu zu bleiben, wenn es auf dem Weg mal nicht recht voranzugehen scheint. Blockaden können viele Gesichter haben – das ASST hält die entsprechende Antwort bereit, so vielfältig diese auch ausfallen mag.

Herr P. schläft bei den täglichen Übungen regelmäßig ein
Herr P. ist 52 Jahre alt und etwas zurückhaltend. Er schildert, dass er nachts schlecht schlafe und wenn er dann tagsüber zur Ruhe komme, schlafe er sofort ein. Herrn P. wird in der Beratung für sein Ruhebedürfnis Verständnis entgegengebracht. Zudem wird ihm vermittelt, dass es nicht sein persönliches Problem sei. Vielmehr führe Stress immer dazu, dass wir immer weniger Feinabstufungen unseres Bewusstseins erleben. Stress, Müdigkeit und Schlaf, das sind die drei Bewusstseinsstufen, zwischen denen viele Menschen changieren.

Herr P. erhält den Rat, vor den Übungen im Sitzen erst ein paar einfache Körperübungen durchzuführen. Er entscheidet sich für Kniebeugen, die seinen Kreislauf anregen. Dann soll er sehr auf eine aufrechte Körperhaltung achten. Wenn er dann wieder Müdigkeit spüre, soll er die Bauchatmung zugunsten der Aktiv-Atmung in den oberen Brustbereich verlagern und die Übung nach ein oder zwei Minuten beenden. Das Empfinden der Selbststeuerungsfähigkeit steht im Vordergrund.

Frau L. erlebt nach ersten Erfolgen Stagnation und Rückschläge
Frau L. ist 38 Jahre alt und wirkt oft, als habe sie nur wenig Zeit und sei immer auf dem Sprung. Sie ist von dem einfachen ASST erst einmal begeistert und profitiert von den angeleiteten Atemübungen. Aber nach ca. drei Wochen kritisiert Frau L., dass sie immer häufiger vergesse, die Übungen durchzuführen: Immer wieder regen sie die gleichen Dinge auf. Und seit einiger Zeit gehe es ihr wieder deutlich schlechter.

Frau L. erfährt Verständnis für ihre wechselhaften Gemütslagen. Schließlich beruhen ihre Schwierigkeiten nicht auf einem persönlichen Misserfolg, sondern folgen einer Binsenweisheit: Wenn wir alte gegen neue Gewohnheitsmuster austauschen möchten, treten immer wieder alte starke Muster in den Vordergrund. Neuroplastizität benötigt Zeit und Geduld. Auf Anfangserfolge folgen immer wieder Phasen der Stagnation. Es gibt dementsprechend keine Rückschläge, sondern nur Wellenberge und Wellentäler auf unserem Weg. Frau L. ist entlastet und motiviert, den Weg weiter zu gehen.

Frau W. praktiziert die Atemübungen nur abends im Bett

Frau W. ist 46 Jahre alt, sie wirkt oft etwas verträumt, ihr Blick verliert sich leicht, wenn sie anfängt, von sich zu erzählen. Die Übungen seien sehr schön, sagt sie, sie würden ihr dabei helfen, zur Ruhe zu kommen. Sie berichtet, dass sie sich im Bett am besten entspannen könne.

Entspannung ist zwar ein wichtiger, aber dennoch nur einer von mehreren Aspekten der Selbststeuerung. Sie soll ihre liegenden Übungen gerne weitermachen, um abends zu entspannen und in den Schlaf zu finden. Darüberhinaus wird ihr empfohlen, neben den Mikropausen auch die Haltungs- und Atemübungen noch einmal tagsüber für ein paar Minuten durchzuführen.

Die Aktivierung ist genau so relevant. Zwar sind Beruhigungs- und Entspannungsübungen miteinander artverwandt, aber eben nicht identisch. Das Ziel ist Bewusstheit, nicht Entspannung.

Frau V. leidet unter erheblicher innerer Unruhe

Frau V. ist 45 Jahre alt, sie wirkt energisch und resolut. Sie schildert, dass sie Entspannungsmethoden noch nie habe umsetzen können. Das passe nicht zu ihr, sie sei immer sehr nervös und mache lieber Sport.

Segeln lernt man im Sturm nur mit großer Mühe. Deshalb ist es wichtig, sich zu nichts zu zwingen. Die Vorstellung von Frau V., sie sei ein nervöser Mensch, ist nur in ihrem Empfinden etwas halbwegs stabiles, tatsächlich ist sie nur das Produkt vieler Wiederholungen. Sport kann da eine sehr kurzfristige, aber kaum nachhaltige Lösung sein.

Frau V. lässt sich darauf ein, mit dem Üben auf langsamen Spaziergängen zu beginnen, sich also dabei weniger auf ihre Umwelt zu konzentrieren (sie spaziert durch den Wald), als auf sich selbst. Die Wahrnehmung liegt auf der Verbindung von Atmung und Bewegung. Frau V. kann dann zwei Schritte lang einatmen und drei Schritte lang ausatmen. Sie findet nach und nach einen eigenen Rhythmus und lernt, auch den Atemfluss in ihren Körper hinein wahrzunehmen. Nach und nach findet sie bei langsamen Spaziergängen in die Bauchatmung. Die Mikropausen kann sie vor roten Ampeln und beim Telefonklingeln durchführen. So festigt sie allmählich ihre Praxis. Dann beginnt sie beim Fernsehen mit ihren Haltungs- und Atemübungen und kann sich immer weiter in bislang unbekannte Bereiche der Achtsamkeit vortasten.

Herr F. leidet unter den Selbstaufmerksamkeitsübungen
Herr F. ist 50 Jahre alt, er war lange als Soldat in Kriegsgebieten eingesetzt. Dort habe er Traumatisches erlebt, was dazu führt, dass es ihm schlecht geht, wenn er sich auf sich selbst besinnt.

Ich gebe ihm die Anregung, zuerst einfach für eine aufrechte Sitzposition zu sorgen und das eine Weile als eigenständige Übung zu praktizieren. Als nächstes könne er mit offenen Augen kurze Atem-Übungen umsetzen. Die Aufmerksamkeitslenkung bei der Bauchatmung geht weg vom Kopf und den Gedanken und Erinnerungsbildern hin zum Bauch. Diese Aufmerksamkeitsschulung ist also auch ein Anti-Grübel-Training. Die Aufmerksamkeit wird geschult, sie geht zunehmend mehr dorthin, wo Herr F. sie haben möchte.

Wenn wieder schmerzliche Erinnerungsbilder auftauchen, aktiviert Herr F. die ASST-Strategie, sich zuerst auf seinen Körper zu besinnen. Er lernt, seine Emotionen und Gedanken immer effektiver in den Hintergrund treten zu lassen und zuerst Spannungen aus seinem Körper zu bringen.

Für Herrn F. ist es eine sehr spannende Erfahrung, dass seine Gedanken und seine Erinnerungsbilder verblassen, sobald sich sein Körper entspannt. So ist der Körper noch für eine Zeit der Ort für schlechte Erinnerungen, aber zunehmend auch für angenehme Erfahrungen.

Frau G. kann sich wegen starker Schmerzen kaum auf sich selbst besinnen

Frau G. ist 56 Jahre alt, sie leidet sehr unter ihrem Übergewicht und berichtet von starken Schmerzen, von denen sie sich am liebsten ablenken möchte. Die ASST-Übungen würden von ihr genau das Gegenteil verlangen.

Die Haltungsübungen müssen dementsprechend behutsam und vorsichtig angegangen werden. Frau G., die dazu neigt, sich selbst oft zu überfordern und über ihre Schmerzgrenze zu gehen, benötigt viel Zuwendung, damit sie nicht mit zu viel Anspannung in aufrechte Körperhaltungen geht. Es bedurfte gemeinsamen Experimentierens mit Unterstützung von Kissen, damit sie für ein paar Minuten gut sitzen kann. Immer wieder wurde unterbrochen, damit sie sich hinlegen und lockern kann. Das aufrechte Sitzen konnte Frau G. als sinnvolles Rückentraining für sich annehmen.

Dann bestand die Schwierigkeit darin, bewusst einzuatmen und dabei ihren ungeliebten, weil schmerzhaften und korpulenten Körper wahrzunehmen.

Zuerst sollte Frau G. nur beobachten, wie ihre Atmung sich ohne ihre Kontrolle verhielt. Frau G. spürte ihre Atmung nur bis in den unteren Hals, sie sagte, sie sei weiterhin sehr angespannt. Ich bat sie fortzufahren, so zu atmen, wie sie es gerade tat, aber beide Hände wärmend auf den Bauch zu legen. Dann sollte sie eine Körperregion erspüren, in der es zur Zeit entweder keine oder nur geringe Schmerzen gebe. Das waren bei Frau G. aktuell die Hände. Also sollte sie sich vorstellen, dass sie in ihre Hände hineinatmet. Es war bald sichtbar, dass sich die Atmung vertiefte.

Die Schmerzregionen sind da und müssen nicht weggemacht werden. Parallel dazu ist es wichtig, sich auf angenehmere Körperzonen zu konzentrieren, sich auf den Atemfluss zu besinnen und sich trotz Schmerzen in einen entspannteren Zustand bringen zu können.

Frau J. berichtet von Konzentrationsproblemen und Entscheidungsschwächen

Frau J. ist 32 Jahre alt, sie wirkt nervös und zappelig und berichtet, sie habe zunehmend mehr Schwierigkeiten, sich auf ihre Arbeit am Computer zu konzentrieren. Außerdem stünden einige Entscheidungen in ihrem Leben an, die sie aber kaum bewältigen könne.

Frau J. erhält die Anregung, sich an die Schneekugel zu erinnern. Ja, den Zustand kenne sie gut. Sie sei immer ganz verwirbelt. Was solle sie denn nun tun? Sie habe selbst schon so viel nachgedacht.

Frau J. soll einmal überlegen, was mit dem Schnee in ihrer inneren Schneekugel passiert, wenn sie grübelt. Dann soll sie prüfen, was mit dem Schnee in ihrer inneren Schneekugel passiert, wenn sie ihren Körper in die Ruhe bringt. Ruhige Gedanken entstehen viel leichter in einem ruhigen Körper.

Frau J. lässt sich auf die Haltungs- und Atemübungen ein. Sie soll ihren Atemfluss beobachten und sich nur auf die Spannungsreduktion auf der Körperebene konzentrieren. Als eigene Prüfung soll sie im Verlauf der Übungen immer wieder die eigene innere Schneekugel visualisieren. Frau J. bemerkt nun, wie schnell sie sich selbst aufwirbelt, aber sie erfährt auch, wie sie die inneren „Schwebeteilchen" besänftigen kann.

Frau V. fragt, ob sie ihre Emotionen nun abschalten lernen soll

Frau V. ist 53 Jahre alt. Sie sagt, sie habe noch nie etwas mit Therapie zu tun gehabt und sich deshalb im Internet erkundigt. Natürlich sei sie bereit, an sich zu arbeiten, aber wo das hinführen kann, das frage sie sich. Sie habe gelesen, dass Achtsamkeit sehr buddhistisch orientiert sei und Buddhisten würden sich doch von allen ihren Gefühlen loslösen wollen. Das sei eigentlich nicht ihr Ziel, sie wolle nur nicht mehr so viel leiden.

Tatsächlich kann die ASST-Methode missbraucht werden, um Emotionen wegzuregulieren. Nicht wenige Menschen kaschieren z. B. mit ihrer Meditationspraxis eine vorhandene Depression. Daher kann eine vorausgehende fundierte Beratung anfangs sehr hilfreich sein.

Frau V. wird in ihrem Wunsch bestätigt, sich nicht von ihren Emotionen zu befreien: Alle Emotionen werden auch weiterhin vorhanden sein. Aber Frau V. erfährt, dass sie im weiteren Übungsverlauf nicht mehr die Marionette ihrer Emotionen sein muss. Das findet sie recht interessant.

Herr H. leidet unter Antriebsmangel und ist skeptisch, was ihm die „Beruhigungsübungen" bringen sollen
Herr H. ist 58 Jahre alt, er berichtet von vielen Stressoren. Aktuell wirkt sehr traurig, antriebsarm, schlapp und müde. Er sei depressiv, äußert er selbst. Wieso sollte er eine Beruhigungsatmung lernen, wo er doch schon so reduziert sei?

Im Kontakt zeigt Herr H., wie viele traurige Menschen, wenig Energie. Aber wenn er von traurigen Erfahrungen berichtet, steigert sich die Spannung schlagartig. Sie wird allerdings nicht „schlagend", sondern verschluckt. Die Spannungen finden – außer ein paar Tränen – kein Ventil. Depression ist auch eine starke Regulationsstörung. Betroffene können sich nicht aktivieren und sie können sich nur schwer beruhigen, wenn sie es wünschen.

Deshalb machen beide ASST-Atemvarianten, die der Aktivatmung und die der Bauchatmung, Sinn. Zudem sind die Haltungsübungen von zentraler Bedeutung. Wenn der Körper „durchhängt", helfen selbst Psychopharmaka nicht. Herr H. wird also ermutigt, sich immer wieder körperlich aufzurichten. Dabei soll er sich auf den Unterschied konzentrieren, der im Kopf entsteht, wenn er von einer schlafferen in einer aufrechtere Position wechselt. Darauf aufbauend empfehle ich ihm, mit seiner Atmung die gegenwärtige psychophysische Verfassung zu regulieren.

Herr B. möchte eine Therapie beginnen
Herr B. ist 44 Jahre alt, er habe mit seinem Entschluss, eine Therapie zu beginnen, lange gewartet. Es sei ihm immer noch etwas peinlich, so etwas in Anspruch nehmen zu müssen. Aber da er nun den Schritt gewagt habe, wolle er über die Dinge sprechen, die ihm schon seit so vielen Jahren auf der Seele liegen und ihm das Leben so schwer machen.

Natürlich wird Herr B. in seinem Entschluss zur Therapie bekräftigt. Aber so wichtig sein Schritt auch ist, es kommt darauf an, die folgenden Schritte nicht zu überstürzen, sondern einer Strategie zu folgen. Es scheint nicht ratsam, sofort mit dem Therapeuten in den nächsten Abgrund zu springen. Die Methode zur Selbststeuerung ermöglicht es dem Klienten, sich selbst zu regulieren. Auf diesem Weg können dann auftretende stärkere Erschütterungen eigenständig kompensiert werden. Herr B. findet das auch sinnvoll und kann sich auf das ASST einlassen.

Die Wahrnehmung, dass er sich selbst besser regulieren kann, stärkt sein Selbstwertempfinden spürbar. Zudem erlebt er seine Probleme als gar nicht mehr so belastend, seitdem er sich mental gestärkt und körperlich ruhiger fühlt.

Frau D. sorgt sich, dass sie durch solche Übungen immer sensibler wird
Frau D. ist 41 Jahre, sie praktiziere schon seit einigen Jahren Yoga und Meditation, habe ihre Ernährung auf vegetarische Kost umgestellt und auch sonst auf viele Konsumgifte verzichtet. Sie spüre zwar deutlich die heilsamen Auswirkungen, aber als sehr schmerzliche Nebenwirkungen nehme sie eine stetig zunehmende Sensi-

bilität wahr. Sie fühle sich regelrecht dünnhäutig, oft reagiere sie ungewohnt emotional.

Solche Effekte einer achtsamen Lebensführung können mithilfe der spezifischen ASST-Methoden auch gegenreguliert werden. Wichtig ist, dass auftretende Emotionen nicht beherrscht oder unterdrückt werden, sondern mittels einer Achtsamkeitsschulung eine Beobachtung erfahren. Frau D. kann sich darauf einlassen und entwickelt durch die Beobachtungsschulung und körperliche Beruhigungstechniken eine selbstregulierte Distanzierungsfähigkeit vom emotionalen Geschehen.

Frau N. ist Erzieherin und leidet unter dem Geräuschpegel in der Kita

Frau N. ist 56 Jahre alt, sie wirkt blass und abgearbeitet. Sie schlafe schlecht und könne keine Ruhe finden, obwohl sie seit drei Monaten arbeitsunfähig geschrieben sei. Gedanklich sei sie immer beim Job.

Das ASST-Training brachte Frau N. wieder mit ihrer Körperlichkeit in Kontakt. Frau N. entwickelte für sich eine Art „Mantra", das sie still für sich selbst eine ganze Weile aufsagte: „Nur auf den Körper achten. Nur auf den Körper achten. Nur auf den Körper achten."

So kombinierte Frau N. die körperliche Spannungslösung mit gedanklicher Abgrenzung. Haltungs- und Atemübungen, die Wiederaufnahme sportlicher Aktivitäten, mehr Engagement für gute Ernährung und auch das Bemühen um ihre Sinnlichkeit halfen ihr ebenfalls, mehr auf den Körper zu achten. Zudem verstand Frau N., dass sich der Stress über viele Jahre hinweg aufgebaut hatte und sich daher nicht innerhalb von zwei Wochen würde abbauen lassen.

Nachdem sie nach sechs Monaten wieder in den Beruf einstieg, kam sie nochmals zu einem Nachbesprechungstermin. Sie schilderte recht vergnügt, wie sie ihren Sinneswandel inzwischen am Arbeitsplatz in der Kita umsetzte: Sie sei dazu übergegangen, mit den Kindern kleine Übungen durchzuführen. Dafür legten sich die Kinder mit einer Lieblingspuppe auf dem Bauch in Rückenlage auf den Boden. Frau N. bat nun ihre Schützlinge, ganz vorsichtig zu atmen, sodass die Bauchatmung die Puppe in langsamen Bewegungen zum Tanzen bringt. Damit hatte Frau N. viel Erfolg bei den Kindern. Auch die Infos an die Eltern fanden guten Anklang. Es war für alle eine interessante Erfahrung, wie zugänglich Kinder für solche Methoden sein können.

Frau G. ist alleinerziehende Mutter eines hyperaktiven Jungen. Frau G. ist 42 Jahre alt, sie wirkt zu gleichen Teilen dominant und verunsichert. Sie sei es immer gewohnt gewesen, durch Leistung zum Erfolg zu kommen, aber ihr Sohn zeige ihr nun Grenzen auf. Anstrengung führe zu keinen Erfolgen.

Zu der dritten Sitzung soll Frau G. ihren Sohn mitbringen, schließlich geht es immer wieder auch um ihn. Tim ist ein zehnjähriger, schlanker Junge, der sich im Behandlungszimmer deutlich ruhiger verhält als erwartet. Was Frau G. etwas zu enttäuschen scheint. Sie meint später, dass ihr Sohn bei anderen oft viel angepasster sei als wenn beide alleine seien. Für die nächsten Behandlungsschritte war das natürlich eher von Vorteil.

Tim erhielt die Information, dass wir nun zu Dritt ein Konzentrationstraining durchlaufen würden, wie es sonst die asiatischen Kampfsportler absolvieren. Das fand Tim natürlich spannend. Die aufrechte Haltung solle die Rückenmuskulatur stärken und die schwierige Aufgabe bestehe nun darin, so intensiv auf die ruhige tiefe Atmung zu achten, dass alle anderen Gedanken nicht mehr in den Vordergrund treten. Tim sah das als eine sportliche Herausforderung. Auch den Lotussitz, den er schon mal im Fernsehen bei einem Kung-Fu-Kämpfer gesehen hatte, wollte er beherrschen. Tim fand also einen eigenen Zugang, der von den Erwachsenen unterstützt wurde.

Herr H. ist Unternehmer und möchte für sich und seine Angestellten Achtsamkeit fördern

Herr H. ist 54 Jahre alt und erfolgreicher Unternehmer. Er kommt in die Beratung, weil er selbst ein schweres Leiden überstanden hatte und nun einen Kurswechsel für sich, aber auch für seine Angestellten anstrebe. Er hatte den Eindruck, dass sein übermäßiger Eifer und die damit verbundenen Anstrengungen zur Katastrophe geführt oder diese zumindest begünstigt hatten.

Die Methode des ASST eignete Herr H. sich schnell an und es zeigten sich bereits nach wenigen Wochen spürbare Veränderungen.

Im Verlauf der Kontakte wurde deutlich, dass Herr H. das Thema Achtsamkeit nicht nutzen möchte, um aus seinen Angestellten noch mehr Effektivität herauszuholen. Ganz ein Unternehmer der alten Schule, wollte er seinem Team ein paar Gedanken näherbringen, sodass sie nicht die gleichen Fehler wie er begehen würden.

Es wurde also eine Mitarbeiterschulung vereinbart.

Von sehr zentraler Bedeutung war die Wahl der Begriffe. So ging es nicht primär um Achtsamkeit, sondern um Konzentrationstraining, nicht um Meditation, sondern um Aufmerksamkeitsschulung, nicht um buddhistische Lehren, sondern um geisteswissenschaftliche und neurowissenschaftliche Forschung. Arbeitserleichterungen durch verbesserte kognitive Kompetenzen waren das angestrebte Ziel.

Die Mitarbeiter zeigten sich sehr kooperativ, sie waren interessiert und offen. Diese konstruktive Atmosphäre verbesserte sich zunehmend, als deutlich wurde, dass niemand etwas Privates offenbaren musste.

Mit diesen Beispielen wird deutlich, wie unterschiedlich die Themen auf den ersten Blick sein können. Und auf all dies soll *eine* Methode zur Selbststeuerung den Schlüssel bereithalten? Menschen sind einzigartige, unverwechselbare, wertvolle Wesen, nicht aber ihre Probleme. Kein Problem ist einzigartig. Die ASST-Herangehensweise kann zwar auch individuell angepasst werden, es können einige Aspekte weggelassen oder auch in voller Ausführlichkeit angeboten werden, aber grundsätzlich finden wir eine Universalstrategie vor, die unabhängig von individuellen Hintergründen die immer gleichen Etappen anbietet: Haltungs- und Atemübungen zur Selbststeuerung, Selbstwirksamkeitsvermittlung, anfängliche Fokussierung auf rein körperliche Aspekte, dann erst Bearbeitung der emotionalen und dann erst Steuerung der gedanklichen Abläufe, begleitet von Ego-Stabilisierung und später Ego-Linderung.

Noch ein paar zusammenfassende Tipps für die Umsetzung
· Anfangs feste Zeiten für die Übungen nutzen
    · Den Tag mit einigen Minuten Übung beginnen
    · In der Tagesmitte einige Minuten Übung
    · Zum Tagesabschluss einige Minuten Übung
· Vorhandene Gewohnheitsmuster nutzen
· z. B. jeden Morgen vor dem Frühstück
· z. B. jeder Abend vor der Tagesschau
· Für die Mikropausen vorhandene Strukturen nutzen
    · immer, wenn (irgendwo) das Telefon klingelt
    · vor jeder roten Ampel
· immer, wenn Sie auf Ihr Handy schauen
· immer, wenn Sie einen Raum betreten
- immer, wenn Sie Hände schütteln
· Pausen einlegen, wenn es schwierig wird, keinen Stress erzeugen
· Besser öfters kürzer als nur gelegentlich länger üben
· bei hoher Nervosität Übungen beim Spaziergang durchführen
· Das Ziel ist nicht die perfekte Übungsdurchführung, sondern die Umsetzung im Alltag
· Erinnerungshilfen nutzen (z. B. kleines Objekt auf dem Schreibtisch sichtbar positionieren)

Seien Sie es sich selbst wert und entwickeln Sie für nur vier Wochen einen kleinen Übungsplan. Spätestens nach zwei bis drei Wochen sollten Sie die Auswirkungen bereits am eigenen Leibe spüren.

Achtsamkeit ist eine menschliche Veranlagung,
die absolut jede und jeder in sich aktivieren und kultivieren kann.
Jede Wiederholung stärkt diese innere Qualität.
Alles, was wir wiederholen, wird sich in uns stärken.
Das ist ein Naturgesetz, dem wir vertrauen dürfen.

6. KAPITEL

Achtsamkeit
als Wegbegleiter

Große Einsicht
kann erst kommen,
wenn der Geist still wird
und die Dinge in dieser Stille verschwinden.

− AJAHN BRAHM −

An die Grenzen des Beschreibbaren
und darüber hinaus

Dieses Buch möchte dazu beitragen, dass Achtsamkeit kein diffuses Konstrukt bleibt, keine esoterische Idee, keine schöngeistige Qualität, kein Luxusthema. Achtsamkeit ist vielmehr eine dringend notwenige Bewusstseinsqualität und Handlungsstrategie, die wir in einem einfachen, leichten und strukturierten Vorgehen jederzeit in unserem Alltag umsetzen können.

Prüfen Sie einen Moment lang, wie Sie die vielen Anregungen dieses Buches aufgenommen haben. Schauen Sie gerne auch nach Ihren inneren Zweiflerstimmen, den inneren Unsicherheiten, aber natürlich auch nach den inneren Optimisten, den inneren Beratern oder anderen inneren Resonanzen. Wenn Sie diese Impulse wahrnehmen, dann können Sie sicher sein, dass es sich um Ihre Ego-Stimmen handelt.

Das Ego ist bei Neuem oftmals zwiegespalten. Einerseits freudig gestimmt, weil es im Mittelpunkt steht und neue Sachverhalte beleuchten darf, aber andererseits unsicher ängstlich, weil es bei der vorliegenden Thematik auch kritisiert wird.

ICH muss mich verändern. Wie soll ICH das nur schaffen?

Wir haben in diesem Buch die Ego-Problematik aus verschiedenen Perspektiven beleuchtet, sodass hoffentlich einige Anregungen nachvollziehbar waren, die vermitteln wollten, dass wir unser Ego bewusst betrachten lernen, es stärken, um es dann aber im Zustand guter Stabilität auch wieder zu relativieren, zu lindern und immer mehr zu lösen.

Was bleibt übrig, wenn wir im weiteren Verlauf unserer Übungen unsere Ego-Impulse wirklich zum Schweigen bringen können?

Ein Ego-Anteil bedeutet immer eine Art von Abkapselung. In der Ego-Regung distanzieren wir uns äußerlich, aber auch innerlich. Der „innere Angsthase" distanziert sich sehr deutlich vom „inneren Mutigen". Jeder Ego-Impuls überlebt dadurch, dass er uns zu vermitteln versucht: ICH bin wichtig, ICH bin anders, ICH habe was zu sagen, ohne MICH geht gar nichts.

Hier werden von unseren Ego-Anteilen Grenzen gezogen: Hier bin ICH, dort sind die anderen.

Eine Linderung dieser Ego-Anteile bedeutet also eine Entgrenzung.

Ein realistisches Fernziel ist also die Transzendenz unseres Egos – inklusive all unserer verschiedenen Ego-Anteile.

Wer schon einmal selbst erfahren durfte, wie es sich anfühlt, wenn keine Egostimmen aktiv sind, wenn diese Grenzen fallen, findet einen Zugang zu seinen inneren Qualitäten.

Solche Erfahrungen wirken sich in sehr komplexer Weise auf alle Lebensbereiche aus. Der dadurch entstehende „Gewinn" ist für uns kaum aufzulisten.

Wenn sich aber neue und spannende Erfahrungen entwickeln, dann kommt mit Sicherheit wieder irgendeine Ego-Stimme durch die Hintertür und möchte gehört werden. Und da wir auch viele neue Informationen zu verarbeiten haben, ist unser Verstand, eben als Verstandes-Ego, immer wieder mit von der Partie.

Hier müssen wir sehr achtsam bleiben für die Gefahren des spirituellen Materialismus.

Schnell erliegen wir der Illusion,
wir könnten uns mit Hilfe von spirituellen Techniken weiterentwickeln,
während wir in Wirklichkeit
nur unsere Ich-Bezogenheit stärken.

– CHÖGYAM TRUNGPA RINPOCHE –

Chögyam Trungpa Rinpoche schildert, dass dieser grundlegende Irrtum als spiritueller Materialismus bezeichnet wird, der „in vielfältiger Form der Selbsttäuschung zum Ausdruck kommt."

Führt uns das ASST zum Endpunkt des Verstandesweges, benötigen wir etwas Mut, um uns auf eine „tiefere" Ebene einzulassen, die jenseits unserer Ego-Anteile existiert.

Wenn unser ICH-Gefühl aufgelöst wird, ist dennoch etwas erfahrbar.

Aber WER erfährt das, wenn es nicht unser ICH ist?

Jenseits unserer Ego-Empfindungen existiert offenbar eine Bewusstseinsmöglichkeit!

Sicherlich haben fast alle Menschen schon Erfahrungen von NICHT-ICH gemacht. Aber das geschah dann als Zufallsprodukt und meist auch ohne Bewusstheit, es war eben nur ein flüchtiger WOW-Moment.

Vielleicht kennen Sie selbst solche Erfahrungen noch nicht. Sie müssen die hier formulierten Sachverhalte auf keinen Fall einfach glauben. Die Methode des ASST zeigt Ihnen Wege, wie Sie sich solchen Erfahrungsebenen selbst annähern können.

Die Selbsterfahrung ist ein unverzichtbarer Eckpfeiler. Schließlich kann ein Bericht solcher Erfahrungen nicht wirklich die eigene Erfahrung ersetzen. Oder würde es Ihnen reichen, wenn Sie davon lesen, wie ein Apfel schmeckt, ohne ihn selbst zu probieren?

Neben dem Aspekt des Persönlich-Intimen von spirituellen Erfahrungen stößt man beim Versuch, die Erfahrungen in Worte zu kleiden, auf die Schwierigkeit, etwas seinem Wesen nach Form-loses in eine sprachliche und begriffliche Form zu bringen.

Die Welt der Formen, der begrifflichen und der materiellen Formen, verliert sich in der Tiefe der Erfahrung, sobald der Bereich jenseits der Ego-Formen spürbar wird.

Dieser Umstand ist nicht vergleichbar mit der Problematik, die wir erleben, wenn wir Emotionen in Worte fassen möchten, denn Emotionen gehören, ebenso wie Worte, zur Welt der Formen.

Tiefe spirituelle Erfahrungen betreffen nicht die Formen. Das, was jenseits der Formen existiert, wird je nach Kontext recht unterschiedlich bezeichnet, z. B. als *Essenz* oder *Big Mind*. Wir geben also etwas Formlosem, wenn wir es kommunizieren möchten, wieder eine (begriffliche) Form. Bei dieser Übertragung entstehen leider naturgemäß immer Verluste. Es ist also immer eine Reduktion, wenn die Essenz-Erfahrung wieder zur (begrifflichen) Form werden soll.

Demzufolge ist eine „tiefe" Erfahrung, die sich zum Beispiel in Bildern abspielt, keine grundlegend tiefe, sondern eine relativ oberflächliche Erfahrung innerhalb von gedanklichen Bilder-Formen.

Wenn Sie in der Meditation heilige Visionen, also Bild-Formen, anstreben, dann sollten Sie sich darüber im Klaren sein, dass Sie dadurch tiefergehende Erfahrungen vermeiden.

Deshalb rät uns schon die Achtsamkeitslehrrede, nicht an unseren Betrachtungen anzuhaften.

Der Weg in der Meditation könnte also auch als ein fortlaufender Prozess der Formenloslösung bezeichnet werden.

Vielleicht konnten Sie sich einen Eindruck darüber verschaffen, in welcher Verbindung Form und Essenz zueinander stehen. Womöglich kamen Sie beim Lesen manchmal auf die Idee, dass die Essenz viel bedeutsamer, eben essentieller sei, als die Form, die ja eigentlich nur oberflächlich ist – Äußerliches ist schließlich ja nur Form.

Dennoch sollten wir die ungeheure Macht der Welt der Formen nicht unterschätzen. Sie ist durchaus in der Lage, uns enorm zu behindern, aber sie kann uns auch unterstützen. Beispielsweise kann uns eine aufrechte Körperhaltung, als äußere Form, den Zugang zu essentiellen Aspekten unseres Weges erleichtern.

Fast alle spirituellen und religiösen Traditionen legen sehr großen Wert auf *form*elle Aspekte. Diese Formen beziehen sich dann auf eine bestimmte Kleiderordnung, Texte, Gesänge, Gebete, Rituale, heilige Objekte, Meditationen, Tänze, Musik, Instrumente, Gebäude etc. Nicht wenige alte Traditionen scheinen geradezu in ihren *Formen* zu ersticken, sodass der *essentielle* Kern nur noch schwer erkennbar ist. Eine Extremposition nehmen die Fundamentalisten ein, gleich gefolgt von Traditionalisten und selbst für die vielen modebewussten Menschen hat die Form den höchsten Stellenwert eingenommen. Sie geben der Form eine Top-Priorität. Dann wird z. B. die Kleiderordnung wichtiger als das Individuum.

Formen können also hemmend oder förderlich sein, aber sie besitzen eine materielle Qualität, mit der wir vorsichtig umgehen sollten.

Wir alle produzieren ohne Unterlass Formen. Unsere gedanklichen Formen sprudeln nur so aus uns heraus. Meinungen, Wünsche, Bewertungen, Begehrlichkeiten, Bedürfnisse, Anklagen, Widerstände, Ego-Regungen, um nur einige zu nennen.

Eine Minderung der Formenproduktion kann sehr heilsam sein.

Stellt euch vor, ihr habt drei Wünsche frei,
ohne jede Einschränkung,
und euch fällt keiner ein!

– AJAHN BRAHM –

Frieden mit den Formen finden

Je weniger Formen wir entstehen lassen, desto mehr Ruhe und Klarheit erfahren wir.

Wirklicher Friede entsteht in uns nämlich nicht, nachdem wir alles bekommen haben, was wir uns wünschten. Nach der Bedürfnisbefriedigung kommen sofort weitere Wünsche.

Wahrer Friede entsteht in uns durch Bedürfnislosigkeit.

Jeder Wunsch erzeugt in uns eine Spannung. Und anstatt dem Wunsch blind zu folgen, beruhigen wir die Spannung in unserem Körper, dann unsere Emotionen und Gedanken. Währenddessen können wir beobachten, wie die Bedürfnisspannung nachlässt. So spüren wir das Verwehen unserer Begehrlichkeiten.

Wenn uns dieser Weg nach und nach zugänglich wird, können wir natürlich auch damit fortfahren, heilsame Formen zu kultivieren.

Die heilsamen Formen können für uns ein Schlüssel werden zum Tor der Essenz.

Auf welche Formen lohnt es zu achten?

Die Form unseres Besitzes

Besitz neigt dazu, besitzergreifend zu werden. Schon bald besitzt der Besitz uns. Besitz hat eine magnetische Wirkung. Etwas ist schon da und es möchte mehr werden, immer mehr. Wir werden geistig fettleibig in unserem Wunsch nach immer mehr.

Die Form unserer Wohnung

Die innere Struktur reflektiert die äußere Struktur und umgekehrt. Klare Strukturen beruhigen unseren Geist und unterstützen uns darin, Ruhe und Klarheit zu erzeugen.

Die Form unserer Ernährung

Einerseits benötigen wir einen Weg der Mitte: keine Askese und keine Völlerei. Andererseits benötigen wir eine klare Linie: Unsere Ernährung sollte so wenig Leid wie möglich erzeugen. Das bezieht sich natürlich auch auf die Herstellung und daher auf die Natur inklusive der Tiere. Ein Augenmerk auf basische Ernährung zu legen reduziert die Übersäuerungsneigungen unseres oft stressgeplagten Organismus.

Die Form unserer Kleidung

Auch hier ist der Weg der Mitte vorteilhaft. Keine Vernachlässigung, aber auch kein materieller Überfluss. Schauen Sie sich einmal Ihren Kleiderschrank an ...

Die Form unseres Äußeren

Wir können uns alle in schöner Kleidung verstecken, aber ziehen Sie sich aus und stellen sich vor einen großen Spiegel. Natürlich geht es hier nicht darum, Idealmaße als Vergleich zu strapazieren, sondern Ihre Körpersprache verstehen zu lernen. Zuviel Nahrung in Kombination mit zu wenig Bewegung an der frischen Luft erzeugt sichtbare Formveränderungen, ebenso wie zu wenig zu essen und zu viel Bewegung.

Die Form unserer Tätigkeiten und Handelns

Auch wenn wir vieles erledigen müssen, was wir uns nicht ausgesucht haben, so bleibt uns immer die Wahl, *wie* wir es umsetzen. Den Alltag zu bewältigen, als hätten wir es uns genau so ausgesucht – und das mit viel Bewusstsein für den Augenblick –, ist eine wunderbare Aufgabe.

Die Form unserer Rede

Auch hier finden wir wieder einen Bereich, in dem wir selbst, mit ein wenig Wille und Übung, einiges verbessern könnten. Gewaltfreie und respektvolle Kommunikation ist eine wunderbare Übung.

Die Form unserer Gedanken

Gedanken sind, trotz eines anderslautenden Sprichworts, *nicht* frei. Was wir denken, hat einen Einfluss auf unseren gesamten Organismus und damit auch auf unsere Umwelt. Bevor Sie versuchen, bestimmte Gedanken zu unterdrücken, versuchen Sie lieber zu lernen, Ihren Gedankenfluss zu beobachten.

Natürlich existieren noch sehr viel mehr Aspekte der Form, die ganze Welt ist voll davon. Aber diese „Spitze des Eisberges" möchte uns Anregungen geben, um mit dem einen oder anderen Bereich anzufangen.

Wenn wir den Umgang mit Formen bewusster kultivieren, werden die Tore zu einer tieferen Ebene leichter zu öffnen sein. Formen können uns nämlich sowohl hindern als auch fördern. Deshalb sind so viele Traditionen auf das Einhalten von Formen bedacht.

Von den Formen zur Essenz

Um diese Qualität jenseits der Formen beschreiben zu wollen, muss wieder ein Schwall von Formen (Wörtern) produziert werden. Aber mit der Essenz ist etwas gemeint, das jenseits der Formen existiert. Es ist eigentlich am besten erfahrbar, wenn die Formen schweigen. Vielleicht haben Sie etwas Geduld und üben sich in Meditation auf eine Weise, bei der Sie die auftauchenden Formen immer mehr loslassen lernen. Je weniger Formen Sie produzieren und spüren, desto mehr Essenz erfahren Sie. Mit etwas Geduld können Sie schon bald Erfahrungen mit der Essenz als einer Qualität machen, die tatsächlich für uns alle erfahrbar wird, wenn sich die Formen nach und nach auflösen. Es kann dann deutlich werden, dass es wirklich etwas jenseits der Formen gibt.

Dieser Erfahrungsbereich vermag uns für unser Leben wichtige Inspirationen zu vermitteln. Beispielsweise spüren wir dann eine Qualität, die nicht mehr durch unser Ego vermittelt ist.

Viele von uns sehnen sich sehr nach solchen Erfahrungen der Ruhe und des Friedens. Für diesen Weg benötigen wir keinen materiellen Aufwand, er kostet nichts. Zudem verfügt ohne Ausnahme jeder von uns über einen Zugang. Allerdings ist es für diesen Zugang unvermeidbar, dass wir lernen, uns nicht weiter mit den üblichen Konsumgewohnheiten zu betäuben. Und dass wir lernen, still werden zu können.

Diese Schilderungen möchten Ihnen Anhaltspunkte bieten. Fühlen Sie sich eingeladen zum Selbstexperiment. Aber erzeugen Sie möglichst keinen Selbstboykott, indem Sie Ihre Erwartungen zu hoch ansetzen.

*Nach meiner Erfahrung geht es im Klosterleben
— und bei jeder ernsthaften buddhistischen Praxis —
zu 90 % um das Durchschauen des Nörgel-Geistes.*

— AJAHN BRAHM —

Das Management der inneren Stimmen ist besonders in der Anfangszeit zu beachten. Jedes Achtsamkeitsverfahren, auch das ASST, legt viel Wert auf das wertfreie Betrachten. Das klingt erst einmal gut, aber den Nörgel-Geist, wie Ajahn Brahm ihn nennt, sollte von uns wie ein unerzogenes Hundekind betrachtet werden, mit Wohlwollen. Strenge gegen eigene Anteile ist ein vollkommen unproduktives Vorgehen.

Hilfreiche Übungen

Immer wieder ging es in diesem Buch um den wichtigen Schritt, blasse Theorie in praktische Erfahrungen zu überführen. Schauen wir uns deshalb am Ende noch einmal zusammenfassend Übungen an, die sich günstig auf den Erfolg Ihrer Bemühungen auswirken.

1. Übung: Aufmerksamkeitslenkung

Schließen Sie öfters mal kurz die Augen und realisieren Sie die vielen Details des Raumes, in dem Sie sich gerade befinden. Dann öffnen Sie die Augen und schauen Sie, an wie viele Detail Sie sich erinnern konnten, was Sie übersehen und was Sie dazugedichtet haben!

2. Übung: Erinnerungen aktivieren und steuern

Erinnern Sie sich aktiv an unangenehme Erinnerungen. Prüfen Sie die Körper- und Geistesreaktionen. Danach erinnern Sie sich an angenehme Erinnerungen und prüfen ebenfalls die Körper- und Geistesreaktionen. (Immer in dieser Reihenfolge)

3. Übung: Die trübe Schneekugel

Versuchen Sie, Ihre „inneren Schwebeteilchen" so oft es geht zu beruhigen. Visualisieren Sie, wie die Schwebeteilchen langsam zu Boden sinken und Sie klarer und ruhiger werden. Sorgen Sie, so oft es geht, für Klarsicht.

4. Übung: Automatismen beachten

Realisieren Sie die vielen Automatismen in Ihrem Labyrinth. Realisieren Sie Ihre Gewohnheiten. Probieren Sie täglich ein paar neue Dinge.

5. Übung: Den inneren Impuls prüfen

Immer wenn Sie in sich eine Meinung, eine Aufforderung, einen Kommentar etc. spüren, fragen Sie sich, aus welchem Persönlichkeitsanteil diese stammt.

6. Übung: Die Königs- bzw. Königinnenhaltung

Körperhaltung gleich Geisteshaltung: Üben Sie öfters die Königs-
bzw. Königinnenhaltung. Seien Sie aufrecht. Hetzen Sie nicht.
Spüren Sie Ihre Souveränität. Ihr Körper kann Ihnen dabei helfen:
Richten Sie Ihren Körper auf. Prüfen Sie dabei, was für innere und
auch äußere Reaktionen sich ergeben.

7. Übung: Mundyoga

Lassen Sie Ihren Blick öfters mal für eine Weile ruhen, die Konzentration nach innen gerichtet, und lächeln Sie. Lockern Sie
gleichzeitig Ihre restliche Gesichtsmuskulatur. Prüfen Sie, was
sich dadurch für Sie verändert.

8. Übung: Schultern entspannen

Die Schultern zeigen oft den Grad der Anspannung. Ziehen Sie
sie sanft etwas hoch und dann lassen Sie sie sanft fallen und atmen
dabei aus.

9. Übung: Um-Setzung

Jedes Mal, wenn Sie sich setzen, sitzen Sie für eine Weile aufrecht.
Übertreiben Sie es nicht, indem Sie über die Schmerzgrenze gehen. Bleiben Sie sanft mit Ihrem Körper. Sie werden schon bald
einen Trainingseffekt spüren.

10. Übung: Die Basics

Üben Sie anfangs grundsätzlich die Techniken der Bauchatmung
und der Aktivatmung. Die Bauchatmung: Der Bauch wölbt sich
beim Einatmen nach außen. Die Aktivatmung: Beim Einatmen
wölbt sich der obere Brustkorb.

11. Übung: 5 Minuten-plus

Nehmen Sie sich zweimal täglich 5 Minuten-plus Zeit für sich.
Setzen Sie sich gerade hin und atmen Sie so, dass Sie in einem
aktiven und wachen Zustand bleiben. Das Plus in den 5 Minuten

bedeutet, dass Sie die Übung auch gerne verlängern können. Es soll aber kein Wettkampf werden, sondern bekömmlich bleiben.

12. Übung: Mikropausen
Lenken Sie im Laufe des Tages Ihre Konzentration immer wieder für ein bis zwei Atemzüge auf sich selbst. Richten Sie sich auf und atmen sie so, wie es Ihr Zustand erfordert: aktivierend oder beruhigend.

13. Übung: Meditation
Erlernen Sie die Meditation als aktives Geistestraining. Meditieren Sie anfangs gerne in einer für Sie passenden Sitzposition, auch auf einem Stuhl. Vermeiden Sie es zunächst, im Liegen zu meditieren.

14. Übung: Achtsamer Konsum
Achten Sie auf gesunde Nahrung: keine Gifte, keine Rauschmittel, keine Produkte, bei deren Herstellung Leid erzeugt wurde.

15. Übung: Achtsamer Umgang mit dem Körper
Achtsamer regelmäßiger Sport und achtsame Bewegungen sorgen für einen ausgeglichenen Körper.

Vielleicht hat Sie eine der Übungen besonders angesprochen, oder eine kleine Auswahl wirkt auf Sie sofort umsetzbar. Nehmen Sie sich nicht zu viel vor. Vertiefen Sie lieber eine oder ein paar Übungen, als einen Leistungsdruck mit dem Anspruch aufzubauen, möglichst alles umzusetzen.

Wenn Sie regelmäßig üben, verinnerlichen Sie die Techniken immer mehr. So können Sie dann nach und nach die verschiedenen anderen Inhalte dazunehmen. Passende Bausteine fügen sich schon bald mühelos zusammen. So entwickeln und steigern sich u. a. die Fähigkeiten Ihrer Introspektionsfähigkeit und Sensibilität.

Im Rahmen dieses Ausdehnungseffektes werden Sie wahrscheinlich auch bemerken, dass Ihre verschiedenen Gewohnheitsmuster deutliche Auswirkungen auf Ihre Übungspraxis haben. Sie spüren dann, was heilsame und unheilsame Verhaltensweisen bewirken.

Das Thema, auf das wir hier hinsteuern betrifft den Lebensstil, in dem Ihre ASST-Übungen eingebettet sind. Wenn Sie Achtsamkeit üben möchten, dann findet das natürlich nicht im luftleeren Raum statt. Ihre innere Verfassung ist dafür ebenso bedeutsam, wie Ihre Lebensumstände.

Um diese Sachverhalte zu würdigen, entstanden übergreifende Konzepte zur Anwendung des ASST.

In diesem Abschlusskapitel möchte ich diesen Anwendungsbereich nicht unerwähnt lassen. Es handelt sich um das Art of Life Project ALP.

Ausblick:
Das Art of Life Project ALP

Die seit vielen Jahren währenden Umsetzungsprojekte mit der Achtsamen Selbststeuerung ASST und zahllose Rückmeldungen von Übenden führten zu einer Art von rotem Faden. Dieser verweist uns, wie eben schon erwähnt, auf die hohe Relevanz von Begleitumständen beim Üben. So macht es einen Unterschied, ob wir unser Leben wie gewohnt weiterführen und nur als ein kleines Detail die ASST- Techniken hinzufügen, oder ob wir bereit sind, zumindest für ein zeitlich begrenztes Experiment, einige Gewohnheitsmuster zu ändern.

Wenn wir hier ein paar Lebensaspekte berücksichtigen und unseren Übungsrahmen etwas erweitern, finden wir eine noch effektivere Wirkungskraft. Unsere Selbststeuerungsmöglichkeiten steigern sich weiter. Diese Rahmenbedingungen wurden dann in eine Form gebracht und es entstand das Art of Life Project ALP als ein ganzheitliches Projekt, das relevante Bereiche unseres Lebens zu integrieren versucht. Zusätzlich zu den ASST-Techniken finden z. B. Konsumgewohnheiten, Ernährungsaspekte und spezifische Körperübungen einen besonderen Platz.

Ebenso, wie sich durch viele kleine negative Bausteine ein unheilvolles Empfinden aufbauen kann, wird sich durch das Zusammenfügen von heilsamen Aktivitäten unweigerlich etwas Positives entwickeln. Je mehr Faktoren unseres Lebens wir integrieren, desto nachhaltiger und sicherer sind unsere Erfolge.

Die Kunst des Lebens wird sicherlich bei jedem von uns sehr individuelle Seiten zeigen. Dennoch existieren bedeutsame *universelle* Rahmenbedingungen, die für uns alle gleichsam zutreffen und deren Würdigung für unsere Weiterentwicklung von großer Bedeutung sind.

Was ist für Sie die Kunst des Lebens?
Haben Sie sich vielleicht beim Lesen dieses Abschnittes zum Art of Life Project gefragt, was für Sie persönlich die Kunst des Lebens ist?

Einige andere Menschen haben die Frage nach der Kunst des Lebens wie folgt beantwortet:

Für mich bedeutet die Kunst des Lebens ...

„*... ohne Urteile und mit Leichtigkeit zu leben.*" Dr. Kirsten Endrikat, Wissenschaftlerin

„*... schlichtweg Balance zwischen Innen und Außen; Muss und Muße; Halten und Loslassen.*" Esther Lehmann, Rechtsanwältin

„*... die eigene Wahrnehmung verfeinern, bewusster werden und teilen.*" Martin Rüther. Central Europe Wind Services Director; Site & Production Leader; Geschäftsführer

„*... die positiven Erfahrungen als Quell der Freude zu hüten, zu teilen und damit zu vermehren und die negativen als Möglichkeit zum Wachstum und zum Wandel zum Guten zu begreifen, im festen Glauben, dass ein höherer Sinn darin liegt.*" Sigrun Büning, Fachärztin für Psychiatrie und Psychotherapie

„*... unabhängig von äußerem Erfolg und oder Misserfolg in mir zu ruhen und mich stattdessen auf meinen inneren Wesenskern zu beziehen, der unberührt bleibt von all dem.*" Doris Iding, Freie Redakteurin, Journalistin, Fachbuchautorin

„*... das Berufliche mit dem Privaten in Einklang zu bringen.* Michael Ennenbach. Verwaltungsdirektor

„... das zu finden, was mich glücklich und zufrieden macht und dabei die Offenheit für die Vielfalt und die Chancen zu behalten und diese mit Respekt für Andere zu nutzen - life is for living!" Angelika Haas, Personalmanagerin Mercedes Benz

„... lieben zu können." Dr. med. Katrin Lossagk

„... sich trotz Widrigkeiten den freien Blick für die Glücksmomente des Lebens zu bewahren." Jakob Mallmann, Cheflektor bei Bertelsmann-Random House

„..jeden einzelnen Augenblick als Kostbarkeit erfahren zu können, insbesondere wenn es schwierig erscheint oder wenn Automatismen die Kontrolle übernehmen wollen." Dr. Matthias Ennenbach, Psychotherapeut, Gründer ALP und ASST, Fachbuchautor, Ausbilder BPT®

Ich hoffe, Sie fühlen sich inspiriert, Ihre ganz persönliche Achtsame Selbststeuerung zu kultivieren. Und wahrscheinlich werden so nach und nach immer mehr Ihrer Lebensbereiche positiv beeinflusst. Natürlich können Sie gerne Kurse für ASST und ALP besuchen, um sich auf Ihrem Weg unterstützen zu lassen.

Mögen alle Wesen glücklich sein und die Ursachen von Glück besitzen.
Mögen alle Wesen frei sein von Leid und der Ursache des Leids.
Mögen alle Wesen Freude und die Ursache der Freude besitzen.
Mögen alle Wesen im Gleichmut verweilen,
frei von Anhaftung und Ablehnung.

Literatur

Ajahn Brahm: Nur dieser Moment. München: Lotos, 2009.

Analayo: Der direkte Weg Satipatthana. Stammbach: Beyerlein & Steinschulte, 2010.

Bandura, A.: Lernen am Modell. Stuttgart: Klett, 1994.

Briggs, J.: Die Entdeckung des Chaos. München: dtv, 1999.

Brück, M.v.: Einführung in den Buddhismus. Berlin: Verlag der Weltreligionen, 2007.

Buddha: Worte der Vollendung. Zürich: Diogenes, 2010.

Buddhadasa Bhikku: Kernholz des Bodhibaums. Books on Demand, 2000.

Chögyam Trungpa: Spirituellen Materialismus durchschneiden. Bielefeld: Theseus, 1996.

Chögyam Trungpa: Achtsamkeit, Meditation & Psychotherapie. Freiburg: Arbor, 2006.

Trungpa, Chögyam: Das Jetzt im Strom der Zeit. München: O.W. Barth, 2015.

Chödrön, P.: Wenn alles zusammenbricht. Goldmann 2001

Chödrön, P.: Es ist nie zu spät. Freiburg: Arbor, 2007.

Chödrön, P.: Beginne, wo Du bist. Bielefeld: Aurum, 2003.

Chodron, Thubten: Es ist Dein Ärger. Bielefeld: Theseus, 2008.

Dalai Lama: Der Mittlere Weg. München: Diederichs, 2010.

Dalai Lama: Von hier zur Erleuchtung. München: Scorpio, 2013.

Dalai Lama: Das Buch der Menschlichkeit. Köln: Lübbe, 2011.

Dalai Lama: Harmonischer Geist, vollkommenes Bewusstsein. München: Lotos, 2007.

Dalai Lama: Die vier edlen Wahrheiten. Frankfurt a. M.: Fischer, 2011.

Dalai Lama / Cutler, H.C.: Die Regeln des Glücks. Freiburg: Herder, 2012.

Dalai Lama: Die Lehren des tibetischen Buddhismus. München: Goldmann, 2000.

Dalai Lama / Laurens van den Muyzenberg: Führen, Gestalten, Bewegen. München: Heyne, 2010.

Dalai Lama: Die Liebe – Quelle des Glücks. Freiburg: Herder, 2005.

Dalai Lama: Der buddhistische Weg zum Glück. München: Droemer Knaur, 2010.

Dalai Lama / Paul Ekman: Gefühl und Mitgefühl. Spektrum Akademischer Verlag: Wiesbaden, 2011.

Doidge, N.: Neustart im Kopf. Frankfurt a.M.: Campus, 2014.

Dzogchen Ponlop Rinpoche: Rebell Buddha. München: Droemer Knaur, 2011.

Dzogchen Ponlop Rinpoche: Der große Augenblick. Bielefeld: Theseus, 2012.

Ennenbach, M.: Befreit-Verbunden. Oberstdorf: Windpferd, 2011.

Ennenbach, M.: Buddhistische Psychotherapie. Oberstdorf: Windpferd, 2010.

Ennenbach, M.: Praxisbuch-Buddhistische Psychotherapie. Oberstdorf: Windpferd, 2013.

Ennenbach, M.: Einführung-Buddhistische Psychotherapie. Oberstdorf: Windpferd, 2012.

Ennenbach, M.: Buddhistische Lebenskunst. München: Lotos, 2013.

Ennenbach, M.: Der Tod des Dalai Lama. Bielefeld: tao.de, 2013.

Ennenbach, M.: Der leichte Weg. Oberstdorf: Windpferd, 2014.

Ennenbach, M.: Dein erleuchtetes Ego. München: Heyne, 2014.

Ennenbach, M.: Leben und Sterben. Oberstdorf: Windpferd, 2014.

Ennenbach, M.: Psychosomatik. Oberstdorf: Windpferd, 2015.

Epstein, M.: Gedanken ohne Denker. Oberstdorf: Windpferd, 2011.

Frasch, Albrecht: Eine neue Dimension - Geist und Psyche. Horst: Tashi Verlag für Buddhistische Literatur, 1999.

Freud, A.: Das Ich und die Abwehrmechanismen. Frankfurt a.M.: Fischer Taschenbuch, 2012.

Freud, S.: Die Traumdeutung. Hamburg: Nikol, 2012.

Fromm, E.: Anatomie der menschlichen Destruktivität. Reinbek: rororo, 1977.

Fromm, E.: Haben oder Sein. München: dtv, 2005.

Fromm, E.: Die Kunst des Liebens. Berlin: Ullstein, 2005

Fromm, E.: Die Furcht vor der Freiheit. München: dtv, 1993.

Fromm, E.: Zen Buddhismus und Psychoanalyse. Berlin: Suhrkamp, 1972.

Gazzaniga, M.: Die Ich Illusion. München: Carl Hanser, 2012.

Geyer, Ch. (Hrsg.): Hirnforschung und Willensfreiheit. Berlin: Suhrkamp, 2004.

Goleman, D.: Dialog mit dem Dalai Lama. München: dtv, 2005.

Grawe, K.: Neuropsychotherapie. Göttingen: Hogrefe, 2004.

Gunaratana, M.H.: Die Praxis der Achtsamkeit. Heidelberg: Kristkeitz, 2000.

Hannya Shingyo: Das Sutra der höchsten Weisheit. Heidelberg: Kristkeitz, 2000.

Hartmann, H.: Ich-Psychologie. Stuttgart: Klett-Cotta, 1997.

Heckhausen, H.: Motivation und Handeln. Heidelberg: Springer, 2010.

Huang-po: Der Geist des Zen. München: O.W. Barth, 2011.

Jäger, W. & Kohtes P.J.(Hrsg): Zen@work – Manager und Meditation. Bielefeld: Kamphausen, 2009.

Jung, C.G.: Zur Psychologie westl. und östlicher Religion. Ostfildern: Patmos, 2011.

Kabat-Zinn, J.: Zur Besinnung kommen. Freiburg: Arbor, 2008.

Kabat-Zinn, J.: Gesund durch Meditation. München: Droemer Knaur, 2011.

Kodo Sawaki: Zen ist die größte Lüge aller Zeiten. Frankfurt: Angkor, 2005.

Kopp, W.: Die Freiheit des Zen. Darmstadt: Schirner, 2007.

Kopp, W.: Zen-Worte. Darmstadt: Schirner, 2010.

Kornfield, J.: Das Tor des Erwachens. Berlin: Ullstein, 2004.

Kornfield, J.: Das weise Herz. München: Goldmann, 2008.

Kornfield, J.: Die Lehren Buddhas. München: Droemer Knaur, 2010.

Kriz, J.: Grundkonzepte der Psychotherapie. Weinheim: Beltz, 2014.

Kuby, C. & Olvedi, U.: Living Buddha. München: Goldmann, 1994.

Ladner, Lorne: Die verlorene Kunst des Mitgefühls. Kaltern: Diamant Verlag, 2005.

Lama A. Govinda: Die psychologische Haltung der frühbuddhistischen Philosophie. Wiesbaden: R. Löwit, 1971.

Lama Ole Nydahl: Das große Siegel. München: Droemer Knaur, 2006.

Layard, R.: Die glückliche Gesellschaft. Frankfurt a.M.: Campus, 2009.

Linji: Das Denken ist ein wilder Affe. München: O.W. Barth, 2015.

Linden, D. J.: High – Woher die guten Gefühle kommen. München: C.H. Beck, 2012.

Lowen, A.: Bioenergetik. Reinbek: rororo, 2008.

Luhmann, N.: Soziale Systeme. Berlin: Suhrkamp, 1987.

Lurija, A.R.: Das Gehirn in Aktion. Reinbek: rororo, 1992.

Madeja, Michael: Das kleine Buch vom Gehirn. München: dtv, 2012.

Mahathera H. Gunaratana: Die Praxis der Achtsamkeit. Heidelberg: kristkeitz, 2000.

Mitchell, R.A.: Buddha. München: Kösel, 1992.

Nagarjuna: Die Lehre von der Mitte. Hamburg: Meiner, 2010.

Neumannm Karl Eugen: Die Reden des Buddha – Mittlere Sammlung. Stammbach: Beyerlein-Steinschulte, 1995.

Nörretranders, Tor: Spüre die Welt, Die Wissenschaft des Bewußtseins. Reinbek: Rowohlt, 1994.

Nyanaponika Thera: Abhidhamma Studien. Berlin: Michael Zeh, 2006

Patanjali: Das Yogasutra. Bielefeld: Theseus, 2009.

Pert,C.B.: Moleküle der Gefühle – Körper, Geist und Emotion. Reinbek: rororo, 2001.

Ratey, J.J.: Das menschliche Gehirn. München: Piper, 2006.

Reich, W.: Charakteranalyse. Köln: Anaconda, 2010.

Reps, P.: Ohne Worte – Ohne Schweigen. München: O.W. Barth, 2010.

Ricard, Mathieu: Weisheit. München: Knaur, 2013.

Riemann, F. : Grundformen der Angst. München: Reinhardt, 2013.

Rogers, C.: Therapeut und Klient. Frankfurt: Fischer, 1983.

Rüegg, J.C.: Psychosomatik, Psychotherapie und Gehirn. Stuttgart: Schattauer, 2010.

Rüegg, J.C.: Mind & Body – Wie unser Gehirn die Gesundheit beeinflusst. Stuttgart: Schattauer, 2014.

Sangharakshita: Herz und Geist verstehen. Freiburg: do evolution, 2012.

Schiepek, G.: Neurobiologie der Psychotherapie. Stuttgart: Schattauer, 2010.

Shantideva: Der Weg des Lebens zur Erleuchtung. München: Diederichs, 2005.

Singer, W. & Ricard, M.: Hirnforschung und Meditation. Ein Dialog. Frankfurt a.M.: edition unseld, 2008.

Sogyal Rimpoche: Der tibetische Buch vom Leben und vom Sterben. Frankfurt a.M.: Scherz, 2006.

Suzuki, Shunryu: Seid wie reine Seide und wie scharfer Stahl. München: Heyne, 2006.

Suzuki, Shunryu: Zen-Geist Anfänger-Geist. Freiburg: Herder, 2009.

Suzuki, D.T.: Die große Befreiung. München: O.W. Barth, 2010.

Suzuki, D.T. Das Innere erfahren. Freiburg: Herder, 2009.

Thich Nhat Hanh: Wie Siddartha zum Buddha wurde. Bielefeld: Theseus 2009.

Thich Nhat Hanh: Körper und Geist in Harmonie. München: Kösel, 2012.

Thich Nhat Hanh: Das Herz von Buddhas Lehre. Freiburg: Herder, 2004.

Thich Nhat Hanh: Unsere Verabredung mit dem Leben. München: Knaur, 2012.

Thich Nhat Hanh: Das Diamantsutra. Berlin: edition steinrich, 2011.

Tolle, Eckhart: Jetzt! Die Kraft der Gegenwart. Bielefeld: Kamphausen 2012.

Trungpa, Chögyam: Achtsamkeit, Meditation und Psychotherapie. Freiburg: Arbor, 2006.

Tsonghkharpa: Der Mittlere Stufenweg. Diamant, Kaltern, 2007.

Tsültrim Allione: Den Dämonen Nahrung geben. München: arkana, 2009.

Villoldo, A. & Perlmutter, D.: Das erleuchtete Gehirn. München: Goldmann, 2011.

Wenke, M.: Im Gehirn gibt es keine Gedanken. Würzburg: Königshausen & Neumann, 2010.

Wetering, J. v.d.: Der leere Spiegel. Reinbek: Rowohlt, 1981.

Wetering, J. v.d.: Reine Leere. Reinbek: Rowohlt, 2001.

Wetering, J. v.d.: Ein Blick ins Nichts. Reinbek: Rowohlt, 2001.

Wetering, J. v.d.: Das Koan und andere Zen-Geschichten. Reinbek: rororo, 1996.

Yongey Mingyr Rinpoche: Buddha und die Wissenschaft vom Glück. München: Arkana, 2007.

Yongey Mingyr Rinpoche: Heitere Weisheit. München: Goldmann, 2009.

Zotz, V.: Mit Buddha das Leben meistern. Reinbek: Rowohlt, 1999.

Zimmermann et al.: Achtsamkeit. München: Huber, 2012.

Zumwinkel, K.: Die Lehrreden des Buddha aus der Mittleren Sammlung. Oy-Mittelberg: Jhana Verlag im Buddha-Haus, 2001.

Über den Autor

© privat

Dr. Matthias Ennenbach arbeitet seit rund 25 Jahren in klinischen Kontexten, in eigener Praxis sowie als Seminarleiter und Ausbilder für Buddhistische Psychotherapie BPT® und Achtsame Selbststeuerung ASST®. Die Buddhistische Psychotherapie BPT® ist eine integrative therapeutische Lehr- und Praxismethode, die Elemente aus den angewandten Neurowissenschaften und den westlichen Psychotherapiemethoden umfasst. Neben einem Abschluss als Diplom-Psychologe, psychotherapeutischen Fachausbildungen zum approbierten Psychologischen Psychotherapeuten und der Promotion an der medizinischen Fakultät der Universität München ist der Autor langjährig praktizierender Buddhist. Seine buddhistische Ausbildung basiert auf Seminaren, Unterweisungen, Konferenzen, Meditationsretreats, Lektüre, Tempelbesuchen und Teilnahme an buddhistischen Zeremonien in Asien und Deutschland.

Bisher vom Autor erschienen:
Buddhistische Psychotherapie. Oberstdorf: Windpferd Verlag, 2010.
Befreit–Verbunden. Oberstdorf: Windpferd Verlag, 2011.
Praxisbuch - Buddhistische Psychotherapie. Oberstdorf: Windpferd Verlag, 2012.

Einführung in die Buddhistische Psychotherapie. Oberstdorf:
  Windpferd Verlag, 2012.
Der Tod des Dalai Lama. Roman. Bielefeld, tao.de Verlag, 2013.
Buddhistische Lebenskunst. Das B-Prinzip. München: Lotus
  Verlag, 2013.
Der Leichte Weg. Oberstdorf: Windpferd Verlag, 2014.
Dein erleuchtetes Ego. München: Heyne Verlag, 2014.
Leben und Sterben. Oberstdorf: Windpferd Verlag, 2014.
Psychosomatik. Oberstdorf: Windpferd Verlag, 2015.

Weitere Informationen (Termine für Fortbildungen, Seminare,
Vorträge, sowie weitere Infos und Kontakt etc.) zur Buddhisti-
schen Psychotherapie BPT° und zur Achtsamen Selbststeuerung
ASST° können abgerufen werden unter **www.Info-BPT.de**